Jean-Michel DURAFOUR est agrégé de philosophie, poète et professeur des universités en esthétique et théorie du cinéma à l'université d'Aix-Marseille.

tchernobyliana

esthétique et cosmologie de l'âge radioactif

du même auteur

Nous resterons, pour vivre et mourir, avec les loups-garous, Aix-en-Provence, Rouge profond, 2019.

Cinéma et cristaux. Traité d'éconologie, Sesto San Giovanni/Milan, Mimésis, 2018.

L'Étrange créature du lac noir *de Jack Arnold. Aubades pour une zoologie des images*, Aix-en-Provence, Rouge profond, 2017.

L'Homme invisible *de James Whale. Soties pour une terreur figurative*, Pertuis, Rouge profond, 2015.

Jean-François Lyotard : questions au cinéma. Ce que le cinéma se figure, Paris, Presses Universitaires de France, 2009.

Jean-Michel Durafour

tchernobyliana

esthétique et cosmologie de l'âge radioactif

VRIN | Recherches d'esthétique contemporaine

Ouvrage publié avec le soutien du Laboratoire d'Études en Sciences des Arts (LESA) et de l'université d'Aix-Marseille.

Couverture : Anaïs Tondeur, *Geranium chinum*,
rayogramme sur papier chiffon, 24 x 36 cm, 2011-en cours
© Anaïs Tondeur

Directeurs de collection : Pauline Nadrigny et Wilfried Laforge

6, place de la Sorbonne, Paris Ve

ISBN 978-2-7116-3009-7
www.vrin.fr

« On prétend qu'un homme rôdait dans le coin.
[…] Il disait que Tchernobyl était destiné à faire naître
des philosophes. Il appelait les animaux la "poussière qui marche"
et les hommes, la "terre qui parle"… »
Svetlana Alexievitch

KOCHTCHEÏ EST LE SANS-MORT. Celui pour qui la mort se situe au dehors. Sous la forme d'un squelette, d'un os (*kost*), ou d'un dragon, il vole de conte en conte enlever des princesses. Il n'aime que la chasse et la guerre, pétrifie ses victimes et passe sa vie entouré de femmes – ici ou là : père de l'héroïne, ravisseur de fiancées, enchaîné par Maria Morevna, parfois frère ou mari de la Baba Yaga. On ne peut s'en débarrasser qu'en sachant où est cachée sa mort. Sa mort ne peut être découverte qu'au terme d'innombrables aventures. La mort de Kochtcheï est dans un œuf, qui est dans une cane, qui est dans un lièvre, qui est dans un coffre enterré au pied d'un chêne, sur une île oubliée.

Une terre isolée qui n'est pas peuplée par l'être humain. La mort de Kochtcheï est cachée le long de sa face externe, exposée aux quatre vents, de ce côté-ci du soi-même.

FISSION DU SENSIBLE

« La fin du monde abstraite
où tout n'est que chiffré. »
Léo Ferré

Il n'y a pas de fin du monde

Nous vivons déjà dans le monde d'après la fin du monde.

Nous ne vivons pas dans le monde d'après la fin du monde parce que la fin du monde aurait déjà eu lieu. Nous vivons dans le monde d'après la fin du monde précisément parce que la fin du monde ne peut pas avoir lieu pour nous.

« D'après la fin du monde » : c'est-à-dire *selon la fin du monde*. En cela, l'homme occidental n'a pas changé d'un iota depuis deux mille ans. Seules les modalités (hier millénaristes, aujourd'hui technologiques) en sont rénovées ; nous sommes condamnés à être par notre finitude des animaux eschatologiques. Incorrigiblement, incorrectement eschatologiques.

Nous ne savons pas penser autrement qu'*à partir de la fin du monde*. Si le monde ne pouvait pas finir, nous n'arriverions pas à penser.

Je vais proposer dans ces pages de penser une esthétique *radieuse* de la radioactivité. Ce n'est, évidemment, ni de la provocation gratuite ni un jeu de mots envoyé en l'air.

Osons toutes les formes d'optimisme ! Être optimiste, ce n'est pas être naïf ni inconscient, c'est très bien voir ce qui nous arrive mais le prendre *à partir du présent*. Être optimiste, c'est se donner les moyens de penser du mieux qu'il convient le pire qui nous arrive, ou va ou pourrait nous arriver.

Pour cela, il faut en finir avec la logique de la fin du monde.

À supposer qu'il puisse exister une fin du monde, nous sommes incapables de la penser.

La fin du monde – en admettant qu'elle existe – est inaccessible aux capacités intuitionnelles et spéculatives de l'esprit humain. Si le monde finit avec la fin du monde, c'est-à-dire disparaît absolument, dans quel contexte spatio-temporel peut s'inscrire la fin du monde pour *avoir lieu* ? Car le monde, est-ce autre chose que le temps et l'espace ? Et nous-même, êtres destinés par notre corps à vivre dans l'espace et le temps, sommes-nous capables de connaître ou de nous représenter en dehors du temps et de l'espace ?

Ce qui finit avec la fin du monde, ce n'est pas le monde : c'est la fin du monde. La fin du monde est ce qui n'en finit jamais de ne pas finir. Le terme du monde – qui lui donne un *sens* – n'est jamais en même temps un but attribuable. Pour le dire dans les mots kantiens (encore approximatifs) du jugement esthétique : *nous ne pouvons penser que d'après la finalité sans fin du monde.*

Nous ne pouvons penser qu'en commençant par la fin impensable du monde.

Symptomatique en est la philosophie de Günther Anders – qui connaît depuis quelques années un regain d'intérêt – telle qu'elle est exposée dans les principaux ouvrages de la seconde moitié de sa vie. Pour Anders, la fin du monde a commencé le 6 août 1945 avec le largage de la bombe atomique « Little Boy » par un Bœing B-29 Superfortress piloté par Paul Tibbets sur Hiroshima. Nous vivons déjà dans le temps de la fin du monde. Une telle proposition ressemble à première vue à celle par laquelle j'ai débuté ce livre. Mais, à y regarder de plus près, elle en est tout le contraire : car Anders *croit* la fin du monde pensable et représentable.

Remarquons d'abord que ce qu'Anders entend par « fin du monde » est bel et bien l'annihilation radicale de toutes choses :

> Mais si le monde venait à s'effondrer, il entraînerait la mort avec lui et la forcerait à mourir d'une mort au carré, si bien que ce qui a été ne serait même plus ce qui a été – car en quoi ce qui a seulement été pourrait-il se distinguer de ce que qui n'a jamais été s'il n'y a plus personne pour se rappeler ce qui a été[1] ?

La fin du monde fera en sorte que le monde n'aura jamais existé. Mais, depuis un certain temps, cette fin est déjà là – c'est ce qu'Anders appelle « l'avenir pleuré d'avance[2] » –, c'est déjà comme si le monde n'existait pas, parce que la technicisation, la machinisation du réel et la logique entrepreneuriale du capitalisme relèguent les hommes au rang de « péquenauds cosmiques qui doivent admettre que cela fonctionne très bien sans eux[3] », de « collaborateurs[4] » instrumentalisés et moralement désimpliqués, tout en les maintenant dans l'indifférence à l'égards de l'apocalypse. La bombe atomique n'est que le symptôme activateur de la prise de conscience de la fin et que l'« on crèvera tous ensemble[5] ». Pour que quelque chose comme une explosion atomique soit possible, il faut justement multiplier les appareils intermédiaires, « *consciences-automates électroniques* », « calculateurs cybernétiques », de sorte que « personne n'ait rien fait », pour « écarter tout risque d'un ultime sursaut de la conscience[6] ».

La fin du monde est la fatalité du présent car la technologie détermine la place des hommes (c'était l'inverse à l'époque de

1. G. Anders, *L'Obsolescence de l'homme 1. Sur l'âme à l'époque de la deuxième révolution industrielle*, trad. fr. Chr. David, Paris, Éditions de l'Encyclopédie des Nuisances-Éditions Ivréa, 2002, p. 272.

2. G. Anders, *La Menace nucléaire. Considérations radicales sur l'âge atomique*, trad. fr. Chr. David, Paris, Éditions du Rocher-Le Serpent à Plumes, 2006, p. 21.

3. G. Anders, *Le Temps de la fin*, trad. fr. Chr. David, Lausanne, L'Herne, 2007, p. 17.

4. G. Anders, *L'Obsolescence de l'homme 1*, *op. cit.*, p. 319.

5. G. Anders, *La Menace nucléaire*, *op. cit.*, p. 265.

6. G. Anders, *L'Obsolescence de l'homme 1*, *op. cit.*, p. 273, pour toutes les citations de cette phrase.

l'artisanat) et, à la place des hommes, ce qui est à faire. Auparavant le temps était un allié, il nous permettait d'avoir le temps (de faire, de vivre, etc.), nous voulions *dans le temps*; aujourd'hui, nous voulons *le temps lui-même*, nous voulons retarder le clap de fin.

> Cela signifie qu'à la question de savoir « *comment* » l'humanité devait continuer à exister s'est substituée aujourd'hui celle de savoir « *si* » elle devait ou non continuer à exister [1].

Nous vivons dans un « délai [*Frist*] [2] », d'« "intermezzi dans un intermezzo" [3] », sans espoir en un temps meilleur. La technologie a remplacé la théologie. Le terme même de délai montre qu'il s'agit bien de compter le temps à partir d'une date fixée, non pas à l'avance (nous ne savons pas quand aura lieu l'apocalypse terminale), mais *à l'avant* (nous sommes sûrs qu'elle aura lieu). Un délai suppose toujours une expiration anticipée. Envisager le temps sous le régime du délai, c'est penser par finalisme rétroactif. Ce mode de pensée – déjà douteux en soi car il suppose que l'on sache maintenant qu'il arrive ceci ou cela plus tard – n'épargne d'ailleurs pas certaines contradictions à Anders, comme lorsqu'il donne cette définition de l'homme contemporain, qui n'est pas sans évoquer celle que populariseront quelques décennies plus tard les théoriciens de l'Anthropocène :

> Si quelque chose dans la conscience des hommes d'aujourd'hui a valeur d'Absolu ou d'Infini, ce n'est plus la puissance de Dieu ou la puissance de la nature, ni même les prétendues puissances de la morale ou de la culture : c'est *notre* propre puissance. À la *création ex nihilo*, qui était une manifestation d'omnipotence, s'est substituée la puissance opposée : la *puissance d'anéantir*, de réduire à néant – et cette puissance, elle, est entre nos mains. L'omnipotence depuis longtemps désirée d'une manière prométhéenne est effectivement devenue nôtre, même si ce n'est pas sous la forme espérée. Puisque

1. G. Anders, *L'Obsolescence de l'homme 1*, *op. cit.*, p. 264.
2. *Ibid. 2. Sur la destruction de la vie à l'époque de la troisième révolution industrielle*, trad. fr. Chr. David, Paris, Éditions Fario, 2012, p. 20.
3. G. Anders, *La Menace nucléaire*, *op. cit.*, p. 251.

> nous possédons maintenant la puissance de nous entre-détruire, nous sommes *les seigneurs de l'apocalypse. Nous sommes l'Infini*[1].

Le diagnostic de ce très beau texte – comme de nombreuses autres analyses ponctuelles chez Anders – n'est pas faux, et je le partage, mais il ne semble guère compatible avec une pensée de la fin du monde. À moins de ramener dans les parages un Grand Horloger immatériel depuis longtemps hors-jeu ou de faire des hommes non seulement des « *titans*[2] » mais des dieux, on voit mal comment nous, qui sommes matériels et corruptibles, un « genre mortel[3] », prisonnier d'un monde lui-même corruptible, matériel, pourrions être infinis. Les hommes du temps d'Anders ont encore un corps, surtout « les premiers titans » sont aussi « *les premiers pygmées* » en ce que les hommes sont désormais mortels non plus seulement en tant qu'individus mais en tant que « groupe […] à n'avoir plus le droit d'exister que jusqu'à nouvel ordre[4] ».

Anders rapporte l'incapacité de ses contemporains à penser la fin du monde à une incapacité à s'angoisser. Nous vivons une « *"époque où l'angoisse est devenue impossible"*[5] ». À ses yeux, la cause de cette incapacité est double : tout d'abord – raison constitutive – les limites de l'imagination humaine (nous pouvons être soucieux de notre propre mort, mais ressentir de l'angoisse pour la mort ne serait-ce que de dix personnes semble au-dessus de nos forces : « *"L'homme est plus petit que lui-même"*[6] ») ; mais aussi – raison extérieure – la croyance dans le progrès toujours améliorable[7]. Arrêtons-nous sur cette deuxième raison. L'ère bourgeoise nous a rendus incapables d'envisager une « fin » au progrès. Dans nos sociétés, la mort elle-même est niée : relégué dans des institutions spécialisées, hors de vue de sa famille, le

1. G. Anders, *L'Obsolescence de l'homme 1*, *op. cit.*, p. 266.
2. *Ibid.*
3. G. Anders, *La Menace nucléaire*, *op. cit.*, p. 249.
4. *Ibid.*, p. 269. « La formule : "Tous les hommes sont mortels" a été remplacée par celle-ci : "L'humanité peut être tuée dans sa totalité". »
5. G. Anders, *L'Obsolescence de l'homme 1*, *op. cit.*, p. 295.
6. G. Anders, *L'Obsolescence de l'homme 1*, *op. cit.*, p. 298.
7. *Ibid.*, p. 309.

mourant ne meurt pas, mais part ; même mort, il sera encore traité comme un vivant (maquillé, habillé) et inhumé dans une dernière demeure présentant tout le confort d'une « charmante villégiature [1] » (cimetière s paysagés, facilité d'accès, etc.). Sans contester cette lecture – qui pourrait l'être (l'apprêt des morts n'est pas une invention des thanatopracteurs capitalistes) – il ne me semble guère approprié de prétendre que l'idéologie du progrès aurait suspendu le comportement eschatologique de l'homme *en général*. Il manifeste que nous sommes tout à fait capables de nous angoisser pour de très nombreuses raisons : épidémies, proximité des centrales nucléaires, cancers ou malformations dues aux substances chimiques déversées dans l'environnement ou aux ondes de nos téléphones portables, etc. Si nous ne parvenons pas à nous angoisser pour la fin du monde, cela ne pourrait-il pas tout simplement venir d'une déficience du concept lui-même de « fin du monde » que, même sans être des philosophes professionnels, nous serions en mesure de pressentir ?

Sous couvert de n'être tournées que vers le futur et de répéter à l'envi que nous n'avons plus rien à voir avec nos arrière-grands-parents, les « derniers hommes [2] », les thèses catastrophistes d'Anders sont profondément réactionnaires. Anders n'envisage pas d'autre monde possible que *notre* monde, qui n'est en même temps pour lui qu'une source d'alarme permanente. Mais – objecterait-on – la préoccupation d'Anders n'est-elle pas le nucléaire militaire, non le nucléaire civil, dont les accidents sont moins spectaculaires mais aussi beaucoup plus sournois et à très longue échéance ? Il existe cependant un texte d'Anders sur Tchernobyl recueilli à la fin de la traduction française de *La Menace nucléaire.* Il s'intitule « Dix thèses pour Tchernobyl » et a d'abord été publié dans le *Tageszeitung* du 3 juin 1986. Anders y rapporte d'emblée Tchernobyl au cadre conceptuel de la fin du monde, malgré les différences sur lesquelles nous reviendrons entre le caractère spectaculaire, *sublime* (au sens traditionnel du mot) et soudain de l'anéantissement atomique par la bombe, et la menace antispectaculaire, *subliminale* et à long

1. G. Anders, *L'Obsolescence de l'homme 1*, *op. cit.*, p. 313.
2. *Ibid.*, p. 267.

terme, de la radioactivité nucléaire dont l'action reste longtemps invisible (ce dont Anders est, par ailleurs, parfaitement avisé[1]). Le philosophe, en effet, ne distingue pas entre « un usage guerrier et un usage pacifique du nucléaire[2] », et toute sa lecture de Tchernobyl est – erronément sur le plan phénoménologique (les deux événements *ne se présentent pas* de la même manière) – rapportée à Hiroshima. La fin de l'article, adressé à ses « contemporains du temps de la fin[3] », est on ne peut plus claire – où Tchernobyl finit par s'effacer complètement derrière Hiroshima :

> Car par un seul Hiroshima, peu importe où il a lieu, peu importe que ce soit à Harrisburg, Tchernobyl ou Wackensdorf et peu importe qu'il arrive en temps de guerre ou de notre prétendue paix, par un seul Hiroshima, tous les autres lieux de notre bien-aimée terre pourraient devenir conjointement un immense Hiroshima – et même pire[4].

Le monde n'est ni la nature ni la réalité. Quand Martin Heidegger affirme que l'animal est « pauvre en monde[5] », par exemple, il ne lui viendrait pas à l'idée – comme à personne – de dire qu'il est pauvre en nature ou en réel.

> Le brin d'herbe sur lequel grimpe un insecte n'est nullement pour celui-ci un brin d'herbe, ni la partie possible de ce qui deviendra une botte de foin, grâce à laquelle le paysan nourrira sa vache. Le brin d'herbe est une voie d'insecte, sur laquelle celui-ci ne cherche pas n'importe quel aliment, mais bien la nourriture d'insecte[6].

1. G. Anders, *La Menace nucléaire*, *op. cit.*, p. 316.
2. *Ibid.*, p. 317.
3. *Ibid.*, p. 315.
4. *Ibid.*, p. 324. L'usine de retraitement de Wackersdorf, en Bavière a été de 1981 à 1989 un centre destiné à traiter les combustibles usés des réacteurs nucléaires allemands. Harrisburg fait référence à l'accident nucléaire de Three Mile Island en 1979 (sur lequel je reviens plus loin).
5. M. Heidegger, *Les Concepts fondamentaux de la métaphysique. Monde – finitude – solitude*, trad. fr. D. Panis, Paris, Gallimard, 1983, p. 194.
6. *Ibid.*, p. 294-295. Heidegger s'inspire ici des travaux de Jakob von Uexküll qui a étendu la phénoménologie husserlienne au règne animal.

La thèse heideggerienne est discutable car elle nie – au contraire des anthropologies amérindiennes ou d'autres économies de la pensée particulièrement attractives aujourd'hui – l'existence de *cultures animales*. Si Heidegger semble parfois s'en apercevoir – « La vie est un domaine qui a une richesse d'ouverture telle que le monde humain ne la connaît peut-être pas du tout[1] » –, il oublie également que, si la roche sur laquelle se tient le lézard n'est effectivement pas à proprement parler une roche, mot et concept humains qu'il faudrait « raturer[2] », n'est pas « reconnue *comme* roche[3] » par le lézard, elle n'en a pas moins un supplément *vécu et organisateur* renchérissant par le mode d'être du lézard sur sa seul existence naturelle chimique et minérale. Pour Heidegger, seul l'être humain est « plasmateur [*weltbildend*][4] » de monde. Les signes linguistiques, la faculté d'abstraction, la conservation des traces, la rupture avec la nécessité de l'instinct et l'impératif de la survie ne sont pas les marques de *toute* culture, mais seulement de la culture *humaine*. Symétriquement, parler de l'animal en général, de « l'animot[5] » comme l'écrivait Jacques Derrida, le *mal* que fait notre raison à l'animal, c'est enfermer par *bêtise* tous les animaux dans une généralité qui n'existe nulle part et rendre impossible toute compréhension de ce qui caractérise l'éthos propre à chaque espèce. *L'*animal n'existe que dans la langue. *L'*animal est privé de culture non humaine car il n'existe pas en dehors de la culture humaine, de la langue qui le nomme en le niant dans son existence physique, c'est-à-dire le traite avec *animosité*. L'animal n'a aucune existence naturelle : c'est un pur artefact.

Le monde désigne *la cohésion du monde perçue et construite par un sujet unificateur qui en fait lui-même partie, selon les déterminations de sa culture*. L'être humain ne peut pas sortir du monde. Le refuser, s'en tenir à l'écart, s'en absenter même reviennent

1. M. Heidegger, *Les Concepts fondamentaux de la métaphysique*, *op. cit.*, p. 372.

2. *Ibid.*, p. 294.

3. *Ibid.*

4. *Ibid.*, p. 194.

5. J. Derrida, *L'Animal que donc je suis*, Paris, Galilée, 2006, p. 65.

toujours à tenir une position *dans* le monde, tout comme – *ceteris paribus* – la solitude n'est pas l'absence de rapport à autrui mais l'une des modalités du rapport à autrui. S'il est possible d'imaginer notre existence sans la nature, il est impossible de l'imaginer sans monde. Le monde est une *évidence*. Nous venons au monde en naissant. Nous sommes au monde. Nous lui appartenons. Quand nous ouvrons les yeux, nous voyons le monde, il est le cadre de notre perception, et à ce titre il n'est pas perçu lui-même.

> L'être du monde dans sa totalité est ce qui va de soi, ce qui n'est jamais mis en doute, ce qui ne résulte pas d'une activité du sujet, mais qui constitue le présupposé de tout jugement [1].

Le monde est ce qui existe pour une conscience – humaine ou autre (conservons ce substantif pratique mais largement expéditif) – organisatrice des données sensibles qui lui arrivent et l'informent. Dans la mesure où la fin du monde exige un observateur pour garantir qu'il s'agit bien de la fin *définitive* du monde, que ce qui survient correspond à la définition même de la fin du monde, il n'y a qu'une fois le monde fini que l'on pourrait attester que ce qui est arrivé *était* la fin du monde. Mais, en organisant les informations disparates reçues par ses sens sous la forme de la fin du monde, à savoir d'un objet empirique cohérent et homogène, le témoin de la fin du monde *fait précisément monde*. La « fin du monde » est une contradiction dans les termes. La fin du monde, telle que nous pensons l'imaginer, suppose qu'il y ait toujours quelque chose ou quelqu'un là, quand rien ne devrait plus être là.

La fin du monde en tant que monde ne peut jamais être un *il y a*. Il n'y a pas de fin du monde.

À supposer que nous puissions penser la fin du monde, elle ne pourrait pas pour autant exister.

La fin du monde n'est qu'une autre manière de penser et de vivre le monde. Loin de tout pessimisme, elle ne propose rien d'autre

1. Ed. Husserl, *Expérience et jugement*, trad. fr. D. Souche-Dagues, Paris, P.U.F., 1970, p. 34.

qu'un éclairage sur notre présent débarrassé du « présentisme [1] » occidental contemporain (défaite de l'idée de progrès, disparition des horizons révolutionnaires, instantanéité technologique, imminence de la catastrophe écologique déjà en cours, etc.) en lui redonnant un avenir, c'est-à-dire un sens et une espérance. En cela, rien n'a changé depuis l'Apocalypse de Jean : elle aussi avait pour but non pas d'inquiéter encore un peu plus la vie des chrétiens du Ier siècle, déjà suffisamment ostracisés, harcelés, suppliciés, mais, au contraire, de les *rassurer* par la révélation du royaume de Dieu.

Ma mort est la seule fin du monde. Le monde s'arrête seulement parce que je meurs ici, maintenant. La fin du monde ne signifie pas que le monde arrive à *sa* fin, mais que c'en est fini de moi, puisqu'il n'y a que par moi qu'il y a un monde. *Le monde ne peut qu'arriver à ma fin.* Il ne peut y avoir que de multiples fins du monde locales. *La fin du monde n'est jamais une échéance du monde, un enjeu mondial.*

Autre conséquence : je ne suis capable de penser que parce que je sais que je mourrai un jour et que ce jour sera la seule réalité de la fin du monde. *L'impossibilité de mon regard, de ma capacité de sentir en général, lance la fin du monde.*

Ce n'est pas la fin du monde qui entraîne la fin des êtres humains, mais l'inverse. Nous aurons l'occasion de le recroiser autrement tout à l'heure : la fin de l'homme précède et rend possible la fin du monde.

Il n'y a – pour reprendre un mot fameux de William James – que des « plurivers [2] ».

Quand nous évoquons la fin du monde, nous parlons en réalité, non pas de la fin de *tout le monde*, du monde comme un tout, mais uniquement de fin d'*un monde* : de telle civilisation ou forme de

1. *Cf.* Fr. Hartog, *Régimes d'historicité. Présentisme et expérience du temps*, Paris, Seuil, 2003.

2. *Cf.* W. James, *Philosophie de l'expérience. Un univers pluraliste*, trad. fr. D. Lapoujade, Paris, Les Empêcheurs de penser en rond, 2007.

civilisation, de telle planète. De telles ou telles relations au monde. De la fin de ce qui fait monde pour certains sujets : généralement l'espèce humaine, à laquelle nous appartenons, à laquelle appartient celui qui pose la question de la fin du monde. Si nous parlons de fin du monde à propos de notre situation sur notre planète, on remarquera que la mort d'une supernova séparée de nous par des milliers d'années-lumière ou la collision prévue dans quatre milliards d'années entre la galaxie d'Andromède et la Voie Lactée ne nous apparaît nullement comme relevant de la « fin du monde ». Dans la mesure où c'est par l'homme qu'il y a monde, ce qui ne se trouve pas dans la « sphère d'appartenance » – pour parler comme Husserl – de l'homme n'est pas de ce monde et n'a pas de fin. (Nous n'en avons pas fini avec l'éternité. Simplement elle n'est plus, dans notre époque laïcisée et capitaliste, ce qui pour nous interfère au plus près de nos vies – Dieu dans les croyances monothéistes – mais elle est envoyée *là où elle nous concerne le moins possible* : quelle est la valeur d'échange de l'éternité dans un monde du périssable et de l'obsolescence programmée et organisée ? C'est à ce prix seul que le transhumanisme peut élaborer l'idéologie d'un homme immortel comme un investissement d'abord marchand.)

La célèbre photographie de la « Bille bleue » prise par Apollo 17 le 7 décembre 1972, si elle propose une vision « déterrestrée » de la Terre, diagramme plan et simplificateur, trompeusement globalisant, n'en est pas pour autant « émondée », n'est nullement comme l'a proposé Thomas Nagel un « point de vue de nulle part [*view from nowhere*] [1] », im-monde, ou une vision du monde en surplomb, car elle signale notre capacité à faire monde à partir d'un point de vue extérieur aux conditions usuelles d'existence de l'être humain (le vide intersidéral).

On ne peut pas percevoir le monde comme un tout, car cela exigerait de se tenir en dehors du monde ; et en dehors du monde *il n'y a rien.* Et encore, n'est-ce pas tout à fait exact : puisque quelque chose comme le « rien » n'est compréhensible que depuis ce qui est.

1. *Cf.* Th. Nagel, *Le Point de vue de nulle part*, trad. fr. S. Kronlund, Paris, Les éditions de l'éclat, 1993.

En latin, *nihil* désigne étymologiquement « ce qui n'est même pas [*ne*] la cicatrice par laquelle la fève tenait sur la plante [*hilum*] ». Dire qu'il n'y a rien, c'est encore dire qu'il y a quelque chose : qu'il y a le rien. En dehors du monde, *il n'y a pas*, tel l'aveugle qui ne voit pas rien mais ne voit pas du tout.

Comme il n'y a pas de fin du monde, *il n'y a pas d'images du monde en tant que monde* : où se tiendrait l'observateur si ce n'est dans le monde ? Il n'y a pas de spectacle du monde. Le monde en tant que tel, c'est l'impossibilité des images. *Il n'y a pas de fin du monde parce que le monde est d'emblée la fin des images du monde.*

En revanche, faire des images de ce qui se tient *dans* le monde, quelles qu'elles soient, c'est se vouer à la fin impossible et impensable du monde.

Autre manière de tout redire.

Nous vivons dans le monde d'après la fin du monde, car la fin du monde, si elle arrive, ne peut arriver qu'au sein du monde, le monde étant « tout ce qui a lieu[1] ». De deux choses l'une : ou bien la fin du monde est l'une des images impossibles du monde, la fin du monde n'est que « la fin dans le monde » de ce qui du monde peut finir ; ou bien la fin du monde, si elle a lieu, ne peut avoir lieu qu'en tant qu'elle n'a pas lieu, elle est l'image de ce qui n'a pas lieu, pas de lieu, puisqu'il faut bien que ce qui n'a pas lieu ait lieu comme ce qui n'a pas lieu. Ces deux paradoxes ne sont pas incompatibles : *la fin du monde a lieu au lieu de la fin du monde*. La langue française a de ces arrangements.

Aujourd'hui il est courant, devant les bouleversements planétaires (réchauffement climatique, extinction massive des espèces animales, acidification des océans, modification de l'albédo des pôles, etc.), de voir la majorité des gens tomber dans trois attitudes catégoriques – qui n'épuisent évidemment pas, loin s'en faut, la longue liste

1. L. Wittgenstein, *Tractatus logico-philosophicus*, trad. fr. G. Gaston-Granger, Paris, Gallimard, 2001, p. 33.

des comportements concrets possibles : les « climato-sceptiques » qui nient l'existence du problème, les « géo-constructivistes » qui croient euphoriquement dans la technologie pour nous sortir du problème et toute la cohorte bigarrée des « catastrophistes » pour lesquels le problème est insoluble. Bruno Latour a bien montré comment ces différents types d'individus se positionnent toujours relativement les uns aux autres dans les termes de *la capacité à espérer*[1]. Les angoissés parce qu'ils désespèrent, les positivistes parce qu'ils espèrent envers et contre tout, les incrédules parce qu'ils espèrent parvenir à renvoyer dos à dos ceux qui espèrent et ceux qui désespèrent. J'ajouterai que c'est là la logique même de la fin du monde : la pensée de la fin du monde, qu'on y succombe ou qu'on parvienne à la surmonter, n'existe paradoxalement pas sans l'espoir, car *la conviction qu'il n'y a plus d'espoir ne peut avoir de sens que pour celui qui continue de croire dans l'espoir, même si c'est pour le nier, comme en un critère valide pour déchiffrer la situation dans laquelle il se trouve.*

Mais, si ce qui nous arrive est « *définitif*[2] », s'il n'y a pas de perspective pour soigner la Terre, c'est-à-dire revenir à un état antérieur d'équilibre, alors notre situation s'apparente plus à un « *parcours de soins*[3] », comme on arrive à vivre avec une maladie incurable.

> Au lieu de parler d'espoir, il faudrait explorer une façon assez subtile de *désespérer*; ce qui ne veut pas dire « *se* désespérer », mais ne pas se confier au seul espoir comme engrenage sur le temps qui passe[4].

Pour ce qui m'occupe ici, cela implique de renoncer à la posture de la fin du monde et à revendiquer « la *fin de la "nature"* comme concept permettant de résumer nos rapports au monde et de les pacifier[5] ».

1. B. Latour, *Face à Gaïa. Huit conférences sur le nouveau régime climatique*, Paris, La Découverte, 2015, p. 19-20.
2. B. Latour, *Face à Gaïa, op. cit.*, p. 22.
3. *Ibid.* p. 23.
4. *Ibid.*
5. B. Latour, *Face à Gaïa, op. cit.*, p. 50-51.

Qu'en est-il de la nature dans le monde ?

L'époque dans laquelle nous vivons – de l'horizon de l'épuisement des ressources naturelles, des désordres climatiques, de la disparition possible de l'être humain tel que nous le connaissons – a ramené la Terre dans un monde que la modernité philosophique puis industrielle avait patiemment séparé de la nature.

La nature ne précède jamais l'homme. Elle est, en tant qu'instance hétérogène aux choses naturelles, une invention de l'homme, dont le sens change d'époque en époque, et qui n'a rien – contrairement au monde – d'une évidence. Par exemple, quoi de commun entre, d'une part, ce que le Moyen Âge voit dans la nature immaculée, le « natif », qui signale le règne du mal, sur lequel la morale chrétienne n'a pas encore opéré (sorcières, loups-garous, etc.) et d'où nous viennent les calamités, qui renferme tout ce que *nous ne sommes pas et ne devons pas être* en tant qu'êtres humains, tout ce qui est surnaturel – non pas ce qui est au-delà de la nature, mais *ce qui est à ce point naturel qu'il en devient complètement étranger aux lois des hommes* –, et d'autre part ce que les Lumières en feront, à savoir un marqueur d'identité (raciale, sociale, psychologique) : ce qui fait que « c'est comme ça », que les choses ou les êtres *sont comme ils sont* ? De l'un à l'autre circulent toutes les variantes éparpillées de la nature « comme une *substance*, une chose visqueuse en elle-même, ou comme *essence*, un principe abstrait qui transcende le royaume de la matière et même le royaume de la représentation [1] ».

Entre les deux se tient toute l'histoire du concept de nature – entièrement artificiel (que veut dire « contre-nature », par exemple, si ce n'est ce qui est jugé contraire à une certaine idée de la morale, etc. ?) – dans la tradition occidentale globalement dualiste (esprit/matière, sens/raison, ici/là-bas, avant/après, etc.), « pour inspirer douceur et compassion ou pour justifier la compétition et la cruauté [2] ».

1. T. Morton, *Ecology without Nature : Rethinking Environmental Aesthetics*, Cambridge (États-Unis)-Londres, Harvard University Press, 2009, p. 16. Toutes les traduction d'extraits de textes non traduits en français sont de l'auteur (sauf mention contraire).

2. *Ibid.*, p. 19.

Il n'y a pas d'état naturel de la nature. La nature est toujours un « codage [1] »; être « naturel », c'est « une autre façon d'être "artificiel" [2] ». Les êtres vivants ne se développent pas dans un environnement (terme très mal venu mais que je garderai parfois ensuite pour des raisons de commodité) préalable et extérieur (les environs), mais ils *façonnent* eux-mêmes de l'intérieur leur milieu – qui les détermine en retour – pour le rendre compatible avec leur développement dans des relations coévolutives et mutualistes. Toute énumération – sans parler de la description – de ce qui est tenu pour naturel est toujours normative, prescriptive, polémique [3].

Aux yeux de beaucoup, dont je suis, la situation écologique depuis au moins un demi-siècle exige un nouveau « contrat naturel [4] », non pas pour sauver le monde en sauvegardant la nature (la nature est un réseau de follicules d'évolutions techno-naturelles : pas d'avant idyllique de la nature), mais, à reprendre la belle expression de Frédéric Neyrat, pour « *susciter* la nature terrestre [5] ». Quand les hommes ont voulu ressusciter la nature, ils ne l'ont peuplée que de zombies. Penser la perpétuité de la vie dans la nature a toujours impliqué, aujourd'hui comme avant, de prendre *la nature par la fin*, c'est-à-dire de penser – contrairement à son étymologie : « naître, provenir [*nascor*] » – la nature en avant. Tout à l'inverse du monde, on l'a vu : l'anthropologue Anna Lowenhaupt Tsing constate que, si l'on prend la mesure que nous vivons dans un monde de plus

1. B. Latour, *Face à Gaïa*, *op. cit.*, p. 30.

2. *Ibid.*, p. 32.

3. *Ibid.*, p. 36-38 : « Chose étrange, ceux qui s'en sont aperçus publiquement les premiers ne sont pas les écologistes, mais leurs adversaires les plus acharnés. En effet, sans l'immense travail de sape des climato-sceptiques contre les sciences du système Terre, jamais on n'aura pu saisir à quel point l'invocation du "monde naturel" n'avait cessé d'être instable. [...] Décrire, c'est toujours non seulement informer, c'est alarmer, émouvoir, mettre en mouvement, appeler à l'action peut-être même sonner le tocsin. »

4. J'emprunte l'expression à Michel Serres, *Le Contrat naturel*, Paris, François Bourin, 1990.

5. F. Neyrat, *La Part inconstructible de la Terre. Critique du géo-constructivisme*, Paris, Seuil, 2016, p. 213.

en plus précaire, cela ne peut que déboucher sur un « monde sans téléologie[1] ».

Comme le note le théoricien des médias Marshall McLuhan, la fin de la nature coïncide avec l'avènement de l'écologie dans la mesure où cette dernière repose tout entière sur la prise de conscience que « la planète a acquis le statut de produit fabriqué[2] ». Il est important de comprendre que l'écologie doit être déconnectée d'une conception rousseauiste (le « bon sauvage ») puis romantique de la nature comme réserve primaire d'être non artificiels que les cultures humaines n'auraient eu de cesse, à des degrés divers, de pervertir.

> Dieu merci, la nature va mourir. Oui le grand Pan est mort ! Après la mort de Dieu et celle de l'homme, il fallait que la nature, elle aussi, finisse par céder. Il était temps : on allait bientôt ne plus pouvoir faire de politique du tout[3].

Cette fin de la nature, c'est-à-dire l'avènement d'un autre modèle humain de la nature, la catastrophe de Tchernobyl (désignée à partir de maintenant sous le nom raccourci de « Tchernobyl »), avec ses paradoxes nombreux, ce qui se passe dans son périmètre interdit, voire ailleurs dans l'Europe contaminée, ou *ce qui ne s'y passe pas*, a sans doute été le premier événement dans l'histoire de l'humanité à nous en donner avec cette brutalité un aperçu qui ne soit plus simplement théorique.

Tchernobyl n'est pas une nouvelle étape de la fin du monde. D'un monde défunt. C'est, au contraire, l'acte central d'une *défin du monde*.

1. A. Lowenhaupt Tsing, *Le Champignon de la fin du monde. Sur la possibilité de vivre dans les ruines du capitalisme*, trad. fr. Philippe Pignarre, Paris, La Découverte, 2017, p. 56.

2. M. McLuhan, « At the Moment of Sputnik the Planet Became a Global Theater in Which There Are no Spectators but Only Actors », *Journal of Communication*, vol. 24, n° 1, mars 1974, p. 49.

3. B. Latour, *Politiques de la nature. Comment faire entrer les sciences en démocratie*, Paris, La Découverte, 1999, p. 42.

De l'ex-orbitant à l'in-oculé

Cet essai porte sur quelques conduites en arts visuels qui se sont emparées de ce que Tchernobyl a déchaîné *dans les fiefs du non-humain*. La nature en est la matrice. L'homme – toutes les victimes de Tchernobyl : mortes, déplacées, malades… – ne sera pas envisagé dans ce livre comme objet de la représentation elle-même. Les artistes dont je parlerai ne constituent qu'un prélèvement très personnel parmi des dizaines d'autres : j'espère juste qu'ils seront assez représentatifs pour me permettre d'amener progressivement la thèse esthétique qui se déploiera complètement dans le dernier chapitre de cet ouvrage.

Mon unique projet est d'analyser comment Tchernobyl a modifié nos pratiques d'images et de regard à travers la représentation de la matière irradiée, vivante ou inanimée; et ce, par des moyens artistiques largement implantés (peinture, vidéo, photographie…). Tchernobyl n'a pas été à l'origine de nouveaux types d'images ou de nouvelles formes d'art, mais d'un *nouvel œil*. Avec Tchernobyl, la catastrophe a inventé un *homo nuclearis* – distinct de l'*homo atomicus* du nucléaire atomique et militaire – que les arts ont mis en scène d'une manière profondément originale à travers le regard porté sur une nature retechnicisée.

Galia Ackerman, qui a beaucoup écrit sur Tchernobyl (*Tchernobyl, retour sur un désastre*, *Traverser Tchernobyl*) et a dirigé l'exposition internationale *Il était une fois Tchernobyl* au Centre de culture contemporaine de Barcelone en 2006, rappelle que le mot « zone », par lequel on désigne les 2 600 km ^{2} interdits autour de la centrale, renvoie en russe à la fois à l'univers pénitentiaire des camps de travail soviétique et au film *Stalker* (1979) d'Andreï Tarkovski où la « Zone » désaffectée, avec ses bâtiments en ruines et ses déchets éparpillés dans la nature, relève à la fois d'un temps d'après la civilisation humaine, du règne du fantasme (la logique y est mise sens dessus dessous) et de l'expression d'une énergie primordiale, et donne accès à une maison au centre de laquelle se tient une « chambre des désirs » où nul ne peut accéder [1].

Il peut paraître étonnant de poser la question de Tchernobyl en termes de désir. C'est que l'*homo nuclearis* implique un nouveau « partage du sensible ». Cette expression conceptuelle, due au philosophe Jacques Rancière, est apparue pour la première fois sous sa plume en 1995 [2]. En 2000, lorsqu'il s'agit de penser l'esthétique, Rancière la définit aussi :

> J'appelle partage du sensible ce système d'évidences sensibles qui donne à voir en même temps l'existence d'un commun et les découpages qui y définissent les places et les parts respectives [3].

Au fondement de la politique, une organisation du sensible (*aisthesis*) divise l'espace, le temps et les formes de l'activité, puis les répartit entre les uns et les autres ainsi rendus visibles, ou non, dans un milieu de vie commun.

> C'est un découpage des temps et des espaces, du visible et de l'invisible, de la parole et du bruit qui définit à la fois le lieu et l'enjeu de la politique comme forme d'expérience [4].

Les pratiques artistiques interviennent dans un second temps, au sein d'une communauté politique constituée, comme certaines « "manières de faire" [5] » parmi d'autres, et opèrent à leur tour une redistribution des fractions du sensible (lieux, temporalités, etc.).

On aura compris que je propose ici de prendre l'esthétique dans un geste similaire qui ne la limite pas au seul formalisme, à la

1. G. Ackerman, *Traverser Tchernobyl*, Paris, Premier Parallèle, 2016, p. 14. – La firme ukrainienne GSC Game World a produit en 2007 *S.T.A.L.K.E.R. : Shadow of Chernobyl*, un célèbre jeu vidéo de tir à la première personne avec force mutants et décors postapocalyptiques se déroulant à l'intérieur de la zone d'exclusion de Tchernobyl et dans lequel le joueur est amené à revêtir l'identité d'un pilleur d'artefacts contaminés.

2. *Cf.* J. Rancière, *La Mésentente. Politique et philosophie*, Paris, Galilée, 1995.

3. J. Rancière, *Le Partage du sensible. Esthétique et politique*, Paris, La fabrique éditions, 2000, p. 12.

4. *Ibid.*, p. 14.

5. *Ibid.*

seule apologie de formes déconnectées de leur contexte politique, économique ou social. Comme on peut le lire dans *Le Musée imaginaire* de Malraux : « La *Madone* de Cimabue n'[est] pas d'abord un tableau [1] », mais une image cultuelle avec une fonction religieuse. De même, aucune esthétique de l'art de Tchernobyl n'est possible sans tenir compte des positions *intellectuelles* dont ces œuvres matérielles se font le plus souvent les messagères : refus de l'énergie nucléaire, dénonciation des mensonges d'État, éveil des consciences, craintes devant le fantasme démiurgique de l'être humain, et ainsi de suite. L'esthétique est un processus, toujours mobile et susceptible de graduations multiples entre le plus et le moins, par lequel nous regardons ce qui n'a parfois pas du tout été créé par des artistes pour être apprécié de la manière dont nous le regardons. On peut distinguer deux types d'attitudes devant les œuvres d'art que ce texte renvoie dos à dos : celle du formalisme donc, « ré-artialisation [2] » qui dote les œuvres de valeurs extrinsèques à leurs finalités premières en les isolant de leur milieu géo-historique d'apparition et en les attirant à nous (le présent sensible de la réception); celle de l'histoire de l'art, qui revient, au contraire, à nous déplacer dans le présent de l'œuvre, de sa production, en cherchant le plus possible à oublier ce que nous sommes. Ni demander ce que pense l'œuvre; ni questionner ce que nous pensons. Mais plutôt : *construire ce que l'œuvre nous fait penser*. Telle est la conception générale de l'art que j'entends défendre dans ces pages. Non pas une pensée des images à partir des termes de la relation – que l'on se place du côté de la réception ou bien de la production, que l'on insiste dans chacune d'elles sur l'héroïcisation de l'expérience vécue ou sur le rôle formateur de l'éducation [3] – mais *à partir de la relation entre production et*

1. A. Malraux, *Le Musée imaginaire*, Paris, Gallimard, 1996, p. 11.

2. M. Massin, *Expérience esthétique et art contemporain*, Rennes, PUR, 2013, p. 33.

3. La part du *langage* – que je ne peux ici que mentionner – est décisive dans l'expérience esthétique. Sur ce débat entre une approche (souvent phénoménologique) pré-linguistique, « naïve », de l'expérience esthétique toujours singulière et la thèse selon laquelle nous ne voyons et ne créons que depuis la langue que l'on parle (par

réception elle-même. L'œuvre est cette relation. Les œuvres d'art ne sont pas des choses, des ressources (*opes*), mais des « ouvertures », des passages. L'erreur, qui a pour elle l'apparence du bon sens, est de poser la sphère de la réception et celle de la production des images comme *précédant* la relation qu'est l'œuvre entre nous et l'artiste. Bien que contre-intuitive, une autre représentation des choses est possible.

Toute la dernière partie de cet essai en proposera les grands contours.

En ordonnant à son tour un nouvel agencement du sensible à des dynamismes politiques (communes rayées de la surface du globe, expulsion de populations, arrêt du radar militaire secret Tchernobyl-2, opposition entre pronucléaires et antinucléaires, résultat des déficiences du régime soviétique), Tchernobyl possède intrinsèquement une valeur *esthétique*. D'une manière générale, l'action technologique de l'homme moderne, parce qu'elle implique tous les êtres à la surface de la Terre jusqu'aux euphausiacés du plancton, la rarissime orchidée fantôme ou le dernier protozoaire, confère à tous les êtres naturels une dimension politique. Là où notre activité ordinaire depuis l'avènement de l'âge industriel a fini par impliquer que « ce n'est plus la politique tout court, c'est la politique climatique qui est le destin [1] », Tchernobyl, sur le mode extraordinaire, a opéré une redistribution du sensible impliquant tous les êtres vivants concernés comme des agents politiques.

Et comme chez Rancière, cette politique va se concrétiser dans des formes artistiques qui viendront en prolonger, en bousculer, en réviser les déterminations. À ceci près que la catastrophe ukrainienne nous aura déplacés d'un « partage du sensible » à une *fission du sensible*. Là où le partage est une division qui consiste

exemple chez l'historien de l'art Michael Baxandall), je me permets de renvoyer à mon article « Cinéma, imprimerie, illisibilité. Une composition anthropologique », dans E. André, O. Cheval et L. Vancheri (dir.), *Écrans*, « Questions de cinéma, problèmes d'anthropologie », n° 7, 1/2017, novembre 2018, p. 97-112.

1. P. Sloterdijk, *Globes. Sphères II*, Paris, Fayard-Pluriel, 2010, p. 312.

à faire (*agere*) pour ajouter (partager un gâteau, c'est permettre à plusieurs individus d'en manger en réduisant les portions, c'est-à-dire en augmentant leur nombre), la fission est une division qui consiste à fendre (*findere*). Ce que provoque la fission nucléaire qui échappe au contrôle humain, c'est une fissure du sens. La fission procède par soustraction : elle découpe les entités individuelles – en commençant par les atomes – en des individus plus petits. Il n'y a là, à la différence du partage d'un gâteau, qu'une (fausse) apparence de multiplication : si un gâteau coupé en quatre *concentre* plus de parts mangeables (quelle que soit leur taille exacte) que le gâteau intact, et un gâteau à dix parts plus que celui tranché en quatre, etc., la fission nucléaire entraîne une importante libération, donc une perte, d'énergie – qui quitte les atomes.

Penser le politique, c'est justement ce qu'une *fission du sensible* se donne comme horizon, tout au contraire de la logique de la fin du monde qui, en cultivant toutes les peurs et les angoisses des individus, n'incite qu'au repli sur soi (*ma* mort est la seule fin du monde possible), à l'abandon de toute initiative (à quoi bon ?), à la stupeur et à la paralysie, à l'hébétude de l'esprit, à la superstition la plus irrationnelle où nous ne pourrons plus nous en remettre – en bon crédo millénariste – qu'entre les mains d'un « sauveur » de dernière minute (la foi religieuse, un coup de chance, l'intervention des extraterrestres). La fin du monde, c'est d'abord – et elle n'arrivera qu'à cette condition – la fin de la raison humaine. Non seulement la fin du monde ne peut vouloir dire que la fin de l'homme (la fin du monde humain), mais surtout elle n'est possible qu'à la condition qu'il en soit *déjà fini de la condition humaine*. La fin du monde n'entraîne pas la fin de l'homme ; la fin de l'homme la précède et la rend possible. La fin du monde exige que nous renoncions à notre définition d'« animal politique » (Aristote). On ne construit rien sur la conviction en l'arrêt *définitif* de notre monde. Comme l'écrivait Thomas Hobbes, dans un autre contexte, nous n'entreprenons rien tant que nous ne sommes pas certains de pouvoir vivre au moins un certain temps : sans cela,

> il n'y a pas de place pour aucune entreprise parce que le bénéfice est incertain, et, par conséquent, il n'y a pas d'agriculture, pas de navigation, on n'utilise pas les marchandises importées par mer, il n'y a ni vastes bâtiments, ni engins servant à déplacer et déménager ce qui nécessite beaucoup de force ; il n'y a aucune connaissance de la surface terrestre, aucune mesure du temps, ni arts ni lettres, pas de société, et, ce qui est pire que tout, il règne une peur permanente, un danger de mort violente. La vie humaine est solitaire, misérable, dangereuse, animale et brève [1].

La culture humaine n'est possible que dans un temps ouvert, dont la fin n'est pas pensable comme pouvant être empiriquement situable avant de survenir. Si nous savons que nous ne pouvons que mourir, que « dès qu'un humain vient à la vie, il est déjà assez vieux pour mourir [2] », l'incertitude quant à la date exacte de notre mort fait que nous vivons en permanence dans l'oubli de notre mortalité. Freud a raison de rappeler que « personne, au fond, ne croit à sa propre mort [3] ». Par ailleurs, la fin du monde, non seulement nous paralyse en attisant la terreur que tout puisse s'arrêter à n'importe quel moment, mais elle nous prive du caractère authentique du rapport à notre propre être en réduisant la mort à la stricte passivité de ce qui s'achève par l'opération de causes extérieures – comme la neige finit par fondre parce que l'atmosphère se réchauffe. Françoise Dastur le dit très bien :

> C'est dans la croyance en une telle immortalité provisoire que nous vivons *d'abord et le plus souvent*, ce qui implique que l'existence humaine ne peut se déployer que dans la mesure où elle *esquive* la mort, où elle est capable de transformer en un événement à venir ce qui est son fondement même. [...] À cette césure radicale qu'est la mort, à cette fin d'exister, l'être pensant ne se rapporte pas en effet comme à une limite externe, mais au contraire comme à cette

1. Th. Hobbes, *Léviathan*, trad. fr. G. Mairet, Paris, Gallimard, 2000, p. 225.
2. Johannes von Saaz, cité dans M. Heidegger, *Être et Temps*, trad. fr. E. Martineau, Paris, Authentica, 1985, p. 182.
3. S. Freud, *Essais de psychanalyse*, trad. fr. André Bourguignon, Paris, Payot, 1981, p. 26.

> fin interne à partir de laquelle son propre être au monde devient possible[1].

Comme je serai amené à y revenir souvent pour le préciser au fur et à mesure de notre parcours artistique, la *fission du sensible* telle que nous la rencontrerons concerne foncièrement notre rapport au *temps*. Tchernobyl va nous amener à délinéariser notre perception du temps – notamment dans sa dimension *historique* – au bénéfice d'agencements *définalisés* de temporalités par couches de sédimentations et compositions rythmiques. C'est-à-dire, de nouveau tout au contraire des théories de la fin du monde, le temps en tant qu'il n'est pas déjà tenu pour accompli (le délai andersien), mais au contraire *n'est jamais complètement sommable*. En exigeant de nous, notamment, de penser un temps au-delà de l'expérience possible à l'échelle d'un individu humain – le plutonium utilisé à Tchernobyl (^{239}P)[2] a une « demi-vie » de 24 200 ans –, la radioactivité fait éclater le cadre de notre expérience usuelle du sensible. La demi-vie, ou « période active », représente la durée qu'il faut à la moitié des noyaux d'un isotope radioactif pour se désintégrer et qui, malgré son nom, n'est pas égal à la moitié de la durée de la vie de l'isotope en question : la période inactive peut durer plus longtemps que l'active. Plus la période active est longue, plus l'activité atomique est faible.

La radioactivité artificielle fait partie des événements écologiques majeurs qui substituent

> aux objets sans risque, aux objets chauves auxquels nous étions habitués jusqu'ici [...] des *attachements risqués*, des objets échevelés[3].

1. Fr. Dastur, « La question philosophique de la finitude », *Cahiers de Gestalt-thérapie*, n° 23, 1/2009, p. 12-13.

2. J'adopte systématiquement dans tout l'ouvrage la nomenclature chimique pour désigner les éléments : ^{235}U (uranium 235), ^{90}Sr (strontium 90), etc.

3. B. Latour, *Politiques de la nature*, *op. cit.*, p. 38.

Pour Latour, ces nouveaux objets ont quatre caractéristiques principales qui les différencient absolument des anciens objets modernes.

> Contrairement à leurs prédécesseurs, ils n'ont pas de bords nets, pas d'essences bien définies, pas de séparation tranchée entre un noyau dur et leur environnement. C'est à cause de ce trait qu'ils prennent l'aspect d'êtres échevelés, formant rhizomes et réseaux.
>
> Leurs producteurs ne sont plus invisibles, mais apparaissent au grand jour, embarrassés, controversés, compliqués, impliqués, avec tous leurs instruments, leurs laboratoires, leurs ateliers, leurs usines.
>
> Ils ont des connexions nombreuses, des tentacules, des pseudopodes, qui les relient de mille façons à des êtres aussi peu assurés qu'eux et qui, par conséquent, ne composent *plus un autre univers indépendant du premier*.
>
> Enfin, et c'est là sans doute le plus étrange, on ne peut plus les détacher des conséquences inattendues qu'ils ne vont pas manquer de susciter[1].

La radioactivité libérée dans notre environnement par l'explosion survenue dans la centrale nucléaire de Tchernobyl en relève entièrement – on ne saurait dire mieux – par les nouveaux arrangements irradiés ou contaminés du vivant, visibles ou non, actifs ou non, qu'elle a engendrés. Une catastrophe comme celle-ci n'a pas eu d'impact sur tel ou tel « objet » de la nature (pierres, champignons, animaux, etc.) : elle a révélé que tout être naturel n'est en fait qu'une *installation*. Et toute instalation est temporaire. À ce titre, la radioactivité invalide toute philosophie de la perception, toute doctrine de la séparation caractéristique de la modernité – entre un (ou des) sujets et un (ou des) objets nettement distincts –, et, avec elle, la « forme pure de l'intuition sensible[2] » qu'est le temps, par quoi, de pair avec l'espace, notre esprit met de l'ordre – un ordre qui n'existe pas en soi – dans les phénomènes, internes (les états

1. B. Latour, *Politiques de la nature*, *op. cit.*, p. 40, pour les quatre citations.
2. E. Kant, *Critique de la raison pure*, *Œuvres complètes*, tome I, éd. F. Alquié, Paris, Gallimard, 1980, p. 792.

de la conscience) comme extérieurs, puisque le temps n'a pas de « *réalité absolue* » mais est une « *idéalité transcendantale*[1] ». Chez Kant, si l'espace est ce par quoi nous appréhendons les phénomènes extérieurs, le temps n'est rien d'autre que

> la forme du sens interne, c'est-à-dire de l'intuition de nous-même et notre état intérieur [...], il détermine le rapport des représentations dans notre état intérieur[2].

Ici le temps est la « condition immédiate » des phénomènes internes, et « la condition médiate[3] » des phénomènes externes (qui ne font pas que coexister mais se succèdent). Mais que devient ce temps comme « condition formelle a priori de tous les phénomènes en général[4] » dans le contexte médial des phénomènes à temporalités immenses engendrés par la radioactivité, qu'aucun esprit humain n'est conçu pour appréhender ? Et avec le temps, c'est le sujet humain lui-même qui entre en crise – mais d'une crise qui n'est suivie d'aucun retour à la normale. Une crise sans critique. Nous verrons comment cette crise est une crise de *criticité*, au sens que le mot a dans l'industrie nucléaire, à savoir l'évaluation et la prévention des risques de réaction en chaîne de fission non contrôlée. C'est de celle criticité du sujet humain dont nous devons faire la politique au-delà de l'humain.

Ce type de crise n'est apparemment pas nouveau : le darwinisme, par exemple, en intégrant la biologie humaine – mais aussi celle de toutes les espèces vivantes sur Terre – *a parte ante* dans une évolution continue s'étendant sur les durées au-delà de

1. *Ibid.*, p. 796, pour les deux citations. Le temps « n'est pas quelque chose qui subsisterait pour soi-même » (p. 794), il n'y a pas de phénomène du temps dont nous pourrions faire l'expérience objective en dehors de la perception des objets temporels. Il n'y a qu'à comparer, ne serait-ce que pour le même individu, combien la même durée de temps sur l'horloge peut passer plus vite ou plus lentement selon les circonstances (peine, plaisir, etc.). Le temps n'est que la conscience du temps et le temps « objectif » des aiguilles de la montre qu'un faux temps rapporté à de l'espace (la trajectoire parcourue, la division du cadran).

2. *Ibid.*, p. 794.

3. *Ibid.*, p. 795, pour les deux citations.

4. E. Kant, *Critique de la raison pure*, *op. cit.*, p. 795.

l'humainement représentable d'une histoire géologique remontant jusqu'à au moins 3, 5 milliards d'années dans le passé (les plus anciens microorganismes fossiles connus à ce jour), n'a-t-il pas déjà contribué à nous placer dans un monde qui cesse d'être à notre portée, dont l'évidence consiste désormais en ce qu'il y est évident que certaines zones resteront à jamais sans aucune évidence, qu'aucun homme n'a jamais été en mesure de voir (*videre*)? La radioactivité, qui peut dans certains cas présenter des périodes actives sur plusieurs millions d'années (^{235}U : près de 704 millions d'années), ne fait-elle pas que prolonger, de l'autre côté du temps, la logique des érathèmes? Ce serait, je crois, se tromper sur la nouveauté qu'a représentée Tchernobyl – et dont il est précisément dans l'objectif de ce texte d'arriver, sinon à l'expliquer, du moins à la cerner en commençant par y mettre quelques mots.

Cette *fission du sensible* n'entraîne l'apparition d'aucun régime de l'art supplémentaire.

Elle porte avant tout sur le regard esthétique tel qu'il est modifié par la manière dont les images se rapportent à la *matière irradiée non spectaculaire.*

Contrairement à des attentes éduquées par un imaginaire apocalyptique, principalement hérité du nucléaire militaire et du fléau atomique, la *fission du sensible* n'a rien d'un *frisson des sens* et s'oppose point par point à l'imagerie populaire des mutants monstrueux. La lecture apocalyptique est d'autant plus tentante – à tort – dans le cas de Tchernobyl que le nom de la ville vient du russe *tchernobylnik* qui désigne l'absinthe – une plante dédiée à Artémis qui passait pour favoriser le bon rétablissement des blessés et l'endurance [1] – et qui ne peut manquer, dans la culture chrétienne, de renvoyer au texte de saint Jean :

> Le troisième ange sonna de la trompette. Et il tomba du ciel une grande étoile ardente comme un flambeau ; et elle tomba sur le tiers des fleuves et sur les sources des eaux. Le nom de cette étoile est Absinthe ; et le tiers des eaux fut changé en absinthe, et beaucoup

1. Étymologiquement : *chyornyi byllia*, l'herbe noire (ou armoise).

> d'homme moururent par les eaux, parce qu'elles étaient devenues amères (Ap 8 : 10-11).

Mais à Tchernobyl, la visibilité – littéralement – *ex-orbitante* des éradications atomiques retentissantes et furieuses, généralement circonscrites dans un laps de temps relativement court, laisse la place, dans un déportement du militaire au civil, du « spectacle » de la guerre au cours ordinaire de l'existence, à une menace sourde, invisible, imperceptible par l'organisme humain, *in-oculée* : celle de la radioactivité, dont l'action néfaste à la vie peut s'étendre – comme dans le cas de l'uranium – sur des millions d'années. Aux fictions d'une destruction massive en très peu de temps et déroulant un programme mécaniste implacable succède la réalité de combinatoires indéterminées de transformations – c'est-à-dire d'inventions – sur des calendriers au-delà de ce que peut connaître ou se représenter l'espèce humaine. Tout comme les virus agissent à une échelle à laquelle l'être humain ordinaire ne peut pas accéder, les radiations de Tchernobyl répondent à un paradigme non pas apocalyptique mais plutôt – malgré les différences – *épidémique*.

Si Tchernobyl s'inscrit, malgré tout, dans une histoire qui passe par la bombe atomique, c'est par le biais des *retombées nucléaires* que ces armes ont engendrées depuis les deux bombardements d'août 1945 – où l'on a découvert les effets du syndrome d'irradiation aiguë – jusqu'à l'interdiction des essaies aériens en 1963. Pendant une petite vingtaine d'années, on estime à 300 millions le nombre d'êtres humains exposés à des taux de radioactivités supérieurs aux normes sanitaires en vigueur.

Mon intention n'est pas de dresser un tableau de l'état de l'art depuis Tchernobyl ni de faire la liste, plus ou moins incomplète, des gestes artistiques à s'être emparés de Tchernobyl, non plus que des gestes théoriques à s'être emparés de ces gestes artistiques. Ce livre est un essai de philosophie esthétique – et peut-être de philosophie générale. Sa perspective est exactement celle de ce qui, à l'instar de la politique, est la part de notre éducation qui ne peut jamais s'apprendre ni savoir à quoi s'attendre.

26 AVRIL 1986

« Avril est le plus cruel des mois, […]
Et je te montrerai quelque chose qui n'est
Ni ton ombre au matin marchant derrière toi,
Ni ton ombre le soir surgie à ta rencontre ;
Je te montrerai la peur dans une poignée de poussière. »
T. S. Eliot

TCHERNOBYL

Tchernobyl n'est pas la première explosion dans une centrale nucléaire. Le 28 mars 1979, le cœur du deuxième réacteur de la centrale de Harrisburg à Three Mile Island, sur la rivière Susquehanna, en Pennsylvanie, fond partiellement suite – après une première défaillance sans conséquence – à une perte d'étanchéité de l'enceinte du circuit d'eau primaire due à une vanne de décharge du pressuriseur coincée en position ouverte (l'indicateur, en salle de commandes, l'annonçait correctement fermée). La libération de particules radioactives dans l'environnement fut minime, l'enceinte de confinement ayant parfaitement joué son rôle.

Il n'y a pas eu de catastrophe radioactive à Three Mile Island.

Il n'y a pas d'art de Three Mile Island.

Il y a un art de Tchernobyl. Car Tchernobyl, la plus grande catastrophe technologique à ce jour, un événement sans précédent dans l'histoire humaine, et à laquelle aucun être humain ne pouvait être préparé, a eu lieu. Le développement technique est devenu tel qu'il va de plus en plus de pair avec le risque que l'humanité provoque – volontairement ou accidentellement – sa propre abolition : Edgar Morin parle d'une « ère damocléenne [1] ». Avec ce qui a lieu on ne peut jamais en finir. Il n'y a d'art que de ce qu'avec quoi l'on ne peut en finir. Il n'y a d'art que de ce qui n'a pas d'arrêt.

Et pourtant, ni Tchernobyl ni Three Mile Island ne sont les premiers accidents survenus dans une centrale nucléaire. De nombreux incidents émaillent déjà la courte histoire du nucléaire civil : à Winscale (Grande-Bretagne) en 1957, à Idaho Falls et à Lagoona Beach (États-Unis) en 1961 et 1966, à Grenoble (France) en 1967, à Lucens (Suisse) en 1969, à Rocky Flats (États-Unis) en 1969, à Lingen (Allemagne) en 1969, à La Hague (France) en 1971, etc. Ils étaient dus à des réacteurs en surchauffe, des dispositifs d'interruption automatique défectueux, des incendies. De la radioactivité fut lâchée dans l'environnement, du plutonium dégagé dans l'atmosphère – sans parler de la question indébrouillable de l'innocuité des déchets. *Tchernobyl est le nom de notre destin depuis les débuts du programme nucléaire.*

Ce qui est arrivé à Tchernobyl était, non seulement vraisemblable, mais inéluctable depuis des décennies. Beaucoup avaient alerté sur les dangers du nucléaire. La catastrophe était possible à chaque instant : si l'impossible n'est pas le contraire du possible, mais ce qui a lieu malgré tout (comme lorsque l'on dit de quelqu'un qu'il « est impossible »), le possible est ce qui a lieu *comme c'était attendu*, puisque « le possible n'est que le réel avec, en plus, un acte de l'esprit qui en rejette l'image dans le passé une fois qu'il s'est produit [2] ».

Le samedi 26 avril 1986 à 1 h 23 mn 44 s du matin, heure locale, un essai dans la centrale nucléaire Lénine de Tchernobyl (Ukraine), alors en URSS, prend une tournure désastreuse. Suite à un exercice mal encadré sur une situation extrême (coupure d'électricité

1. E. Morin, « L'ère damocléenne », *Le Monde*, 22 septembre 1990, p. 1 et p. 2.
2. H. Bergson, *La Pensée et le mouvant*, *Œuvres*, éd. André Robinet, Paris, P.U.F., 1963, p. 1339.

et rupture du conduit d'eau), le cœur du réacteur RBMK de la quatrième tranche explose en émettant un panache radioactif dans l'atmosphère, qui se propagera à travers l'Europe, de l'Oural à l'estuaire de la Loire, mais aussi en Israël, en Turquie, plus loin encore. La première explosion évapore dans l'atmosphère près de cinquante tonnes de combustible nucléaire qui formeront le fameux « nuage de Tchernobyl ». Le combustible à proximité de la zone active fut projeté sur toute la centrale (salle des machines, toit du troisième réacteur, etc.).

Un réacteur RBMK est un réacteur à neutrons thermiques utilisant le graphite comme modérateur et l'eau légère bouillante comme fluide caloporteur. Le combustible utilisé est de l'oxyde d'uranium enrichi en ^{235}U (2%). Chaque assemblage combustible est contenu dans un « tube de force » – il y a en 1 700 – dans lequel circule le fluide de refroidissement. Ces tubes sont placés verticalement dans l'empilement de graphite. L'ensemble repose sur une structure contenue dans une cavité en béton. Au-dessus du réacteur, une « machine de chargement » permet le renouvellement du combustible pendant l'exploitation. Le contrôle de la réactivité est assuré par environ 200 barres absorbantes de neutrons, réparties dans tout le cœur. Deux boucles indépendantes assurent le refroidissement du réacteur à l'eau sous pression et un circuit de secours intervient en cas de dysfonctionnement du circuit principal de refroidissement (dans la tuyauterie d'alimentation en eau, les conduits de vapeur). La fission consiste à briser les noyaux lourds de ^{235}U – le seul isotope approprié dans la nature – en les bombardant de neutrons. Il y a alors réaction en chaîne – ou « accident de criticité » – car la fission engendre des fragments de noyaux qui présentent un excès de neutrons : ils s'en séparent, et ces neutrons, ralentis par le graphite modérateur, seront absorbés à l'état « thermique[1] » par l'uranium dans lequel ils produiront à leur tour d'autres fissions. Et ainsi de suite. Les projectiles pour provoquer la fission sont fournis par la fission. Les barres de commande, qui capturent

1. On appelle « neutron thermique » un neutron dont la vitesse de libération initiale, de l'ordre de 20 000 km/s, a été ralentie à 2 ou 3 km/s, de sorte qu'il se trouve cinétiquement analogue à l'agitation thermique de la matière du réacteur.

les neutrons, permettent de ralentir la réaction, ou de l'accélérer quand on les retire.

À Tchernobyl, l'explosion est survenue à la suite d'un ralentissement provoqué du réacteur – barres de commande enfoncées – en vue d'un essai de sécurité sur une machine au ralenti, laquelle s'est retrouvée en chute libre de puissance (30 MWt) et empoisonnée au xénon (tandis que l'alarme du système de refroidissement avait été inexplicablement débranchée…), en raison d'une bévue de construction. Quand le personnel a relevé les barres de commande puis enclenché deux pompes supplémentaires du circuit de refroidissement pour relancer la puissance du réacteur, celle-ci n'est remontée qu'à 200 MWt, au lieu des 700 requis (le xénon capturant les neutrons). Quand le test proprement dit a été lancé, un certain nombre de phénomènes – baisse du niveau du débit de l'eau, formation de bulles dans le liquide de refroidissement, entrée en rétroaction positive, etc. – provoqués par des mauvais choix et des fautes d'appréciation ont fini par mettre le réacteur en surchauffe. L'arrêt d'urgence, trop long à réagir, n'a pas permis d'inverser la radiolyse de l'eau. Le réacteur a explosé après avoir atteint un pic de puissance cent fois supérieur à sa puissance nominale. La conception architecturale défaillante de la centrale (l'absence d'enceinte de confinement) a, pour sa part, entraîné la dispersion d'aérosols de particules radioactives dégagés par l'explosion et n'existant pas dans la nature. Tchernobyl est aussi la catastrophe d'une économie exsangue et d'un système politique à l'agonie : en tout, sept erreurs successives ont conduit à l'explosion du réacteur n° 4.

Les particules radioactives propagées par les masses d'air sont retombées au sol sous forme de dépôt sec (les particules basses) ou de dépôt humide (les particules transportées par la pluie ou la neige), recouvrant les plantes, les plans d'eau, les lieux de vie. L'explosion et l'incendie ont immédiatement provoqué des radiations équivalentes à vingt fois la bombe larguée sur Hiroshima dans un périmètre de près de 40 km, baptisé par la suite « zone d'exclusion » ou, en russe, « d'aliénation [*otchuzhdeniya*] ». L'incendie a été éteint en larguant par hélicoptères 5 000 tonnes d'un mélange de sable, de plomb, de bore, de borax et de dolomite sur le réacteur éventré. Trois volontaires en tenue de plongée se sacrifièrent pour aller ouvrir les vannes d'évacuation des réservoirs d'eau remplis par l'eau des lances à incendie menaçant de déclencher, en entrant en contact avec le combustible en fusion, une explosion thermonucléaire qui aurait pu ravager l'Europe sur un rayon de plus de 300 km et la rendre en grande partie inhabitable. Des mineurs de Toula furent envoyés pour refroidir ce combustible en installant en quelques semaines un échangeur de chaleur et empêcher la contamination des nappes phréatiques alimentant la rivière Pripiat, puis le Dniepr jusqu'à la mer Noire.

Au bout de plusieurs mois, des collecteurs – qui n'avaient que 90 secondes à chaque sortie – ramassèrent les débris éparpillés tout autour de la centrale. Portant seulement des masques de chirurgien, les « liquidateurs » chargés du nettoyage s'affairèrent dans l'urgence, exposés à près de 12 000 R/h (la dose mortelle est de 400 R/an). Les robots eux-mêmes – initialement prévus pour aller retirer le graphite sur le toit – n'ayant pas supporté la pression de l'atome, il a finalement fallu y envoyer des êtres humains (les « robots biologiques ») revêtus de tuniques de plomb assemblées à la hâte, soumis à des doses de radioactivité dépassant un million de fois ce que le corps humain peut physiologiquement tolérer.

La plupart de tous ces travailleurs en première ligne ou bien sont morts dans les jours qui ont suivi l'explosion dans des souffrances abominables (nécrose épidermique, destruction de la moelle épinière, liquéfaction des organes mous, hémorragie interne), comme certains membres du personnel de la centrale ou les pompiers, ou bien, pour ceux ayant été confrontés à des doses moins virulentes, ont développé des cancers et sont décédés peu d'années après.

En tout et pour tout, les travaux de liquidation de la centrale ont duré cinq ans. Le réacteur n° 3 a fonctionné jusqu'en 2000.

L'évacuation de la zone d'exclusion ne fut organisée par le gouvernement soviétique – qui cachait depuis des années des taux de radioactivité autour de la centrale bien supérieurs à la normale, et a tardé à reconnaître l'évidence à la fois par impéritie et par idéologie – que trente-six heures plus tard, en réanimant pour l'occasion la rhétorique martiale d'une guerre contre l'atome, censée jouer sur la fibre patriotique et le souvenir de la lutte contre le nazisme. Pendant des jours, un régime politique déliquescent occulta et minimisa l'événement : les célébrations du 1er Mai eurent lieu comme prévu ; les enfants jouaient dans les bacs à sable ; l'air, les sols, la faune et la flore paraissaient être exactement les mêmes que le 25 avril. Bien qu'un satellite américain en orbite ait filmé des images de l'incendie ayant ravagé la station toute la nuit et que des météorologistes européens aient enregistré des niveaux de radioactivité anormalement élevés quelques jours plus tard en Suède et en Allemagne, la tragédie a été officiellement dissimulée pendant près de trois semaines par Mikhaïl Gorbatchev, alors Secrétaire général du Comité central du Parti communiste de l'Union soviétique. Les autorités cherchèrent des responsables pour l'exemple – les opérateurs, le vice-ingénieur en charge du test, le directeur de la centrale ? – en occultant que le KGB avait étouffé un incident similaire à Leningrad en 1975 et en ne comprenant pas, mais il y fallait même en toute honnêteté plus de recul, que Tchernobyl venait de radicalement modifier les concepts même d'« ennemi » ou de « responsabilité ».

En 1988, deux ans pratiquement jour pour jour après l'explosion à la centrale Lénine, Valeri Legassov, membre de l'Académie des sciences d'URSS et rapporteur de la première Commission gouvernementale chargée de la gestion de la catastrophe de Tchernobyl, se suicidait en laissant un « testament » dicté sur plusieurs cassettes audio dans lequel il dénonçait les violations des règles de sécurité pour la course à la prime, l'incompétence des responsables (ni l'ingénieur en chef ni le directeur n'avaient de formation en physique nucléaire), l'inexpérience des techniciens et les mensonges des politiciens. Une version écrite en a été publié le 28 mai 1988 dans *La Pravda*, intitulée « Il est de mon devoir de parler… [1] ». À l'Est, les

1. La traduction française intégrale est accessible ici : http://www.dissident-media.org/infonucleaire/testament_legassov.html. Page consultée le 15 juin 2019.

scientifiques étaient divisés en deux camps : la médecine officielle, d'un côté ; de l'autre, quelques (rares) hauts gradés qui, à l'instar de Vassili Nesterenko qui dirigeait un projet militaire stratégique à l'Institut de l'énergie nucléaire de Biélorussie, ont alerté l'opinion internationale malgré les pressions de l'État. Nesterenko, harcelé par le régime soviétique, a créé en 1990 le « Belrad » (Institut indépendant biélorusse de protection radiologique) pour éduquer les habitants des 321 villages contaminés. Ce n'est qu'en 1991 qu'Alla Yarochinskaya, députée de la république d'Ukraine, est parvenue au péril de sa vie à dérober une partie des résolutions classées confidentielles [1].

Au total, près de 12 milliards de milliards de becquerels ont été déversés dans l'environnement en dix jours. La grande majorité des radionucléides (ou noyaux radioactifs) avait une demi-vie inférieure à un mois. Parmi ceux les plus largement diffusés, les deux plus résistants sont le césium 137 (^{137}Cs), à la structure proche du potassium, très volatil et d'une demi-vie d'un peu plus de 30 ans, et le strontium 90 (^{90}Sr) qui imite le calcium des êtres vivants, peu volatil, d'une demi-vie de 28 ans. Les radionucléides les plus nocifs n'ont pas dépassé les abords de la centrale. Le territoire biélorusse voisin – d'une dizaine de millions d'âmes – paya le plus lourd tribut : 70% des radionucléides retombèrent sur son sol, 485 villages furent évacués, un habitant sur quatre vit encore dans un secteur empoisonné. Les substances gazeuses les plus volatiles projetées à très haute altitude furent transportées tout autour de la planète : on les enregistra au-dessus du Japon le 2 mai, des États-Unis et du Canada trois jours plus tard. *Tchernobyl a rétréci la Terre.*

Tchernobyl a, par ailleurs, été une véritable grenade à retardement : depuis trente ans, de nombreux feux de forêts, parfois criminels (il existe un important trafic de bois dans les environs

1. On peut en lire un extrait à la suite d'Alla Yarochinskaya, « "Absolument confidentiel" : les autorités soviétiques face à la catastrophe », dans G. Grandazzi et F. Lemarchand (dir.), *Les Silences de Tchernobyl. L'avenir contaminé*, Paris, Éditions Autrement, 2004, p. 27-45.

de la centrale), ont libéré dans l'atmosphère des doses massives de particules radioactives initialement absorbées par les troncs d'arbres.

Les ingénieurs soviétiques ont découvert, dans le corium de la fusion du cœur du réacteur incriminé, un matériau hautement radioactif de 200 tonnes composé d'uranium et des éléments chimiques résultant de la fission atomique (des radioisotopes très instables) à plus de 3 000 °C. Le « pied d'éléphant » est à ce jour encore l'objet le plus dangereux du monde, capable de tuer un homme qui s'en approcherait en quelques minutes. Le corium est le magma métallique et minéral composé de matière fondue (oxyde d'uranium enrichi, paroi de la cuve, équipements divers) – augmenté par la suite des minéraux avalés sur son trajet – se formant quand le cœur, où se déroule la réaction en chaîne de la fission nucléaire, n'est plus refroidi. N'existant que dans la centrale ukrainienne, la Tchernobylite est un minerai dit « technogénique » de la famille des silicates de zirconium.

Le quatrième réacteur, le « trou du diable [1] », a été rapidement recouvert par un « sarcophage » – l'étymologie grecque est ironique : « celui qui dévore [*phagein*] la chair [*sarx*] » … – bâti à la hâte pour le mettre à l'abri du vent et des intempéries. Construite par des robots à distance, cette structure initiale s'est fissurée en plusieurs endroits et a longtemps laissé échapper de la poussière transuranienne restée en suspension autour de la centrale. Son édification fut d'autant plus délicate que les autorités moscovites avaient l'intention de relancer le troisième réacteur et qu'il a fallu pour cela séparer les deux réacteurs joints l'un à l'autre. À partir de novembre 2016, le premier sarcophage a été recouvert d'un second, l'« Arche », financé par le consortium ad hoc Novarka et censé assurer, avec quelques années de retard (le projet était initialement prévu pour 2012), la sécurité du site pour les cent prochaines années.

1. S. Alexievitch, *La Supplication. Tchernobyl, chroniques du monde après l'apocalypse*, *Œuvres*, trad. fr. G. Ackerman et P. Lorrain, Arles, Actes Sud, 2015, p. 584.

En 2019, la nouvelle enceinte de confinement a été entièrement équipée pour démanteler dans le futur le réacteur endommagé.

On ignore actuellement ce qui se trouve dans les entrailles *inaccessibles* de la centrale.

Haies

Le processus de fission qui permet de libérer l'énergie nucléaire stockée dans l'uranium a été découvert juste avant la fin de la Seconde Guerre mondiale, ce qui explique d'abord son utilisation militaire (les bombes atomiques larguées par les États-Unis sur Hiroshima et Nagasaki). La première combustion nucléaire a été réalisée par Enrico Fermi à Chicago le 2 décembre 1942. Avec la paix, les gouvernements ont cherché à tirer le meilleur parti de cette nouvelle énergie : c'est le « nucléaire civil ». Les premiers prototypes de centrales nucléaires produisent de l'électricité dans les années 1950. Le danger que nous découvrions alors était celui de la radioactivité : les éléments hautement radioactifs impliqués par la fission nucléaire émettent des rayonnements – qui existent à faibles doses dans la nature – extrêmement dangereux pour les organismes vivants et leur milieu, mais que nous sommes incapables de détecter avec nos cinq sens. Pour cela, il a fallu inventer des appareils capables de le faire à notre place et de traduire la présence de taux de radioactivité anormaux sous des formes identifiables par le corps humain (aiguille en mouvement, crépitement sonore).

La radioactivité artificielle déversée dans la nature à la suite de l'accident de Tchernobyl a imprégné les tissus vivants, la terre, les bâtiments : toute la région autour de Tchernobyl, en particulier, la plus radioactive du globe, a façonné *un écosystème unique au monde*, sur une superficie de deux fois la taille du Rhode Island entre l'Ukraine et la Biélorussie. À ce jour, environ 8 millions de personnes vivent sur les 160 000 km^2 les plus souillés. On appelle « revenants [*samossioly*] » celles et ceux retournés vivre dans la zone d'exclusion de Tchernobyl. Certains parce qu'ils sont trop âgés pour changer de vie, et qu'ils mourront probablement avant que les effets de la radioactivité ne les rendent malades ; d'autres parce que leur éducation paysanne ancestrale ne leur permet tout simplement pas de comprendre de quoi il retourne exactement dans la contamination radioactive. D'autres encore pour bien d'autres raisons. Chaque retour est un morceau d'autobiographie. Depuis 1993, le photographe Gerd Ludwig s'est rendu à neuf reprises dans la zone d'exclusion pour documenter le sort des populations qui ont fait le choix de revenir s'installer sur les lieux malgré un taux de radiation encore très élevé ou qui, déplacés, souffrent de troubles médicaux divers. De nombreux bureaux de l'administration ou écoles ont été reconvertis sur place en cliniques de fortune [Fig. 1].

Contrairement à l'explosion d'une bombe atomique, celle – qui n'a pas été nucléaire – du réacteur de Tchernobyl a diffusé une radioactivité qui a isolé entièrement une région du reste de la Terre. Et inversement, s'il était impossible de ne pas prendre acte de la liquidation atomique de deux villes, tout avait l'air exactement pareil autour de la centrale de Tchernobyl avant qu'après la catastrophe. Mais, là où la vie a aussi repris très vite à Hiroshima ou Nagasaki, Pripiat, contaminée au plutonium, n'est plus habitable pour des dizaines de milliers d'années. Pour la première fois dans leur histoire, les hommes sont à l'origine d'un *territoire sans Terre*. Comme le note sobrement Galia Ackerman :

> Où sur notre planète peut-on encore trouver une ville nouvelle, de taille moyenne, assez bien préservée dont tous les habitants ont disparu, comme par un enchantement ? Où trouvera-t-on une autre ville, au passé millénaire celle-là, peuplée de nos jours de gens en tenue de camouflage dont la principale occupation est, justement, de contenir la radioactivité par tous les moyens [1] ?

Trente ans plus tard, le photographe Greg McNevin a réalisé avec Greenpeace une série d'images dans le but de visualiser les radiations nucléaires – normalement invisibles – encore présentes dans les régions autour de Tchernobyl [Fig. 2].

1. G. Ackerman, *Traverser Tchernobyl*, *op. cit.*, p. 14.

> Quand ils parlent d'exposition aux radiations, les gens pensent traditionnellement aux « radiographies des poumons » ou alors ils utilisent des photographies de matériel de mesure, ou d'habitations abandonnées, etc. Toutes ces choses sont courantes dans le langage du choc nucléaire, mais je les trouve plutôt abstraites pour communiquer les idées [1].

Le projet pensé par McNevin, qui inclut également des photographies de la catastrophe de Fukushima-Daiichi, a pour nom général *Chernobyl and Fukushima : Light Mapping Radiation.* La technique de la « peinture lumineuse [*light-painting*] » est empruntée au projet *Immaterials : Light Painting WiFi* des Norvégiens Timo Arnall, Jorn Knutsen et Einar Sneve Martinussen pour photographier les réseaux Wi-Fi dans la ville d'Oslo. Muni d'un grand bâton équipé de diodes électroluminescentes trichromes et relié à un détecteur de rayonnements ionisants, McNevin se déplace au crépuscule avec un Canon 5D II dans tel ou tel endroit irradié, pendant un temps d'exposition long variant de 4 ou 8 secondes jusqu'à plusieurs minutes : plus le secteur est radioactif, plus s'allument d'ampoules sur la hampe. Un microcontrôleur Arduino convertit ensuite le signal analogique (visuel ou sonore) de l'instrument de mesure – sans aucune mise en scène ni retouche numérique – en lumière visible sur les images. Un ruban coloré serpente dans la photographie finale et expose l'emplacement et l'intensité des radiations. Le blanc matérialise des niveaux de radiation normaux ; l'orange, des lieux à décontaminer et où l'on doit se protéger ; le rouge, des zones devenues inhabitables.

> Ce qui m'intéresse dans cette image, c'est que la maison bien entretenue avec des lumières à l'intérieur (montrant clairement que des gens y vivent encore) est entourée de niveaux élevés de contamination radioactive. La couleur orange indique jusqu'à 0, 6 μSv/h, ce qui est encore 0, 16 μSv/h au-dessus de la limite de 0, 20 μSv/h fixée par les autorités russes pour l'évacuation et la réinstallation. Ces niveaux pourraient être plus élevés encore, car la neige minimise les mesures. Ils ne deviennent un risque

1. G. McNevin, conversation avec l'auteur.

> que si l'on reste dans la maison debout 24 heures sur 24, mais la réalité est qu'il existe de nombreux endroits comme celui-ci dans le petit village (certains jusqu'à 1 μSv/h d'après nos mesures et nous n'en avons réalisé que très peu), de sorte que des gens comme Natalya qui vivent et travaillent tous les jours ici sont exposés en permanence, de multiples façons [1].

Ce type de photographie s'inscrit dans la logique du « temps profond », tel qu'il a été défini par le géologue écossais James Hutton dans *Theory of the Earth* en 1795 à propos des très grandes échelles temporelles impliquées par l'histoire de la Terre. La radioactivité de certains éléments, comme des isotopes de l'uranium ou de l'iode, engage des périodes d'activité de plusieurs millions d'années et se caractérise par ce que Jussi Parikka a appelé une « lente violence contemporaine [*slow, contemporary violence*] [2] ». Paul Virilio le dit très justement : Tchernobyl a été

> un accident du temps plus qu'un accident de l'espace. Les accidents dans le passé concernaient l'espace. [...] Un avion s'écrasait sur une base. Or là, c'est un accident dans le temps, dans la temporalité. L'événement de Tchernobyl est hors norme au sens où il concerne le temps astronomique, le temps des générations, des siècles et des millénaires [3].

Même en temps ordinaire, la présence d'éléments radioactifs, parfois enfouis – comme le sont les déchets du fonctionnement régulier des centrales nucléaires –, pose une question de taille : comment signaler leur présence aux générations futures dans des temps si éloignés de nous que peut-être rien de ce que nous aurons été ne survivra plus du tout ? Les supports d'informations, y compris le stockage informatique, ne sont pas pérennes à ce point, loin de là, sans compter qu'une guerre ou une catastrophe

1. G. McNevin, conversation avec l'auteur.
2. *Cf.* J. Parikka, *A Slow, Contemporary Violence : Damaged Environments of Technological Culture*, Berlin, Sternberg Press, 2016.
3. P. Virilio, *Ce qui arrive*, Paris, Fondation Cartier pour l'art contemporain-Actes Sud, 2003, p. 200.

naturelle pourraient venir à n'importe quel moment tout effacer. Surtout, dans quelle langue – qui ne survivra sans doute pas sur des milliers d'années, a minima sous la même forme – doit-on formuler nos avertissements ? L'une des solutions retenues est d'utiliser des pictogrammes, qui supposent malgré tout que dans plusieurs millénaires l'espèce humaine, si elle existe toujours, continue de fonctionner sensoriellement et intellectuellement comme nous le faisons aujourd'hui – ce qui est loin d'être évident.

Depuis 1994, l'artiste belge Cécile Massart ausculte les emplacements internationaux de stockage des déchets radioactifs pour mettre l'art au service de leur identification dans leur environnement. Luttant contre le camouflage des déchets nucléaires, elle a proposé, par ses films, ses expositions ou ses livres, d'« inventer une culture propre au nucléaire [1] » à partir d'« archi-sculptures » recourant à des symboles simples (couleurs primaires, formes géométriques rudimentaires) et prenant le relai d'une très longue anthropologie figurative des rites funéraires – depuis les pyramides égyptiennes ou les tumulus japonais des IIIe et IVe siècles (*kofun*) jusqu'aux utopies sépulcrales des architectes Claude-Nicolas Ledoux ou Étienne-Louis Boullée dans les dernières décennies de l'Ancien Régime français.

> La mémoire de toute civilisation se traduit généralement par l'émergence de monuments. Ici, les monuments contiennent des déchets hautement radioactifs. Ils symbolisent notre civilisation où le nucléaire avec ses contraintes peut être dangereux et imprévisible. […] Invisibles et enfouis dans le sol, je les nomme *monuments* car les humains y projetteront leurs rêves, leurs peurs et leur curiosité au fil des millénaires. Les lieux sacrés tiennent l'homme à distance.

1. Cécile Massart, présentation sur le site Internet personnel de l'artiste, https://cecilemassart.com/news/2018/8/6/cecile-massart-une-artiste-fascinee-par-les-dechets-radioactifs, s. p. Page consultée le 8 juin 2019. L'autre citation est tirée de la même page.

> Le danger propre aux déchets radioactifs provoque une secousse qui perturbe le processus de la mémoire [1].

Pour Massart, nos résidus nucléaires constituent les archives du futur et leurs emplacements sont autant de « sites archéologiques [2] » qu'elle propose d'aborder à partir de propositions conceptuelles nommées « laboratoires [3] ». Dans la mesure où les déchets radioactifs perdureront encore quand le type de société qui les a rendus possibles aura disparu, il faut toujours pouvoir les garder à l'œil. Ces laboratoires, imaginés dans le cadre du programme français d'enfouissement profond du Cigéo (Centre industriel de stockage géologique), ont donné lieu à une série graphique du même nom réalisée en 2013 [Fig. 3]. Ils s'inscrivent dans la continuité d'un précédent projet développé par Massart pour le Centre de stockage de la Manche avec l'Agence nationale pour la gestion des déchets radioactifs (Andra), entre 2011 et 2013, et la visite en 2013 des deux sites américains de Waste Isolation Pilot Plant au Nouveau-Mexique et de Yucca Mountain dans le Nevada.

Les monuments du « Cigéo Art Lab » sont pensés selon une « conception en couches géologiques [4] » exigeant la collaboration de l'art et de la science pour « organiser des rencontres interdisciplinaires sur les notions de mémoire et de culture nucléaire [5] » entre industriels, artistes, riverains, associations civiles, agriculteurs, etc. Construits sur des collines artificielles, entourés de cercles d'arbres qui les rendent visibles de loin, aux volumes cylindriques ou tronconiques, ils permettent d'« étudie[r] des marqueurs spécifiques pour protéger le monde vivant, créant ainsi un cercle de connaissances

1. C. Massart, « Constructing Memory through Artistic Practices », *Radioactive Waste Management and Constructing Memory for Future Generations*, Actes du colloque international, Verdun (France), 15-17 septembre 2014, Organisation for Economic Co-operation and Developement/Nuclear Energy Agency, 2015, https://www.oecd-nea.org/rwm/pubs/2015/7259-constructing-memory-2015.pdf, p. 125. Page consultée le 8 juin 2019.

2. *Ibid.*, p. 127.

3. *Ibid.*, p. 125.

4. *Ibid.*, p. 128.

5. Cécile Massart, document fourni par l'artiste à l'auteur.

humanistes[1] ». Des esplanades colorées de béton ou de terre vernissée révèlent les intersections des galeries souterraines. Un dôme de verre symbolise la dégradation silencieuse des déchets dans des temps inabordables, tandis que « compositeurs, vidéographes, ingénieurs et danseurs coordonnent leurs découvertes à tour de rôle[2] ».

Les mémoriaux de Cécile Massart, qui ne sont pas sans inclure une forme troublante de *spiritualité* (il n'est pas impossible que les êtres humains du futur ne les vénèrent pas, ne les craignent pas comme des temples renfermant l'ichor ultime et destructeur), sont tout le contraire des monuments aux morts ou aux victimes que l'on érige traditionnellement après les guerres, les épidémies ou les attentats, comme on en a d'ailleurs installé après Tchernobyl dans le cadre de politiques de patrimonialisation (l'ex-Union soviétique étant d'ailleurs passée maîtresse en la matière)[3]. On a souvent fait remarquer que, à l'instar de la Shoah et de la bombe sur Hiroshima, Tchernobyl fait partie de ces événements qui ont introduit une rupture dans le temps entre « le *temps d'avant* » et « le *temps d'après*[4] ». Mais, à le dire comme cela, on n'a rien dit du tout, car parler *du* temps d'avant et *du* temps d'après, c'est précisément considérer implicitement que la rupture n'a pas été telle qu'elle ne nous empêche pas d'employer le même concept dans le même sens – en l'occurrence celui de temps – pour caractériser cet avant et cet après. Je propose de présenter plutôt les choses ainsi : *avant Tchernobyl, Hiroshima ou Auschwitz, il y avait un temps qui n'a plus eu la même signification après, à tel point que l'avant et l'après eux-mêmes – qui sont pris dans le temps – n'ont plus eu de sens*. Pour ce qu'il en est spécialement de Tchernobyl, les durées de demi-vies des radionucléides lâchés dans la nature, pouvant aller jusqu'à des centaines de milliers d'années, irreprésentables pour l'être humain, basculent le temps cul par-dessus tête. Et comme le temps, pour

1. C. Massart, « Constructing Memory through Artistic Practices », art. cit., p. 129.

2. *Ibid.*, p. 130.

3. Il a même été question un moment de déclarer la zone d'exclusion « patrimoine mondial de l'humanité » par l'Unesco.

4. G. Grandazzi, « L'atome en héritage », dans G. Grandazzi et F. Lemarchand, *Les Silences de Tchernobyl*, *op. cit.*, p. 125.

l'homme, est tout entier ébranlé, on ne peut essayer de mettre des mots sur Tchernobyl – nécessairement infirmes : le langage est élaboré à partir de la compréhension humaine de l'espace-temps – qu'en ne tenant plus compte de la chronologie. Cela ne dira pas exactement ce que Tchernobyl a fait au temps, puisque nous ne pouvons cesser d'être des hommes, mais cela sera la moins mauvaise formulation possible – celle qui n'exprime pas ce qui est détraqué mais qui au moins donne à voir *le détraquement dans la langue*, c'est-à-dire dans ce qui rend compte du monde : Tchernobyl ne casse pas dans le temps entre un temps d'avant et un temps d'après ; *il brise le temps entre, d'abord, un « après le temps » et, ensuite, un « avant après le temps »*. Avec les déchets radioactifs, que ce soit ceux – sécurisés – de Massart ou ceux de Tchernobyl, il ne s'agit pas d'édifier des monuments pour ne pas oublier un *événement achevé* (c'est d'ailleurs en déléguant la fonction mémorielle à un bâtiment inanimé qu'on oublie généralement le mieux…), mais d'ériger les monuments d'un *événement inachevé*, d'une catastrophe continuée sur un temps au-delà de ce que nous sommes en capacité de concevoir. Culbutant le temps, c'est le mémorial de ce qui est toujours en cours, de ce qui ne cesse d'advenir, d'un temps vulnérable réduit au présent permanent : le temps qui n'est plus *maintenu* ne peut plus être rien d'autre qu'une succession de *maintenants*. Pas de monuments pour se remémorer ce qui a eu lieu. Ni, non plus, en vue d'une paradoxale « mémoire de l'avenir[1] » : à moins de supposer, dans les pas d'Anders, que la catastrophe est inévitable, qu'elle a toujours déjà eu lieu, c'est-à-dire de savoir à l'avance ce qui arrivera et de traiter le futur comme un *passé à venir* – le propre du passé, sur lequel s'articule la mémoire, étant de ne plus pouvoir être changé… Mais *pour se souvenir de ce qui aura continué de n'en pas finir d'avoir lieu.*

Plus de mille points de localisation « temporaire » de déchets radioactifs sont répertoriés dans la zone d'exclusion de Tchernobyl, comme à Rassokha, Podlesny ou Bouriakhova. Y ont été enterrés les engins et les outils utilisés au cours des travaux de

1. *Cf.* J.-P. Dupuy, *Pour un catastrophisme éclairé. Quand l'avenir devient certain*, Paris, Seuil, 2002.

liquidation, les vêtements contaminés, les matériaux du chantier de construction des cinquième et sixième réacteurs (en cours lors de la catastrophe) et des villages entiers. Si les relevés topographiques permettent de déterminer quels déchets sont les plus dangereux pour l'environnement, notamment par la contamination des eaux souterraines, les fosses creusées dans la précipitation ne sont pas suffisamment profondes pour écarter tout danger, mais le sont assez pour que nous ne puissions pas savoir exactement quels radionucléides y sont les plus actifs. Il faudrait pour cela retourner des millions de tonnes de terre et aménager des constructions sécurisées. Ici, comme ailleurs, l'économie des pays postsoviétiques, dans un tel état de délabrement, ne permet pas de gérer correctement le péril permanent, même si quelques sites de stockage durables ont vu le jour (notamment pour le combustible usagé de la centrale).

ANTHROPOCÈNE RADIO

La radioactivité existe à l'état naturel : de la croûte terrestre, du rayonnement cosmique, du corps humain, du radon… Quand un noyau radioactif est instable, il a tendance à chercher la stabilité en émettant – dans un temps plus ou moins long – une ou plusieurs particules, dont il se débarrasse. Ces particules, envoyées stochastiquement dans l'environnement médial du noyau, constituent ce que l'on appelle la radioactivité.

> Pour prendre une image très approximative, la radioactivité est analogue à ce que fait un groupe d'amis où se trouve un gêneur : tôt ou tard, il est rejeté par les autres et l'équipe retrouve sa cohésion [1].

Trois types de rayonnements sont ionisants, à savoir capables de transformer les atomes qu'ils traversent en ions (des atomes ayant perdus un ou plusieurs électrons) : α, β et γ. Les trois interactions du modèle standard permettent d'en rendre compte – dans l'ordre : faible, forte et électromagnétique. Toutes sont impliquées, à des titres divers, dans la radioactivité chthonienne de Tchernobyl.

1. P. Reuss, *L'Énergie nucl éaire*, Paris, P.U.F., 1994, p. 59.

La radioactivité α est le mode de désintégration des noyaux de grande masse atomique, comme ceux de l'uranium ou du radium : deux protons et deux neutrons se séparent du noyau primitif pour former un noyau d'hélion (^{4}He). Les particules émises, très « chaudes », infiltrent les organismes ou l'eau sur une courte distance (40 mm) mais avec des effets désastreux car irréversibles : ce sont les rayonnements les plus dangereux pour la matière vivante, mais aussi ceux dont il est le plus facile de se protéger (une feuille de papier suffit à les arrêter).

Les particules β, quant à elles, peuvent être de deux sortes – β^- : un électron accompagné d'un antineutrino électronique (à hélicité gauche) ; ou β^+ : un positron (antiélectron) accompagné d'un neutrino électronique. Dans les deux cas, les nucléons du noyau changent de nature : de neutron à proton, ou inversement. Par exemple, un atome de ^{40}K (19 protons et 21 neutrons) devient, par radioactivité β^-, un atome de ^{40}Ca (20 protons et 20 neutrons), un isotope du calcium. La pénétration de ce rayonnement se limite au niveau épidermique.

Enfin, les particules γ correspondent à l'émission d'un photon quand un atome excité se désexcite et se purge d'un trop-plein d'énergie. Elles sont de même nature que l'émission de lumière ou de rayons X (les rayonnements électromagnétiques), et suivent de très près la libération de particules α et β responsable de l'excitation du noyau. Si elles peuvent entrer dans les organismes jusqu'à 1 m de profondeur, leur action est moins dangereuse car moins ionisante. Elles sont, par conséquent, les particules les plus difficiles à arrêter : il y faut un blindage très épais (30 cm de béton, 50 cm de terre).

Il existe deux types d'exposition aux rayons ionisants : l'*irradiation* (exposition directe à une source radioactive extérieure), la *contamination* (exposition à la matière radioactive déposée dans l'environnement).

Les valeurs de risque des rayonnements ne vont pas sans un certain nombre d'approximations. Tout d'abord, elles sont calculées pour des êtres humains : si quelques centimètres ou un demi-mètre font une grande différence pour nous, qu'est-ce que cela modifie pour l'anatomie d'un insecte pour lequel *toutes* les particules radioactives atteignent le cœur de son organisme et sont potentiellement dévastatrices ? Par ailleurs, même pour un être humain, la tolérance est variable selon le temps d'exposition, le lieu (sens du vent, aval des installations), le degré d'absorption, les organes incriminés, voire les cellules, voire une même cellule à des étapes successives de son développement. Abram Petkau, directeur de la division de biophysique médicale de l'Énergie atomique du Canada limitée, à Pinawa (Manitoba), a avancé en 1972 une célèbre hypothèse qui, initialement minorée par la communauté scientifique, a changé la manière d'envisager la radioactivité, notamment après la sortie treize ans plus tard du livre de Ralph Graeub, antinucléaire de la première heure, *L'Effet Petkau*[1]. Selon Petkau, *une exposition longue à des doses faibles de radioactivité serait plus nocive qu'une courte à des doses élevées*. S'agissant des fortes doses, on est certain que l'effet sera frappant et directement lié à la dose reçue. Pour les « moyennes », les savants ont pu pratiquer des expériences sur des animaux en laboratoire ou ont suivi le devenir de personnes irradiées (mineurs des gisements d'uranium, rescapés d'Hiroshima ou de Nagasaki). Pour les faibles doses, en revanche, les connaissances scientifiques sont moins assurées : les effets ne sont observables que sur le long terme, avec des conditions environnementales qui peuvent changer au cours d'une vie humaine… et tout devient alors beaucoup plus aléatoire.

Le livre de Graeub, plus politique que scientifique, et qui ne présente guère d'intérêt en lui-même, est excessif et va plus loin que Petkau dont certains faits mettent à mal l'hypothèse : on observe ainsi, autour de Tchernobyl, malgré le braconnage de viande ou la chasse illégale couverts par les autorités militaires, une présence accrue d'animaux sauvages habituellement exceptionnels dans la région – élans, cigognes noires, loutres de rivière – qui se réapproprient un territoire abandonné et qui, malgré des taux de

1. *Cf.* R. Graueb, *L'Effet Petkau. Les faibles doses de radioactivité et notre avenir irradié*, trad. fr. E. Gissinger, Lausanne, Éditions d'en bas, 1988.

radiations très supérieurs à la moyenne, ont l'air statistiquement normaux. Nous sommes loin des iguanes cyclopéens ou des Armageddon du cinéma[1]. Du point de vue de certains animaux – osons le dire ainsi : mais peut-être est-ce notre premier pas pour sortir, comme la suite de ce livre l'exigera de plus en plus, de notre seule vision anthropocentrée – Tchernobyl est une bénédiction.

Nous sommes ici confrontés moins à un paradoxe qu'à une précision : l'adaptation des espèces ne se joue pas, comme poussent abusivement à le penser les théories néodarwinistes, dans un temps abstrait unique pour tous leurs individus. L'on ne peut que constater, contrairement au darwinisme chez qui les aléas du milieu jouent un rôle très secondaire dans la théorie de l'évolution, qu'être vivant, c'est toujours, avant d'appartenir à telle ou telle espèce (à l'existence strictement nominale), *se spécier en coordination avec un milieu concret donné et selon des lignes temporelles multiples* – lesquels ne peuvent jamais être les mêmes pour tous les individus d'une même espèce. « L'être vivant et son environnement ne forment qu'un, et cela même représente le véritable être vivant[2]. » Dans un ordre d'idées proche, le biologiste Richard Dawkins a proposé l'hypothèse du « phénotype étendu[3] », c'est-à-dire élargi au-delà des seuls processus biologiques : le phénotype de la mésange ne se déplie-t-il que jusqu'à la pointe de ses plumes ou bien va-t-il jusqu'au pourtour de son nid, jusqu'aux limites de son territoire de promotion ?

Penser que les espèces vivantes ne s'écospécient mutuellement que selon un axe temporel unique commun à tous leurs représentants, c'est exactement concevoir la nature sur le même modèle téléologique et positiviste que le progrès de l'idéologie capitaliste qui nous a progressivement conduits à la situation désastreuse globalement la nôtre aujourd'hui sur Terre. Il existe de nombreux moyens,

1. *Cf.* notamment P. Boyer, *By the Bomb's Early Light : American Thought and Culture at the Dawn of the Atomic Age*, Chapel Hill, University of North Carolina Press, 1994.

2. K. Imanishi, *Le Monde des êtres vivants. Une théorie écologique de l'évolution*, trad. fr. A.-Y. Gouzard, Marseille, Wildproject, 2011, p. 82.

3. *Cf.* R. Dawkins, *The Extended Phenotype. The Gene as the Unit of Selection*, Oxford, Oxford University Press, 1982.

non seulement de survivre, mais de vivre dans l'imprévisible. Par exemple, si l'on prend la définition de l'espèce donnée par Ernst Mayr, qui domine aujourd'hui dans la communauté scientifique, une espèce regroupe des individus qui peuvent se reproduire entre eux de manière à donner naissance à des individus à leur tour féconds [1] : ainsi l'âne et le cheval ne font pas partie de la même espèce (car leur progéniture est stérile), et a fortiori la fourmi et le rhinocéros ne font pas partie de la même espèce car ils ne peuvent pas se reproduire entre eux du tout. Or, les récents désordres climatiques apparus à l'échelle de la planète, ont amené de nombreux ours polaires, par exemple, à quitter leur ancien territoire et à rencontrer des grizzlys avec lesquels ils ont engendré des individus fertiles.

On doit l'admettre : Tchernobyl est plutôt « décevant » en regard de ce que des générations d'écrivains ou de cinéastes avaient invoqué – un imaginaire de la bombe atomique et non du nucléaire civil – et qui a lentement éduqué notre perception. Si l'on ne compte plus les films précédés de la mention « inspiré de faits réels », nul avertissement ne clignote à l'entrée de Tchernobyl où il serait écrit : « d'après une anticipation juste ». Il y a, au vrai, bien longtemps que nous n'en sommes plus là. Loin de la démesure de la science-fiction apocalyptique, Tchernobyl interroge les nouvelles modalités de notre rapport à une nature dans laquelle les termes de « proche » ou d'« éloigné », de « lent » ou de « rapide », d'« ici » ou d'« ailleurs », ont du tout au tout changé de sens – là où la logique de l'apocalypse, *qui ne met pas le langage ni la perception sens dessus dessous*, est finalement bien plus conservatrice. En art, comme le fait remarquer Paul Ardenne, l'apocalypse est toujours une déconvenue :

> Cette iconographie apocalyptique, tout au plus, relève du simulacre, de l'imagination délirante. En elle rien ne s'incarne ou très peu,

1. « Les espèces sont des groupes de populations naturelles, effectivement ou potentiellement interfécondes, qui sont génétiquement isolées d'autres groupes similaires », cité dans T. Lefèvre, M. Raymond et F. Thomas (dir.), *Biologie évolutive*, Bruxelles, De Boeck Université, 2015, p. 168.

> une allusion, une vague évocation, vite oubliées, qui ne marquent les sens qu'en surface, et qui ne les transit en rien. Un frisson en passant[1].

J'ai rappelé qu'il est impossible de représenter la fin du monde en tant que fin du monde car la fin du monde n'arrive jamais comme une chose (*res*) susceptible d'être donnée (*praesentatio*). Si l'apocalypse n'implique qu'un changement de degré dans nos exercices sensoriels usuels, et *nécessite un relatif statu quo pour être mise en images*, l'accident de Tchernobyl va impliquer un tout autre type de renversement. Moins visible, il n'en aura pas moins des effets autrement plus déstabilisants.

Comme pour les plantes ou les animaux, l'impact de Tchernobyl sur l'être humain ne fait pas consensus. D'un côté, nous trouvons ceux pour lesquels, à l'exception du personnel de la centrale brûlé dans l'incendie ou des techniciens envoyés au fil des mois maîtriser la situation (ce qui représente quand même plus de 100 000 personnes décédées et 200 000 invalides), il y a eu peu de conséquences médicales que l'on puisse attribuer avec certitude à la catastrophe : si le nombre de cancers de la thyroïde est en augmentation dans les populations les plus exposées, en raison de l'absorption d'iode radioactif, celui des cancers solides ne semblent pas en progression. De l'autre, ceux pour lesquels, tel Youri Bandajevsky, la contamination a, au contraire, entraîné une inflation des problèmes respiratoires, des anémies chroniques, des lésions neurophysiologiques, des cardiomyopathies, des maladies auto-immunes, voire des handicaps mentaux, avec un impact plus important chez les enfants (moins de 20 % en bonne santé de nos jours dans les zones contaminées, mortalité accrue de 205 % entre 1986 et 1994, multiplication des fausses couches à un stade avancé de grossesse). Les cellules en division sont très sensibles aux rayonnements ionisants : d'où une plus grande fragilité du fœtus et

1. P. Ardenne, *Un art écologique. Création plasticienne et Anthropocène*, Lormont, Le Bord de l'eau, 2018, p. 66. Sur la différence entre frisson (atomique) et fission (nucléaire), voir ci-dessus p. 34.

de l'organisme en période de croissance. Bandajevsky a été arrêté dans la nuit du 3 juillet 1999 par le gouvernement biélorusse de Loukachenko. Il a été libéré le 6 janvier 2006.

> J'aimerais bien te voir, mon ami châtaignier. Je pense à toi souvent. Il y a un an, après mon opération à l'Institut de cardiologie à Chicago, j'étais dans ma chambre et, je ne sais pas pourquoi, je pensais à notre rue Oulianava, si calme, à notre cour toute verte et à toi, mon petit châtaignier. Et il n'y a pas très longtemps, lors de mon bilan de santé au dispensaire de l'Institut de médecine radiologique, j'ai rencontré les élèves de mon ancienne école de Tcherchersk. La conversation était plutôt triste : une fille avait une maladie grave de la thyroïde, un garçon perdait catastrophiquement la vue… […] Mais à présent, tiens bon, mon ami ! Grandis, sois incassable et courageux, comme les gens qui sont restés vivre dans notre ville natale [1].

Une chose est sûre : si l'on ne peut, quand on regarde d'un peu près, que constater, à la suite de l'explosion du réacteur de la centrale Lénine, la dégradation sans précédent de la situation sanitaire et environnementale en Biélorussie, en Ukraine et en Russie occidentale, les trois territoires les plus directement touchés, nous ne saurons jamais la vérité sur le nombre de morts, d'infirmes et de malades dus à Tchernobyl et le rôle exact qu'y ont joué et joueront encore les séquelles radioactives sur le long terme. La raison principale en est l'absence orchestrée de mesure des niveaux de radiation juste après la catastrophe. Entre 1986 et 1989, interdiction a été faite par les autorités centrales aux médecins locaux d'établir le moindre rapprochement entre Tchernobyl et certains traumatismes observés. On les a même enjoints à noter des doses d'irradiation et de contamination inférieures à celles observées pour qu'elles coïncident avec des seuils de radiation bénigne dramatiquement fantaisistes et ne heurtent pas la « radiophobie [2] » d'une population ignorante. Quant aux études internationales postérieures, peut-on

1. Extrait de la lettre de Yaraslaou Biazlepkin, collégien de Minsk, parue dans le journal Zviazda du 26 juillet 1996. Traduction française par N. Yeliseyenka dans G. Grandazzi et F. Lemarchand, *Les Silences de Tchernobyl*, *op. cit.*, p. 79.

2. Richard F. Mould, *Chernobyl. The Real Story*, Oxford, Pergamon Press, 1988, p. 187.

tout à fait leur accorder une confiance aveugle quand on sait qu'elles sont pour l'essentiel financées par des pays – États-Unis, France, Japon, Allemagne – également très engagés dans le développement de l'énergie nucléaire civile ?

Plusieurs savants avaient pourtant, dès 1956, alerté sur les dangers génétiques du nucléaire.

> Le patrimoine héréditaire est le bien le plus précieux dont l'être humain soit le dépositaire, puisqu'il engage la vie de la descendance, le développement sain et harmonieux des générations à venir […] Il est démontré que les rayonnements ionisants figurent parmi les agents qui provoquent des mutations chez un grand nombre d'organismes, des bactéries aux mammifères. Le Groupe est d'avis que de nouvelles mutations survenant chez l'homme seront nuisibles aux individus et à leurs descendants [1].

En 2000, le secrétaire général de l'ONU, Kofi Annan, n'a pas hésité à déclarer que plus de 9 millions d'individus souffraient à l'époque directement des conséquences de Tchernobyl [2].

En revanche, nous pouvons mesurer les effets de Tchernobyl sur notre regard.

S'il y a un seul mutant de Tchernobyl, il est à chercher du côté de l'homme qui habite notre regard. C'est le spectateur des images de Tchernobyl qui, même distant de toute contamination radioactive, ne sera plus jamais le même qu'auparavant.

Il est très symptomatique, à ce titre comme à d'autres, que Galia Ackerman, dans *Traverser Tchernobyl*, utilise le terme de « monstres » pour désigner les énormes et hideux poissons silures

1. OMS, *Effets génétiques des radiations chez l'homme*, rapport d'un Groupe d'étude réuni au Palais des Nations de Genève, 1957, p. 3, http://independentwho.org/media/Documents_Autres/Effets_genetiques_des_radiations_chez_lhomme_Geneve_1957.pdf. Page consultée le 16 juin 2019. Avant qu'un accord de 1959 entre l'OMS et l'Agence internationale pour l'énergie atomique (AIEA) n'interdise aux deux contractants de prendre publiquement position l'un contre l'autre…

2. J.-P. Dupuy, « Tchernobyl, le sarcophage humain », *Écologie et politique*, n° 32, 1/2006, p. 18.

peuplant l'étang de refroidissement… qui sont, par ailleurs, tout à fait conformes à leur apparence habituelle. À Tchernobyl, les monstres ne sont pas nécessairement là où l'on croit : nous verrons qu'un art de la radioactivité va justement mettre le doigt sur tout un héritage de l'esthétique traditionnelle occidentale comme *esthétique monstrueuse*. À plus d'un égard, les formes artistiques que nous allons rencontrer seront, littéralement, *dé-monstratives*.

Aucune hydre fluorescente ni aucune courtilière-reptile ne se cachent dans les forêts de Tchernobyl. Aucune femme n'a donné naissance à un enfant à trois jambes ni pourvu d'une queue. Les mutations que nous rencontrerons – je reviens plus loin sur ce terme – ne sortiront pas du cercle de ce que la nature *elle-même* est capable de produire dans le cadre de ses propres lois, voire qu'elle produit déjà de temps en temps, dans la mesure où toute loi a des exceptions et des ratés : malformations congénitales, polydactylie, membres manquants, modifications de la structure de certaines organes, cancers précoces, aplasies multiples. Comme le disait Aristote (*Génération des animaux*), il arrive dans la nature que la matière résiste à l'information de la forme. Jamais les mutations de Tchernobyl *ne retournent les règles de la nature du tout au tout* et n'en inventent d'entièrement inédites. C'est aussi qu'il faudra continuer de revenir sur ce que nous entendons par « nature ». Les seules différences – ce qui ne les rend pas moins effrayantes – résident dans l'augmentation du nombre statistique des pathologies ou des tares, et dans leur précocité. Là où les bombes atomiques imposent à la nature des raisons de *fléchissement* (un affaiblissement, une humiliation), Tchernobyl y dépose des pistes d'*infléchissement* (une orientation progressive dans une autre direction). C'est ce que je propose d'appeler, sur le modèle du concept de « technonature » (Philippe Roqueplo), la *Tchernonature*.

Si la zone d'exclusion de Tchernobyl, « l'Atlantide ukrainienne », est devenue pour le vivant, par certains aspects, une « réserve naturelle radio-écologique », il n'en reste pas moins qu'il est légitime de se poser des questions face à un problème sur lequel les spécialistes eux-mêmes ne savent encore aujourd'hui finalement pas grand-chose : la rareté des mutations animales observées vient peut-être de l'espérance de vie plus courte des individus issus de parents empoisonnés, par exemple. Et si des espèces reviennent peupler la zone d'exclusion, c'est uniquement *parce que l'homme en est parti*; la raison n'est que négative. Certains scientifiques, comme Goncharova et Ryabokon en 1994, ont affirmé que le taux de mutations chez les campagnols forestiers de Biélorussie augmente après plus de vingt générations et que ces mutations s'aggravent avec le temps dans des régions où le taux de ^{137}Cs baisse depuis des années [1].

L'un des objectifs de l'art, comme de la philosophie, est de formuler de tels questionnements. Les réponses, si elles existent, sont ailleurs. Les artistes dont je vais parler ont tous un point commun : ils interrogent l'énigme de Tchernobyl pour le vivant, du point de vue d'une approche anthropocénique, ou « anthropozoïque », pour parler comme le géologue italien Antonio Stoppani qui, dès 1873, avait caractérisé l'activité humaine comme une « nouvelle force tellurique qui par sa puissance et son universalité peut être comparée aux grandes forces de la Terre [2] ». Susan Schuppli a participé au séminaire international de l'Anthropocene Campus en 2016. Anaïs Tondeur écrit sur son site personnel anglais :

> Du mécanisme à l'organisme, de la Terre Mère au livre de la nature de Galilée ou à « L'air est une bibliothèque infinie » de Babbage, des écosystèmes à Gaia, les droits des animaux, le temps profond

1. *Cf.* R. Iosiphovna Goncharova et N. Ivanovna Riabokon, « Results of Long-term Genetic Monitoring of Animal Populations Chronically Irradiated in the Radiocontaminated Areas », *in* I. Tetsuji (éd.), *Research Activities about the Radiological Consequences of the Chernobyl NPS Accident and Social Activities to Assist the Sufferers by the Accident. Report of an International Collaborative Work under the Research Grant of the Toyota Foundation in 1995-1997*, Research Reactor Institute-Université de Kyōto, mars 1998, p. 194-202, http : //www.rri.kyoto-u.ac.jp/NSRG/reports/kr21/kr21pdf/kr21.pdf. Page consultée le 16 juin 2019.

2. A. Stoppani, cité dans Paul J. Crutzen, « La géologie de l'humanité : l'Anthropocène », *Écologie et politique*, n° 34, hiver 2007, p. 143, pour les deux citations.

ou l'Anthropocène : chacun refaçonne notre connaissance du monde et, à son tour, refaçonne le monde lui-même [1].

Le notion d'Anthropocène, même s'il est incontestable que les êtres humains rivalisent aujourd'hui avec les forces de la nature, pose de nombreuses difficultés, parmi lesquelles l'amplitude précise de « l'espèce humaine [*anthropos*] » que l'on rend responsable de la dégradation de la planète, et qui ne semble souvent être qu'une entité abstraite passant par-dessus les acquis des sciences humaines depuis des siècles (les sciences exactes ont nommé l'époque) et rejetant les évidences des différences d'économies nationales ou de classes sociales : nous ne sommes pas tous également partie prenante – Américains ou indiens Kayapo, homme ou femme, peuples colons ou peuples colonisés, etc. – dans le désastre écologique actuelle. En outre, y compris dans le monde industriel (le plus polluant), la fable officielle de l'Anthropocène contribue à couper l'humanité en deux catégories avec, d'un côté, la masse objectivée de la population insouciante ou incapable de changer ses modes de vie, et qui se voit largement culpabilisée pour son comportement, rejointe par ceux qui auraient l'inconscience de ne s'intéresser qu'à l'histoire des êtres humains, et, de l'autre, une poignée d'élites scientifiques et clairvoyantes distribuant les bons points. Plusieurs récits de l'Anthropocène risquent de mettre en péril le politique au nom d'une géo-intendance de savants (un « écofascisme [2] ») flottant dangereusement au-dessus de la société, accusant les êtres humains de tous les maux et elle-même, paradoxalement, *hors sol*. De nombreux intellectuels préfèrent ainsi le terme de « Capitalocène » qui a l'avantage d'insister sur les mécanismes internes au système capitaliste et, plus précisément, sur l'économie politique globale et l'idéologie du développement mises en place après la Seconde Guerre mondiale… mais au risque de déresponsabiliser excessivement, à l'inverse, les conduites

1. Anaïs Tondeur, biographie anglais sur le site Internet personnel de l'artiste, http://www.anais-tondeur.com/about/, s. p. Page consultée le 29 juin 2019.

2. *Cf.* A. Gortz et M. Bosquet, « Le grand complot écofasciste », *Le Sauvage*, n° 4-5, Juillet-août 1973.

humaines. Ce sont là des questions importantes mais qui ne sont pas l'objet de mon propos présent. L'Anthropocène, dans la mesure où il revient trop souvent à *naturaliser et dépolitiser* l'action humaine, est un concept que l'on ne peut garder qu'à la condition de le manier, selon les circonstances, avec des pincettes : je l'ai moi-même utilisé à plusieurs reprises. Il revient précisément aux arts de l'Anthropocène, parce que l'esthétique est toujours une politique, de nous y rendre vigilants. Gardons-le donc pour des raisons de simplicité et toutes précautions sues.

L'Anthropocène est le nom que Paul J. Crutzen, chimiste de l'atmosphère terrestre, et Eugen F. Stoermer, spécialiste des diatomées, ont proposé de donner officiellement en 2000 pour désigner la période – très courte à l'échelle des temps géologiques (si l'on rapporte la vie de la Terre à une journée de vingt-quatre heures, *Homo habilis* est apparu dans la dernière minute et la révolution industrielle dans les deux derniers millièmes de seconde) – succédant à l'Holocène[1]. L'Holocène, un terme proposé par le géologue Charles Lyell en 1839, désigne une période interglaciaire couvrant les quelque 11 500 dernières années écoulées et commençant après le Pléistocène dominé par les cycles glaciaires. En son temps, Lyell a été le grand diffuseur des thèses « uniformitaristes » (opposé au « catastrophisme » de Cuvier) selon lesquelles les forces géologiques du passé sont encore actives dans le présent. L'Anthropocène, quant à lui, correspond à l'âge actuel des bouleversements écologiques dus à l'homme comme « force géologique[2] » – tel que le pensait Verdnasky dès 1924 – capable de rivaliser avec la nature. Il se caractérise par une hausse globale des températures planétaires résultant de l'impact des activités humaines, mais pas seulement. Crutzen et Stoermer la font remonter, non sans approximation, à la date symbolique de 1784 avec le dépôt du brevet de James Watt sur la machine à vapeur (en fait plutôt

1. Paul J. Crutzen et Eugene F. Stoermer, « The "Anthropocene" », *Global Change Newsletter*, n° 41, mai 2000, p. 16-18.

2. V. Verdnasky, *La Géochimie*, Paris, Librairie Félix Alcan, 1924, p. 344 : « Une force géologique nouvelle est certainement apparue à la surface terrestre avec l'homme. » Verdnasky est également l'inventeur de la « biosphère ».

une locomotive à vapeur : Watt avait eu des prédécesseurs comme Denis Papin et Thomas Newcomen), suivie de grandes phases de développement (Révolution industrielle, « Grande Accélération » après 1945), tandis que, pour d'autres (Paul Shepard, Timothy Morton), c'est la totalité des derniers douze mille ans, depuis l'apparition de l'agropastoralisme néolithique, qui repose sur une métaphysique « agrilogistique [1] » erronée, ou que pour d'autres encore l'Anthropocène n'est, à l'inverse, qu'un « événement limite [*boundary event*] [2] » comme l'extinction K-T qui a ponctué la fin du Crétacé.

Malgré des approches plurielles et parfois contradictoires, une chose paraît certaine :

> À la vision dépassée du monde comme des « écosystèmes naturels perturbés par les humains » succède une nouvelle vision de la biosphère comme « systèmes humains incorporant des écosystèmes naturels en leur sein [3] ».

Si rien n'est fait rapidement, le réchauffement climatique pourrait atteindre au milieu du siècle en cours les +4-5 °C, voire entre +8 et +12 °C en 2300 (avec ce que cela entraînera de souffrances humaines, de conflits, d'exode). Actuellement, le taux de disparition des espèces est 1000 fois supérieur à la norme ; ¾ des zones de pêches sont surexploitées et les océans sont de plus en plus acidifiés ; les êtres humains et leurs animaux domestiques ou d'élevage représentent 97% de la biomasse des vertébrés terrestres (laissant seulement 3% pour tous les autres). En 2030, 20% des

1. T. Morton, *Dark Ecology : For a Logic of Future Coexistence*, New York, Columbia University Press, 2016, p. 5. Dans ce modèle controversé, l'homme aurait fait reculer les cycles glaciaires par son activité et aurait ainsi rendu possible l'avènement des civilisations en favorisant indirectement l'émergence d'un climat plus stable.

2. Donna J. Haraway, *Staying with the Trouble : Making Kin in the Chthulucene*, Durham-Londres, Duke University Press, 2016, p. 100.

3. E. Nellis, N. Ramankutty, cités dans Chr. Bonneuil et J.-B. Fressoz, *L'Événement Anthropocène. La Terre, l'histoire et nous*, éd. revue et augmentée, Paris, Points-Seuil, 2016, p. 23. Je leur emprunte la plupart des informations du paragraphe suivant.

espèces risquent d'avoir disparu avec des impacts désastreux (sur la pollinisation, la régénération des sols, la protection contre l'érosion), et ainsi de suite. « Le réchauffement à venir conduira la Terre à des états inconnus depuis 15 millions d'années [1]. » Ce qui est en jeu est non seulement l'avenir de nombreuses espèces vivantes, mais l'avenir même de l'humanité, et à coup de sûr de nos modes de vie actuels. Même si nous pouvions infléchir la courbe de notre empreinte sur la Terre, celle-ci mettrait un temps démesurément long à retrouver un état analogue à celui de l'Holocène, « les traces de notre être urbain, industriel, consumériste, chimique et nucléaire resteront pour des milliers voire des millions d'années dans les archives géologiques de la Terre [2] », sans parler des modifications en profondeur de la condition humaine (physiologique, sociale, politique, etc.).

Une catastrophe comme celle de Tchernobyl appartient aux épisodes par lesquels l'homme signe son action sur la Terre par l'émission de nouvelles substances dans les écosystèmes, au même titre que les déchets plastiques, la chimie organique de synthèse ou les pesticides. Les radionucléides largués dans l'environnement par les essais atomiques ou le dysfonctionnement des centrales nucléaires ont des demi-vies qui peuvent s'étendre sur des millions d'années : celle du ^{40}K, un isotope du potassium extrêmement nocif, est de plus d'un milliard d'années.

La particularité des pensées de type anthropocénique est de congédier la notion d'« environnement » considérée comme trop abstraite et supposant une transcendance entre les occupants d'un lieu et ce même espace qui les encerclerait, les envelopperait : on constate aujourd'hui, au contraire, que les processus naturels perturbés par l'homme, par exemple, font irruption sur la scène humaine politique ou économique. Il n'y a plus d'environnement

1. Chr. Bonneuil et J.-B. Fressoz, *L'Événement Anthropocène. La Terre, l'histoire et nous*, *op. cit.*, p. 26.

2. *Ibid.*, p. 35.

mais un *système Terre* intégré où tout est en interpénétration et dont aucun modèle prédictif global ne peut anticiper avec certitude le comportement.

TCHERNONATURE

L'art de l'Anthropocène est peut-être une « Renaissance sauvage », comme propose de l'appeler Guillaume Logé, dans laquelle les êtres vivants sont de nouveaux agents de l'art dans la perspective d'un « *anthropocentrisme de la coparticipation*[1] » (qu'aurait inventé la Renaissance italienne), à condition surtout de n'y pas voir – comme le fait Logé – une « réconciliation de l'homme avec lui-même et avec le monde[2] ». D'une part, parce que – je l'ai rappelé en introduction – la nature n'est pas le monde (et « sauvage » ne concerne que la première : est sauvage ici ce qui est conforme à l'état de nature). D'autre part, parce que la nature ne nous préexiste pas comme un état antérieur de référence, il ne s'agit pas de retrouver avec elle une entente qui aurait été perdue (réconcilier consiste à remettre d'accord des individus brouillés). Logé n'a guère la main plus heureuse quand il parle, en s'inspirant d'Andrew Pickering, de « *concordanse* » en la définissant comme « une recherche de concorde que l'on rapproche de l'esprit d'une danse (ne pas imposer, mais s'adapter à son partenaire, toujours dans la réalisation et la poursuite d'une chorégraphie de vie)[3] ». Là aussi pour deux raisons : d'abord, parce que la danse est une pratique extrêmement normative et prescriptive (chaque partenaire s'y adapte à l'autre, certes, mais seulement en tant que *les deux* acceptent de s'adapter à des règles programmatiques) ; ensuite parce que, si la concorde est l'une des formes que peut prendre la nouvelle relation entre l'artiste et le vivant, elle est loin d'être la seule. L'une des erreurs les plus répandues des pensées sur les nouveaux arts

1. G. Logé, *Renaissance sauvage. L'art de l'Anthropocène*, Paris, P.U.F., 2019, p. 8.
2. *Ibid.*
3. *Ibid.*, p. 9, pour les deux citations. Voir aussi p. 153-154.

de l'Anthropocène est de confondre symbiose et entente cordiale, « intégration créatrice [1] » et rapports amicaux. La nature n'est pas notre amie : la question ne se pose pas en ces termes. Lorsque Logé parle de « *mimesis sauvage* [2] » pour désigner le fait de ne pas « tant travailler "comme la nature", qu'*avec* elle », et qu'il compare le respect de la nature à l'amitié qui ne cherche pas à transformer l'ami « selon nos goûts », mais à ce « qu'il s'épanouisse dans sa propre singularité », il commet en plus – malgré ces nombreuses références à Val Plumwood – une maladresse logique, car c'est oublier qu'aucune singularité ne peut s'épanouir en dehors de la relation co-constitutive à une autre. Toute singularité est d'emblée relationnelle. Tout objet « est une société [3] ».

Derrière ces remarques, l'erreur principale revient à poser face à face homme et nature, *comme si l'on pouvait penser une nature sans l'homme* : ce qui est absurde, car qui pense cette nature si ce n'est un homme ? L'homme, s'il n'apparaît pas dans le tableau, ne peut pas ne pas être celui qui le peint, ou à tout le moins le regarde, sauf à pouvoir voir sans être là pour voir.

Tchernobyl nous amène à comprendre que la nature dont on parle dans l'Anthropocène n'est pas la nature pure de toute présence humaine. Il faut se méfier d'une certaine caricature du concept d'Anthropocène qui n'est que le masque de la « philosophie légitime d'un nouveau géopouvoir technocratique et marchand [4] » : une opportunité presque inespérée pour un système économique prédateur à la recherche d'un second souffle et qui trouverait là un moyen supérieur d'accumuler, puisque sans véritable contestation politique (le consensus mondial est plus grand – même si moins est fait concrètement… – pour sauver la planète que pour sauver le capital). Une nature sans hommes n'existe pas. Il ne s'agit pas

1. G. Logé, *Renaissance sauvage. L'art de l'Anthropocène*, *op. cit.*, p. 152.
2. *Ibid.*, p. 144, et pour toutes les citations de cette fin de paragraphe.
3. Alfred N. Whitehead, *Procès et réalité. Essai de cosmologie*, trad. fr. D. Charles, M. Élie, M. Fuchs J.-L. Gautero, D. Janicaud, R. Sasso et A. Villani, Paris, Gallimard, 1995, p. 91.
4. C. Bonneuil et J.-B. Fressoz, *L'Événement Anthropocène*, *op. cit.* p. 65.

simplement de redire que l'homme n'a cessé, depuis l'invention de l'agropastoralisme, de la sélection des meilleurs semences à l'industrie des produits phytosanitaires, des croisements des animaux d'élevage à l'agriculture transgénique, de la transformation chimique des sols à la couverture mondiale des ondes électromagnétiques, de saturer la nature de techniques – ce qui est d'une telle banalité que cela revient pratiquement à ne rien dire – mais d'affirmer que *la Nature (avec la majuscule de personnification d'usage) n'existe pas*.

La nature n'existe pas pour la nature à tel point que plusieurs humains ont proposé d'en changer la désignation : Gaïa, système Terre. Non seulement parce que la nature n'est qu'un concept sans existence concrète (nous ne rencontrons jamais la nature mais seulement des réalités naturelles), dont le sens varie d'une culture à une autre, mais aussi, plus fondamentalement, parce que, s'il existe effectivement des lieux naturels *sans êtres humains*, d'où les êtres humains sont physiquement absents (du moins aujourd'hui : il est parfois difficile d'être catégorique sur le passé), tous les lieux, puisque la Terre n'est qu'un tissu au maillage serré d'interactions, de flux et de relations mutualistes, sont affectés par l'activité humaine, il n'existe pas de lieux naturels *sans l'être humain*. La nature n'est jamais inhumaine. La nature n'est qu'« imbroglios innombrables qui supposent toujours la participation des humains [1] ». Même la forêt amazonienne ou les sommets montagneux, qu'on prétend « vierges » à tort, appartiennent à une historicité technique millénaire, et pas seulement parce qu'il existe de très nombreuses techniques animales (lâcher des pierres en vol pour casser des œufs, recourir à une branche pour débusquer des fourmis, etc.) : parce que la nature est tout entière de part en part *anthropisée*, traversée par les technologies humaines, des pensées humaines, « "seconde nature" sécrétée par de puissantes institutions (les grands réseaux du capitalisme, les systèmes techniques et appareils militaires, etc.) [2] ».

1. B. Latour, *Politiques de la nature*, *op. cit.*, p. 35.

2. C. Bonneuil et J.-B. Fressoz, *L'Événement Anthropocène*, *op. cit.*, p. 51. Sur ces questions, je renvoie également le lecteur au récent livre de David gé Bartoli et Sophie Gosselin, *Techniques du naturer*, Bellevaux, Éditions Dehors, 2019, dans lequel les deux auteurs, en proposant de dépasser l'ancien concept de « nature »,

Il ne s'agit pas seulement – comme on pourrait le croire en allant trop vite – de penser ensemble nature et culture, mais de penser *culturellement* la nature et *naturellement* la culture.

> N'essayez pas de définir seulement la nature, car il vous faudra définir aussi le terme « culture » (l'humain est ce qui échappe à la nature : un peu, beaucoup, passionnément) ; n'essayez pas de définir seulement « culture », car aussitôt il vous faudra définir aussi le terme de « nature » (l'humain est ce qui ne peut pas « totalement » échapper aux contraintes de la nature). Ce qui veut dire que nous n'avons pas affaire à des *domaines* mais plutôt un seul et même concept réparti en deux parties qui se trouvent reliées, si l'on peut dire, par un fort élastique [1].

Le concept d'Anthropocène, en revenant sur la distinction entre des temps géologiques à l'échelle de centaines de millions d'années et le temps très restreint de l'histoire humaine, a le mérite d'invalider la coupure entre nature et culture, histoire et évolution. Il invite rétrospectivement à constater qu'il n'y a jamais eu de nature qui ne soit traversée par des constructions sociales ou techniques ni de culture coupée de toute espèce de mécanisme naturel (métabolique, par exemple le Français est aussi un mammifère [2]). L'Anthropocène n'a pas le privilège de construire des technonatures. L'enjeu n'est donc pas de remplacer des technonatures par le retour à une nature légendaire, mais de remplacer des technonatures *par d'autres*, sans tomber dans la géo-ingénierie éco-constructiviste ni la terraformation de la Terre (refaire le climat, refaire les espèces éteintes), lesquelles consistent à voir la Terre *comme non terrestre* (c'est tout le programme spatial) – nec plus ultra de la théorie de

s'intéressent aux articulations constitutives et « co-naissantes » entre techniques humaines et advenue au monde des existants, humains comme non-humains. « Il n'y a pas d'un côté l'homme, doué de technique et améliorant la nature, et de l'autre la nature et tous les animaux, végétaux et minéraux qui la composent dénués de toute invention technique et réglés par le seul instinct de reproduction. Mais *il y a* toujours déjà des *modes* multiples et non hiérarchisés de déploiement du *naturer* » (p. 145).

1. B. Latour, *Face à Gaïa*, *op. cit.*, p. 25.

2. *Cf.* G. Tarde, *Monadologie et sociologie*, éd. É. Alliez, Le Plessis-Robinson, Institut Synthélabo pour le progrès de la connaissance, 1999, p. 80.

l'objectivité scientifique née au XIXe siècle comme extériorité de l'observateur à ce qu'il observe, mais qui aboutit ici à la négation même de la condition humaine (qui est d'être *impliquée* dans le monde).

Le pari de ces pages, qui ne prétendront jamais juger de la valeur des œuvres dont elles discuteront – œuvres faisant appel elles-mêmes à des techniques variées : peinture, photographie, vidéo, film, etc. – est que *l'art anthropocénique est en mesure d'inventer l'une de ces autres technonatures d'émancipation.* Chapitre après chapitre, plusieurs pratiques artistiques à partir de Tchernobyl seront ici examinées. Pour conclure, le dernier chapitre de cet essai sera entièrement consacré, au-delà du seul exemple de Tchernobyl, à la *définition de la nouvelle esthétique engagée par l'âge de la radioactivité.*

TROIS PROPOSITIONS

L'une des leçons de Tchernobyl – qui ne va pas sans débats passionnés dans la société civile depuis trente ans – est que la technologie n'est pas uniformément écocide ou physicide, mais *est en capacité de sécréter de la nature.* Dans les zones contaminées, les êtres vivants de l'après Tchernobyl sont *explicitement* des mélanges de nature et de technologie. Tchernobyl ne l'invente pas : l'homme n'a cessé de fabriquer des « monstres », mais Tchernobyl contribue, par la défaillance, par ce qui pèche, à en faire prendre conscience à un public élargi. Tchernobyl fonctionne comme une loupe.

Ce que montreront les œuvres que nous étudierons, c'est que, loin de tout alarmisme monocorde, la radioactivité technologique peut également *favoriser la vie* : les organismes endémiques, mais également la vie des images[1]. Avec les images comme avec le vivant, l'instabilité – du moins dans certaines limites –

1. N'ayant nullement la possibilité de refaire ici un raisonnement long et complexe que j'ai déjà mené, je demande au lecteur d'accepter ce résultat et de se reporter pour tous les renseignements nécessaires à mon ouvrage *Cinéma et cristaux. Traité d'éconologie*, Sesto San Giovanni, Mimésis, 2018, p. 123-282.

rend possibles l'adaptation, la perpétuation et la propagation : « L'instabilité, au sens de fluctuations nombreuses, peut introduire une résilience et une capacité à s'obstiner [*to persist*] [1]. » Le rôle exact des mutations dans l'évolution naturelle des espèces divise la communauté scientifique (par exemple, elles n'expliquent pas la reproduction sexuée) et est souvent vu comme un héritage révolu des théories du XIXe siècle : il n'est pas dans mon objectif de le discuter. De même, les rapports – on a commencé de le voir – sont contradictoires sur les difformités animales ou humaines, ou sur le véritable impact des radiations : je ne les discuterai pas non plus. Ne m'intéresse pas la *vérité scientifique*, à ce jour non déclarée (l'une des caractéristiques de l'Anthropocène est justement de mettre en évidence les limites du savoir scientifique), mais la *perspective esthétique* – omniprésente dans les images nucléaires de Tchernobyl – chez des artistes convaincus de tel ou tel point de vue, et ce qui, à partir de là, mute dans la logique des images et du regard qu'elles construisent.

Ma thèse est très simple et tient en trois propositions.

La radioactivité est moins, pour l'art, un objet de représentation qu'une manière de regarder.

Les images du vivant contaminé par la radioactivité (nucléarisé) exigent un regard humain énucléé.

Un art de la radioactivité produit une esthétique radieuse.

1. Crawford S. Holling, « Resilience and Stability of Ecological Systems », art. cit., p. 15.

PROCÉDURES D'ÉVACUATION DES CORÉES NUCLÉAIRES

> « Enfin, il y en avait de transparents, carafes qui par endroits seraient poilues ; ils avançaient par milliers, faisant une cristallerie, un étalage de lumière et de soleil tel, qu'après cela tout paraissait cendre et produit de nuit noire. »
>
> Henri Michaux

DES INSECTES, PETITS ET PETITS

Je me souviens d'une nouvelle de l'écrivain américain de science-fiction Ray Bradbury [1].

2055 : grâce au concours d'une agence de voyage, Eckels remonte dans le Crétacé pour chasser un *Tyrannosaurus rex*. La veille, le démocrate Keith gagne les élections présidentielles contre son opposant fasciste.

Les règles de ce safari du futur sont très précises : après avoir été entièrement désinfectés pour n'apporter aucun microbe dans le passé, les voyageurs temporels verront leurs déplacements restreints à une passerelle construite dans un métal antigravitationnel et suspendue à 10 cm au-dessus du sol. Ils n'auront le droit de ne toucher absolument à rien et ne devront tirer que sur des animaux

1. *Cf.* R. Bradbury, *Les Pommes d'or du soleil*, « Un coup de tonnerre », trad. fr. R. Négrou et Ph. Gindre, Paris, Denoël, 1956.

spécialement marqués car destinés à mourir quelques instants après, broyés par un arbre ou noyés dans une mare de goudron, afin de ne pas risquer d'occire un animal clé pour l'évolution des espèces. Tuer ne serait-ce qu'une souris qui aurait dû vivre – comme le fait remarquer Travis, le guide de l'expédition – c'est effacer aussi tous ses descendants, mais aussi les renards qui devaient les manger, les nécrophages qui se nourrissent des cadavres en décomposition, c'est modifier les populations des tigres à dents de sabre qui chassent les renards, les hommes de cavernes qui capturent les tigres, et ainsi de suite, jusqu'au temps actuel, avec des effets potentiellement ravageurs sur l'histoire de la Terre et des hommes.

Arrivés au Maastrichtien, les cinq chasseurs sortent de la machine et traversent la jungle préhistorique avec une grande prudence en prenant garde de ne quitter la passerelle sous aucun prétexte. Quand le tyrannosaure attendu arrive à l'endroit prévu au moment prévu, Eckels renonce à le tuer, mais l'animal se rue sur ses compagnons. Accidentellement, Eckels sort de la passerelle et trébuche sur le sol avant de revenir en place très rapidement. Le dinosaure est finalement abattu. Les voyageurs repartent pour le futur.

De retour dans son époque, Eckels sent à d'infimes détails que quelque chose a changé : l'orthographe est légèrement différente, l'atmosphère est plus pesante, les bâtiments ne se ressemblent plus tout à fait. De plus en plus mal à l'aise, il retourne ses chaussures et trouve, accroché sous sa semelle, le corps d'un papillon mort écrasé par son pied soixante millions d'années plus tôt. Eckels demande à un homme qui a remporté les élections : le candidat fasciste est arrivé en tête haut la main… Le récit se termine par le bruit – le « coup de tonnerre » – de l'arme à feu de Travis qui exécute Eckels.

Le sort de ce que l'être humain fait à un seul insecte peut changer le monde et le cours de la civilisation humaine dans des temporalités sur lesquelles nous n'avons aucune forme d'emprise.

Ironiquement, au moment du développement scientifique de la biologie génétique, le papillon restera au bord de la route : n'ayant pas de code chromosomique défini, mais seulement des « taches chromosomiques », il relève trop du bricolage – contrairement à la mouche – pour aider à comprendre le mystère de la vie.

Les bureaux sont des jardins ; les prés, des pages d'écriture.

Sur ma table de travail repose au soleil le très beau catalogue publié par Cornelia Hesse-Honegger en 1992 : *Après Tchernobyl*[1]. On peut l'ouvrir à presque n'importe quelle page, on ne manquera pas de tomber sur une aquarelle représentant un insecte : l'animal est posé verticalement à plat ventre, voire sur le dos, la tête orientée vers le haut. Je tombe sur une planche à l'aventure. L'insecte dessiné ressemble, au premier abord, à n'importe quel insecte [Fig. 4]. C'est que, pour le profane, n'importe quel insecte ressemble à n'importe quel autre insecte de la même espèce. Bien malin qui pourrait distinguer une punaise des citrouilles mâle (*Coreus marginatus*) d'une autre punaise des citrouilles mâle dans une botte de foin, qu'elle provienne de Poliske en Ukraine (aujourd'hui une ville fantôme), comme celle-ci, ou d'ailleurs. Et, au fond, quelle importance? René-Antoine Ferchault de Réaumur et Jan Swammerdam, qui ont inventé l'entomologie moderne (après Muffett, Aldrovandi et Hoefnagel), ont essuyé bien des quolibets : que de constructions savantes pour des êtres si méprisables et infimes, dont Aristote avait noirci durablement la réputation scientifique en les déclarant nés spontanément de l'indigne putréfaction! On se souvient du mot cruel de Buffon :

> Une mouche ne doit pas tenir plus de place dans la tête d'un naturaliste qu'elle n'en tient dans la nature[2].

1. C. Hesse-Honegger, *Nach Tschernobyl*, Baden, Verlag Lars Müller, 1992. Cornelia Hesse-Honegger a depuis publié plusieurs autres ouvrages sur le même sujet : *Heteroptera. Das Schöne und das Andere, oder Bilder einer mutierenden Welt*, Francfort-sur-le-Main, Zweitausendeins, 1998 ; *The Future's Mirror*, Black Dog, Londres, 2001 ; *Die Macht der schwachen Strahlung. Was uns die Atomindustrie verschweigt*, Solothurn, Zeitpunkt Verlag, 2016.

2. Georges-Louis Leclerc de Buffon, *Histoire naturelle des animaux*, *Œuvres complètes*, tome 2, éd. Pierre Flourens, Paris, Garnier Frères, 1853, p. 357.

Depuis on n'a cessé de confirmer l'importance des insectes dans le cycle de la vie ou l'équilibre des écosystèmes (transformation des cadavres et des excréments animaux en matière organique assimilable par les plantes, base de la chaîne alimentaire des vertébrés carnivores, pollinisation, etc.). Les amateurs d'entomologie le savent depuis longtemps : « n'importe quel insecte », ça n'existe pas…

Installés sous le microscope, peints à la main, les insectes de Hesse-Honegger ne sont ni observés ni représentés par hasard. À force de plisser les yeux sur l'image, on arrive à voir ce qui ne saute décidément pas aux yeux, mais plutôt qui *saute les yeux* : antenne plus courte d'un côté, pattes atrophiées, aile froissée, pronotum distordu, déformation des soies, cloques du bouclier cervical, carapace ramollie. On finit par voir parce que l'on revient en arrière à l'étape qu'on avait commencé par sauter. Tout un prestige de démantèlement du visible et de la taxinomie des espèces. Si de nombreuses espèces, qui avaient disparu de la région, ont recolonisé la zone d'exclusion sans présenter de malformations particulières, la taille des petites espèces les rend plus vulnérables aux radiations (mutilations, espérance de vie plus courte, portées moins nombreuses).

> Je me suis sentie mal. Une punaise avait une patte gauche particulièrement raccourcie, d'autres avaient des antennes qui ressemblaient à des saucisses informes, et quelque chose de noir poussait à l'œil d'une autre encore [1].

À partir de 1986, Cornelia Hesse-Honegger, une peintre et illustratrice scientifique suisse [2], dessine à Österfärnebo en Suède ou bien chez elle, à Zurich, ou encore près des centrales nucléaires de Sellafield (Angleterre) ou de Three Mile Island, des insectes mutants principalement dans le sous-ordre des hétéroptères, des

1. C. Hesse-Honegger, citée dans H. Rafles, *Insectopédie*, trad. fr. M. Dumont, Marseille, Wildproject, 2016, p. 28-29.

2. Elle est la fille de Gottfried Honegger, l'une des figures de proue de l'Art concret, célèbre pour ses sculptures urbaines, et de Warja Lavater, peintre et illustratrice.

piqueurs-suceurs sur lesquels elle travaille depuis 1968 et dont elle a fini par connaître intimement les comportements, la sensibilité, les rêves peut-être, mais aussi des panorpes ou des sauterelles. Employée du Musée zoologique de l'université de Zurich, où elle croque voire sculpte des mouches exposés à des agents mutagènes tels les rayons X ou le méthanesulfonate d'éthyle (toujours les mêmes drosophiles chéries des généticiens), elle ne cessera pendant des décennies de partir, dans l'Europe de l'Est et du Nord contaminée, à la recherche de toutes sortes de punaises – écuyères, à bouclier, de l'aubépine, ensanglantée… – pour constituer un atlas naturaliste des disgrâces physiologiques, en se jouant des limites de l'art et de la description biologique. Hesse-Honegger s'inscrit dans la longue tradition des traités illustrés d'entomologie (Réaumur, Latreille, Jurine), remontant au stupéfiant manuscrit médiéval des Cocharelli : ce manuel scolaire à usage privé d'une très riche famille génoise présente des enluminures d'insectes servant de leçons de « sciences naturelles », comme dans une page du second folio où l'on peut admirer – dispersées tout le long d'un plant de courge dans les divers moments de son développement adulte et parmi d'autres insectes – des études comparées des faces ventrale et dorsale de la cigale de l'orne (*Cicada orni*) avec des détails sur la nervation alaire, le rostre ou les organes génitaux d'un réalisme alors inédit en Occident [Fig. 5].

La description que Hesse-Honegger donne elle-même de sa manière de peindre est tout à fait représentative d'une indétermination des frontières entre art et science. Dans une conférence de 1949, « La nature dans la physique contemporaine », le physicien Werner Heisenberg rappelle qu'une même « forme spécifiquement chrétienne d'impiété [1] » est à l'origine, durant la Renaissance, de l'autonomisation de la nature comme sujet de la représentation picturale et du renouvellement mécaniste et mathématisé de la nature comme objet de la nouvelle science, toutes les deux allant

1. W. Heisenberg, *La Nature dans la physique contemporaine*, trad. fr. U. Karvelis et A.-E. Leroy, Paris, Gallimard, 2000, p. 120.

vers « l'idéal d'une description ou d'une explication "objective" de la nature[1] ». Un accident comme celui de la centrale Lénine a conféré une nouvelle intensité à la collaboration de l'art et de la science chez plusieurs artistes que nous aurons l'occasion de trouver sur notre route : il implique une *revendication épistémologique* bien particulière pour appuyer, autrement que par l'ignorance ou les égarements de l'imagination, sur la mise en demeure du péril nucléaire.

Si Hesse-Honegger insiste, dans la première partie de son travail (de l'observation au dessin crayonné), sur l'objectivité de la reproduction à l'échelle et la précision géométrique des mesures au moyen d'une règle interne placée dans l'un des oculaires du microscope grâce auquel elle observe ses échantillons, si elle défend la peinture comme une activité de recherche à part entière[2], elle place également sa technique picturale, une fois le premier dessin transféré du papier millimétré sur le papier pour aquarelle, sous le signe de la perspective chromatique de Paul Cézanne, « sans source de lumière spécifique ni ombre[3] ». La couleur l'emporte sur la ligne et les parties non peintes sont réduites à des armatures vides. Hesse-Honegger, qui s'est formée en même temps et auprès de la dessinatrice animalière Ilona Richter et à l'École nationale supérieure des beaux-arts de Paris, ne voit pas un objet : mais des couleurs, des textures, des angles. Et c'est peut-être cela qui, lorsque l'on examine ses planches pour la première fois, contribue le plus à désorienter notre regard. Car Hesse-Honegger s'inscrit, certes, dans la tradition de l'illustration entomologique *mais en la niant* : là où le clair-obscur de l'iconographie a acclimaté à une parfaite visibilité des spécimens dans tous leurs attributs, nous sommes ici confrontés à des choix de représentation très différents. L'écologue Hugh Rafles, qui a

1. W. Heisenberg, *La Nature dans la physique contemporaine*, *op. cit.*, p. 121.

2. C. Hesse-Honegger, *Heteroptera. Das Schöne und das Andere*, *op. cit.*, p. 6.

3. C. Hesse-Honegger et P. Wallimann, « Malformation of True Bugs (*Heteroptera*) : A Phenotype Field Study on the Possible Influence of Artificial Low-Level Radioactivity », *Chemistry & Biodversity*, vol. 5, 2008, p. 511.

assisté à des séances de peinture chez Hesse-Honegger, rapporte qu'elle fait tourner l'insecte sous l'objectif de son microscope tout en le dessinant de sorte que le résultat « rappelle [...] les cubistes et leur représentations simultanées de multiples facettes d'une même chose [1] ».

En 1990, Cornelia Hesse-Honegger s'est rendue à Tchernobyl même pour collecter des spécimens dans la zone d'exclusion d'origine entourant le sarcophage du réacteur nucléaire. En 2007, elle avait rassemblé plus de 16 000 insectes recueillis sur 25 sites nucléaires à travers le monde, dont certains sont supposés fonctionner correctement, comme à Aargau, La Hague ou Gundremmingen : mais le tritium, le ^{14}C et le ^{131}I y sont émis en permanence et dispersés par le vent. Hesse-Honegger n'a cessé depuis de publier ses travaux dans des revues scientifiques ou sous la forme d'ouvrages illustrés destinés au grand public, mais aussi d'exposer ses peintures dans des galeries d'art ou des musées.

ENTOMOLOGIE MUTANTE

Tchernobyl a été pour Hesse-Honegger, un peu malgré elle, un événement déclencheur. Avec Tchernobyl, la nature elle-même est devenue un laboratoire à ciel ouvert dans la mesure où

> tous les êtres vivants des zones contaminées par le nuage radioactif se trouvaient désormais dans *une situation comparable à celle des mouches de laboratoire* exposées à la radioactivité [2].

Les insectes nés de parents irradiés ou contaminés, qui ont en réalité *trois* parents (le mâle et la femelle de leur espèce, et la technique humaine nucléaire), ont tout des « objets hybrides [3] » diagnostiqués par Bruno Latour (un autre nom pour les « objets échevelés [4] »)

1. H. Rafles, *Insectopédie*, *op. cit.*, p. 40.

2. C. Hesse-Honegger et P. Wallimann, « Malformation of True Bugs (*Heteroptera*) : A Phenotype Field Study on the Possible Influence of Artificial Low-Level Radioactivity », art. cit., p. 500.

3. B. Latour, *Nous n'avons jamais été modernes. Essai d'anthropologie symétrique*, Paris, La Découverte, 2006, p. 10. Première édition en 1991.

4. Voir ci-dessus p. 31.

dans la civilisation qui est la nôtre depuis le projet moderne né au XVIIe siècle : des composés de « nature-culture » ou « culture-nature[1] », à l'instar des embryons congelés ou du maïs transgénique, et qui en même temps ne sont rien de cela – puisque parler de mélange, c'est reconduire, même pour la récuser, une articulation dualiste (entre nature et culture) que les mixtes en question invitent à dépasser. Les Occidentaux en sont les premiers des acteurs, car le propre de l'Occident n'est pas de se penser comme une culture parmi d'autres mais comme *la* culture qui « mobilis[e] la nature » :

> Non pas, comme le font les autres cultures, une image ou une représentation de la nature, mais la nature telle qu'elle est, ou du moins telle que les sciences la connaissent[2].

Pour Latour, le propre du projet moderne – ce qu'il nomme la « Constitution[3] » (l'opposition humains/non-humains, sujet/objet, nature/culture…) – est d'avoir séparé la nature et la culture tout en autorisant leurs métis monstrueux, de les faire proliférer tout en en récusant par principe l'existence et la simple possibilité, dans la mesure où de tels êtres ne peuvent représenter que « l'horreur qu'il faut éviter à tout prix par une incessante et maniaque purification[4] ». Tchernobyl n'est ainsi en rien un accident de parcours mais s'intègre pleinement au projet moderniste.

Il faut donc regarder attentivement pour voir. Comme le fait remarquer Helen Thompson : « Aucune sauterelle rougeoyante ni aucune mouche géante de science-fiction ne bourdonnent autour de l'Ukraine[5]. » On en sera quitte pour le spectaculaire !

1. B. Latour, *Nous n'avons jamais été modernes*, *op. cit.*, p. 58 par exemple.
2. *Ibid.*, p. 132, pour les deux citations.
3. *Ibid.*, p. 23-70.
4. *Ibid.*, p. 151. Cette purification a passé par le déplacement de l'invention technique vers la « découverte » de pseudo-faits qui nous attendraient patiemment dans la nature (comme le montre à l'envi la terminologie des vaccins). Tout le travail de la pensée moderne a consisté à effacer cette traduction.
5. H. Thompson, « Chernobyl's Bugs : The Art And Science Of Life After Nuclear Fallout », *Smithsonian*, 26 avril 2014, https://www.smithsonianmag.com/

Cela étant, on doit également se rappeler que l'entomologie moderne s'est historiquement développée dans l'Angleterre du XIXe siècle, notamment sous l'impulsion – associée à celle des clubs et des revues d'amateurs – d'ecclésiastiques ou de savants « hutchinsoniens » qui, tels William Sharp Macleay (*Horae entomogicae*) ou William Kirby (*Monographia Apum Angliae*), y ont vu le moyen, contre les Lumières athées, de montrer la splendeur du plan divin jusque dans les êtres les plus infimes. Une petite bête peut témoigner d'une *puissance de transformation titanesque*, et l'entomologie est d'emblée « un champ de bataille où se règlent, à coups de théories, de profonds différends politiques ou philosophiques [1] ». Laïcisé par l'énergie atomique, un geste analogue est au cœur de l'entreprise de Hesse-Honegger : si dans les régularités et les splendeurs du monde entomologique Kirby voulait découvrir tapis « le Pouvoir, La Sagesse et l'Amour [de Dieu] [2] », Hesse-Honegger traque dans les irrégularités et les difformités anatomiques des insectes les signes d'une nature qu'elle juge abandonnée par Dieu à l'abus des hommes (le titan-pygmée d'Anders, si l'on y tient).

Quand on scrute les illustrations de Hesse-Honegger, comme encore cette aquarelle d'un cercope sanguin du Tessin aux jambes dépravées [Fig. 6], mais aussi celles d'autres scientifiques comme Tim Mousseau et Anders Møller, on constate que les entomutations impliquées par les radionucléides sont de deux ordres : ou bien elles ont lieu au niveau des allèles, dans le génome de l'animal, et la mutation est alors transmissible, via le sperme ou l'ovule, à la génération suivante ; ou bien elles sont cellulaires, comme un cancer, et ne sont, dans ce cas, pas transmissibles à un autre individu. Du propre aveu de Hesse-Honegger, entre 20 et 30% des punaises prélevées près des centrales nucléaires européennes présentent des malformations partielles ou totales, contre 1% dans la moyenne

arts-culture/chernobyls-bugs-art-and-science-life-after-nuclear-fallout-180951231. Page consultée le 12 mai 2019.

1. R. Bertrand, *Le Détail du monde. L'art perdu de la description de la nature*, Paris, Seuil, 2019, p. 26.

2. William Kirby, cité dans John Freeman, *The Life of the Rev. William Kirby, M. A.*, Londres, Longman, Long, Green and Longmans, 1852, p. 179.

des autres populations naturelles et entre 1 et 3% dans les biotopes relativement préservés[1].

VOIR LA NATURE EN PEINTURE

De nombreuses critiques dans la communauté savante ont accueilli la première publication de Hesse-Honegger[2], et toutes les autres, en lui opposant la non-répétabilité de ses observations et leur absence de mesure-étalon. Pour ses adversaires, qui ne tiennent compte eux-mêmes que du seuil de tolérance humain fixe, Hesse-Honegger a le défaut de n'être qu'une « dessinatrice » que rien ne permet d'amener à conclure, à partir de l'étude, même scrupuleuse, d'individus singuliers prélevés au cas par cas dans la nature – où d'autres facteurs environnementaux entrent en scène (pesticides, maladies, etc.) –, que leurs malformations, quand il y en a, sont dues à des mutations, ni que ces dernières seraient elles-mêmes les répercussions des seules radiations nucléaires échappées de la centrale Lénine de Tchernobyl. Sans des procédures très contraignantes (comme la sélection géographique des populations ou la prise en compte de la durée de l'exposition), il paraît difficile de fermement distinguer des mutations potentiellement impliquées par l'exposition artificielle tchernobylienne de mutations telles qu'il en arrive – du moins dans certaines modélisations – au sein même de la nature : c'est l'explication avancée en 1940 par Richard Goldschmidt, pour lequel l'évolution reposait sur les « monstres prometteurs [*hopeful monsters*][3] », les membres d'une nouvelle espèce forment d'abord une minorité génétiquement isolée au sein de l'espèce actuelle (Darwin avait parlé d'« espèces émergentes

1. C. Hesse-Honegger et P. Wallimann, « Malformation of True Bugs (*Heteroptera*) : A Phenotype Field Study on the Possible Influence of Artificial Low-Level Radioactivity », art. cit., p. 499.

2. C. Hesse-Honegger, « Der Verdacht », *Das Magazin*, n° 15, 14 avril 1989, p. 29.

3. *Cf.* R. Goldschmidt, *The Material Basis of Evolution*, New Haven, Yale University Press, 1982.

[*incipient species*] [1] »). Il n'est pas impossible qu'avec Tchernobyl ne soit pas seulement en jeu l'altération morphologique d'espèces existantes, mais – qui sait ? – *la transition vers de nouvelles espèces*, s'il devait s'avérer dans un futur plus ou moins proche que les insectes de Hesse-Honegger parviennent à s'adapter à leurs nouvelles anatomies et à les transformer en avantage sélectif.

La contestation statistique et inductiviste aurait pour elle la logique de la prudence empiriste minimale, si plusieurs scientifiques, avec des protocoles mieux établis, ne venaient confirmer l'importance des mutations chez de nombreuses espèces animales (Bandajevsky avec les hamsters, par exemple). Mais ce ne sont là que des faits auxquels les opposants d'Hesse-Honegger ou de Bandjevsky ont bon dos d'en objecter d'autres : si des anomalies physiologiques ont été constatées chez plusieurs espèces non insectoïdes – albinisme, troubles de la reproduction, cataracte –, il est également attesté que, depuis vingt ans, d'autres variétés animales, comme le sanglier ou la loutre, s'épanouissent apparemment autour de Tchernobyl. Bref : on combat des faits par d'autres tout aussi têtus, chaque camp étant convaincu d'avoir pour lui l'impartialité axiologique et la force de l'incontestable évidence ; mais – bizarrement – alors que les scientifiques ont l'habitude de manipuler des faits récalcitrants (c'est même pour Karl Popper le critère de la science : la « réfutabilité » de la théorie par des contre-exemples [2]), ceux avancés par Hesse-Honegger ont le don de semer chez eux la panique en révélant les manques et les défauts de leur compréhension de l'exposition des organismes à la radioactivité. Surtout, on pourrait dire – en empruntant le vocabulaire de Latour – que ce genre d'attitudes entraîne « une formidable charge prescriptive véhiculée par ce qui

1. Pour une discussion sur ce concept controversé et problématique de la théorie darwinienne, lire par exemple Ernst Mayr, « Darwin's Principle of Divergence », *Journal of the History of Biology*, vol. 25, n° 3, automne 1992, p. 343-359.

2. K. Popper, *La Logique de la découverte scientifique*, trad. fr. N. Thyssen-Rutten et Ph. Devaux, Paris, Payot, 1973, p. 51 : « Celui-là se retire du jeu qui décide un jour que les énoncés scientifiques ne requièrent pas de test ultérieur et peuvent être considérés comme définitivement vérifiés. »

ne doit pas posséder de dimension prescriptive[1] » (en appeler aux faits, c'est sous-entendre l'obligation d'avoir à s'y conformer ; or les faits ne devraient pas être plus ou moins justes, ils sont « *juste là, sans plus*[2] »), et à ce petit jeu-là, l'artiste, qui n'a pas le même devoir que le scientifique de s'en tenir à la description sans faire de la morale, est mieux avantagé.

> La publication de mes travaux a provoqué des débats et m'a permis de constater qu'il n'existe pour ainsi dire pas de matériel scientifique fondé portant sur les effets des rayonnements artificiels de faible niveau[3].

Ces querelles sont importantes, décisives mêmes, mais elles nous éloigneraient également trop du programme de cet ouvrage. Ce livre ne veut pas choisir entre ceux qui voient dans la zone d'exclusion de Tchernobyl un espace accidentel de protection du vivant et ceux qui, à l'inverse, tirent exagérément la sonnette d'alarme. La dernière partie de ce livre proposera une troisième voie – ni l'angélisme ni le catastrophisme mais *l'optimisme*, ni la rade ni l'irradié mais le *radieux* – précisément à partir de l'expérience esthétique de Tchernobyl. Expérience qu'on peut déjà tester dans les aquarelles de Hesse-Honegger, dans la mesure où elle apparaît quand on se situe du côté de ce que croient les images, et qui est différent de ce en quoi croit leur auteur elle-même (qui appartient à la catégorie des lanceurs d'alerte), de la manière dont elles croissent et se croisent. Trop fantaisiste, trop « artiste » pour la science, pas assez pour l'art (où Hesse-Honegger ne fut guère mieux accueillie : on l'a jugée trop réaliste…), peut-être faut-il interroger l'œuvre de Hesse-Honegger par une autre porte d'entrée : celle, commune au scientifique et à l'artiste avant leur séparation, des données sensibles, d'où nous devons repartir, c'est-à-dire envisager les images, indépendamment

1. B. Latour, *Face à Gaïa*, *op. cit.*, p. 34.

2. *Ibid.*, p. 33.

3. C. Hesse-Honegger, « Mon chemin », dans C. Hesse-Honegger, *Nach Tschernobyl*, *op. cit.*, p. 58 (traduction corrigée).

de leur valeur exogène (scientifique, artistique), comme des formes en elles-mêmes et pour elles-mêmes.

Que se passe-t-il si nous abordons le travail de Cornelia Hesse-Honegger à partir de la question esthétique, car *que sont les insectes si ce n'est les premières des images*, imposant d'emblée aux arts la nécessité de dépasser la seule reconduction du visible ?

> Quoi de semblable ou qui approche de loin, dans nos arts ? Combien ils auraient besoin, fatigués qu'ils semblent, alanguis, de reprendre à ces sources vives [1] !

On trouve dans triptyque du *Jardin des délices* de Jérôme Bosch (1494-1505), deux lépidoptères dont la fantaisie du peintre a semble-t-il faussé – en accord avec la citation de Michelet – la représentation fidèle. Le premier se rencontre dans le panneau de droite, au pied d'une échelle : c'est plus précisément une paire d'ailes de myrtil femelle (*Maniola jurtina*) greffées sur un corps d'oiseau. Le second est plus intéressant : une vanesse commune (*Aglais urticae*) dans le volet central, butinant un chardon bleu dans la moitié inférieure gauche. Dans *Ada ou l'Ardeur*, le dernier de ses grands romans, Vladimir Nabokov, laissant libre cours à son inclination lépidoptériste, évoque les papillons de Bosch. Il note que la vanesse est comme « pliée à rebours » [2]. En effet, bien que ses ailes soient verticalement rabattues l'une contre l'autre, on voit, sur leur surface inférieure, les motifs qui sont ceux de *la partie intérieure* des ailes, et qui devraient, en toute rigueur, être invisibles une fois les faces supérieures des ailes repliées l'une sur l'autre. Nabokov en propose une explication fictive :

> De toute évidence Bosch a trouvé une ou deux ailes de ce papillon au milieu d'une toile d'araignée dans le coin de l'encadrement de sa fenêtre et il nous en montre le côté supérieur, plus joli [3].

1. Jules Michelet, *L'Insecte*, Paris, Hachette, 1867, p. 194-196.

2. V. Nabokov, *Ada ou l'Ardeur*, trad. fr. G. Chahine et J.-B. Blandenier revue par l'auteur, Paris, Gallimard, 1994, p. 568.

3. *Ibid.*

Esthétiquement parlant, j'en tire deux enseignements visuels. Le premier est ici spécifique : comment ne pas voir dans cette vanesse la mise en abyme dans l'image du processus même du triptyque dont la représentation principale n'est accessible que lorsque ses panneaux sont dépliés et qui, sinon, enferme en son sein ses trésors ? Le second est plus général : cet *insecte inattendu* est ce qui donne à penser, avec les seuls moyens de la peinture, par tous ses écarts avec le réalisme ordinaire et le prévisible, que peindre consiste, comme le dira bien plus tard Jean-François Lyotard, a « affranchi[r] la vision incarcérée de la vue », que « le visible empêche de peindre [1] ». C'est que dans ce rabat de l'intérieur sur l'extérieur, du supérieur sur l'inférieur, dans cette étrange transparence de la matière, dans cette fermeture qui fait voir, se joue, sur un mode apparemment badin, « [le] travail voué à convertir le détail organique (quelque chose qui est *dans le corps*) en véritable lieu morphogénétique (quelque chose *dans quoi le corps se forme*) [2] ».

L'étrange Belle-Dame de Bosch n'est pas un monstre (*monstrum*). Un monstre, c'est ce qu'est l'autre papillon, le myrtil, mi-insecte mi-oiseau. La vanesse, elle, est *dé-monstrative* (*monstrans*). On ne peut bien faire voir que peindre ne consiste qu'à « peindre ni ce qu'on voit puisqu'on ne voit rien, ni qu'on ne voit pas puisqu'on ne doit peindre que ce qu'on voit, mais peindre qu'on ne voit pas [3] », qu'avec des insectes mutants.

1. J.-Fr. Lyotard, *Misère de la philosophie*, « La peinture, anamnèse du visible », éd. D. Lyotard, Paris, Galilée, 2000, p. 108, pour les deux citations. Il n'est pas anodin de remarquer que Lyotard (comme Merleau-Ponty) s'est beaucoup alimenté à l'œuvre de Cézanne chez qui l'image est comme constituée de petites écailles de papillons ajustées en tuiles. En héraldique, on appelle « papelonné » un blason dont l'image est composée d'écailles encastrées les unes dans les autres.

2. G. Didi-Huberman, *Phasmes. Essais sur l'apparition*, Paris, Minuit, 1998, p. 195.

3. M. Proust, *Jean Santeuil* précédé de *Les Plaisirs et les Jours*, éd. P. Clarac et Y. Sandre, Paris, Gallimard, 1971, p. 896.

L'œuvre de Hesse-Honegger est un détail de Bosch grossi, comme les planches entomologiques le font des spécimens naturels, des dizaines et des dizaines de fois.

Elle n'est faite que d'insectes qu'on n'espérait pas.

Tout d'abord, on constatera chez Hesse-Honegger une complexe adéquation entre ce que propose l'image et la technique graphique utilisée pour la fixer sur le papier, comme lorsque Hesse-Honegger représente la tumeur oculaire d'un spécimen de la famille des *Miridae* trouvé dans le Canton des Grisons [Fig. 7].

Car – ne nous y trompons pas – l'aquarelle chez Hesse-Honegger n'a rien d'archaïsant, comme on pourrait le croire au premier abord. Dessiner, peindre correspondent, certes, à un âge préphotographique de l'activité scientifique dont Lorraine Daston et Peter Galison ont rappelé qu'il a culminé tout au long du XVIIIe siècle autour du concept goethéen matriciel de « type [*Typus*] », et qu'ils désignent de l'expression « la vérité d'après nature [*truth-to-nature*] [1] ». À une époque où les appareils d'enregistrements n'existent pas encore, le naturaliste devait non seulement faire preuve d'un sens hors du commun de l'observation sur le terrain, mais aussi avoir « une excellente mémoire, une capacité à analyser et synthétiser les impressions, de la patience, ainsi qu'un talent pour isoler le typique dans la réserve naturelle des spécimens particuliers [2] ». Le dessin, que le savant commande généralement à un artiste professionnel, est là pour, a posteriori, en l'absence du spécimen observé, et dans le souci de la transmission d'un savoir encyclopédique, présenter une « image raisonnée » donnant à voir « une généralité qui transcende l'espèce, voire le genre, pour refléter un archétype jamais observé mais néanmoins réel [3] » et « dompter la variabilité de la nature [4] »,

1. L. Datson et P. Galison, *Objectivité*, trad. fr. S. Renaut et H. Quiniou, Dijon, Les Presses du réel, 2012, p. 26.

2. *Ibid.*, p. 73.

3. *Ibid.*, p. 75, pour les deux citations.

4. *Ibid.*, p. 78.

« la monstruosité incontrôlée de la nature[1] », en ne retenant que « l'essentiel[2] ». Au moment de présenter des planches de squelettes dans ses *Tabulae sceleti et musculorum corporis humani* (1747), Albinus stipule : « Comme je voulais présenter un exemple de la nature, j'ai choisi d'en retenir la plus belle image[3]. » Même s'il existe des exceptions (comme *The Anatomy of the Human Gravid Uterus Exhibited in Figures* de William Hunter en 1774), ce n'est qu'avec la photographie, et la présence indicielle dans l'image de l'individu « en chair et en os », à l'ère de « l'objectivité mécanique [*mechanical objectivity*][4] », que s'impose dans l'imagerie scientifique une logique des singularités par des comportements visant le plus possible « à réduire l'observateur au silence et à laisser parler la nature[5] ».

Très différemment de certaines pratiques modernes du dessin scientifique qui lorgnent explicitement du côté de l'art et de l'affirmation d'une subjectivité excentrique (Ernst Haeckel), Hesse-Honegger ne fait pas de l'art, pas vraiment, pas du tout même, mais c'est également ce qui fait l'originalité esthétique de ses aquarelles : car elles reprennent de l'objectivité photographique – sujet des mutations oblige – un égard seul pour l'irréductibilité du sensible, pour ce qui fait événement dans le cours du monde, toujours imprévisible, y compris quand il a eu lieu, pour une lecture du réel par symptômes.

> Je pourrais tout à fait, par exemple, peindre un insecte inventé qui rassemblerait cinq déformations différentes que l'on trouve dans la région. Mais je ne le fais pas. Ce qui m'intéresse, c'est de montrer ce qui fait un individu[6].

1. L. Datson et P. Galison, *Objectivité*, *op. cit.*, p. 83.
2. *Ibid.*, p. 82.
3. Bernhard Siegfried Albinus, *Tabulae sceleti et musculorum corporis humani*, « Historia hujus operis », Leyde, J. & H. verbeek, 1747, s. p.
4. L. Datson et P. Galison, *Objectivité*, *op. cit.*, p. 26.
5. *Ibid.*, p. 143.
6. C. Hesse-Honegger, citée dans H. Rafles, *Insectopédie*, *op. cit.*, p. 40.

Non seulement les aquarelles de Hesse-Honegger sont des *portraits*, mais elles sont, dans leur principe, sinon dans leur production factuelle, des portraits *photographiques* (avec des pinceaux). Il ne s'agit plus de classifier, comme au temps de Linné ou de Buffon, mais de *déclassifier* : le dessin n'enregistre ni ne documente la désorganisation – il n'est justement pas de la photographie –, *il organise la désorganisation*. Ce que les scientifiques professionnels reprochent à Hesse-Honegger, son incapacité à se désengluer de l'individuel, est précisément ce que par quoi elle formule visuellement des propositions d'images tout à fait inédites. Si, sur le plan biologique, les croquis d'insectes de Hesse-Honegger montrent quelque chose à propos de la nature changée par l'homme, sur le plan esthétique, ils montrent tout à fait autre chose : la capacité de l'homme – comme vu plus haut à titre encore général et conceptuel – *à changer de nature*, une nature qui elle-même est toujours en changement, est une « "reconstruction planétaire" permanente [1] ». Dès les premières alertes écologiques des années 1970, Hesse-Honegger avait écrit à propos des mouches mutantes de son laboratoire universitaire qu'elles étaient « des *prototypes* traduisant physiquement notre comportement destructeur et matérialisant l'avenir de la Nature [2] ».

Le dessin devient une grille de lecture du réel. *La peinture est ce qui fait voir*. Il n'y a rien à voir avant le dessin. Dans *Jupiter, Mercure et la Vertu* (1522-1524) de Dosso Dossi, l'activité de la création du monde par Dieu est assimilée à celle de peindre des papillons dans une toile posée sur un chevalet (les deux ciels, de même couleur, font le raccord). Chez Hesse-Honegger, le portrait d'insecte devient un *pro-trait* : ce qui est tiré, non plus *en avant*, mais *en avance*, et n'est pas tourné vers le passé. En ce sens, il se distingue à la fois du portrait peint et du portrait photographié (qui

1. *Cf.* P. Westbroek, « Système Terre », *Dictionnaire de la pensée écologique*, D. Bourg et A. Papaux (dir.), Paris, P.U.F., 2015, p. 957-962.

2. C. Hesse-Honegger et P. Wallimann, « Malformation of True Bugs (*Heteroptera*) : A Phenotype Field Study on the Possible Influence of Artificial Low-Level Radioactivity », art. cit., p. 500.

en prend la relève), où l'image constitutive du miroir narcissique n'a fait, pendant des siècles, que remâcher inlassablement le fait que celui que l'on voit dans le reflet n'existe déjà plus – vitesse de la lumière oblige. Le portrait n'est plus tourné vers la mémoire comme « recul ou remontée vers le fond toujours présent – et proprement immémorial – de l'absence elle-même[1] », mais, comme les monuments de Cécile Massart, vers l'avenir comme une projection de la mort qui est de tout temps sa seule substance.

Si nous avons commencé par mal voir, c'est parce que nous avons commencé par chercher à quoi de réel, d'extérieur à la peinture, de déjà connu, l'aquarelle que nous avons sous les yeux pourrait *correspondre*. Or, ce n'est pas du tout comme cela qu'il faut prendre les choses. Hesse-Honegger le dit très bien : elle-même ne voit pas sans avoir peint, c'est parce qu'elle les peint qu'elle finit par voir les mutations[2]. C'est une vérité esthétique bien plus vaste : *on ne peint pas parce que l'on est attentifs à la richesse du monde, mais peindre nous rend attentifs à la richesse du monde.* La mutation, c'est d'abord ce qui n'a besoin de rien d'autre que l'image pour exister. Il n'y a pas de dehors de l'image. Même réaliste, l'image n'a jamais eu pour ambition d'être la répétition maniaque du visible. La perspective chromatique des aquarelles de Hesse-Honegger s'accompagne d'un effacement infini des parties saines des organismes entomorphes : paradoxalement, ce sont elles qui *se voient*, de l'intérieur de l'image, réduites à l'état de vestiges spectraux, de rumeurs de ce qui peut-être n'existe déjà plus, et les membres ou organes mutés sont, quant à eux, mis en avant, jaillissent du fond blanc uniforme, pour un regard qui peine à voir. Les aquarelles de Hesse-Honegger exhortent à porter le regard au-delà de nos yeux, comme si nous étions les premiers des mutants à qui les yeux, devant l'image, feraient défaut, dont les yeux seraient passés dans l'image, auraient été *in-oculés*. Joris Hoefnagel, l'un des pères de l'illustration entomologique, l'avait déjà constaté dans la seconde moitié du XVIe siècle : devant une planche entomologique,

1. J.-L. Nancy, *Le Regard du portrait*, Paris, Galilée, 2000, p. 56.
2. H. Rafles, *Insectopédie*, *op. cit.*, p. 27.

nous devenons insectes par la précision du trait et l'inversion des échelles ; l'insecte dessiné est beaucoup plus grand que celui dont le cœur bat dans la nature, grossir l'insecte revient à nous « rapetisser », à questionner notre humaine condition. Il ne s'agit pas de faire de nous des insectes, nous ne devenons pas *des* insectes, ni ne les singeons, mais, comme dans le devenir deleuzien, « à mesure que quelqu'un devient, ce qu'il devient change autant que lui-même [1] » ; mais aussi, contrairement à ce que l'on trouve chez Deleuze, où l'animal va toujours par « meute [2] », par multiplicité (« On ne gagnerait rien à décrire [les individus] un à un, puisqu'ils se répètent les uns les autres comme autant de versions du même animal [3] »), où l'animal s'oppose à « *l'anomal* [4] », l'exceptionnel individu, l'insecte ici est toujours pris au singulier, comme l'avatar d'un ininterprétable nom propre traversant et reliant tout ce qui vit, humain, animal, végétal même, dans une logique muette peut-être plus proche de Derrida, à la lisière du temps, dans une hospitalité « zoopharmaceutique [5] ».

À sa manière, Hesse-Honegger nous convie au divorce avec l'être humain qui se tient dans notre regard – et qui, à l'extrémité de la chaîne mécanique des causes agentes, est responsable de l'accident de Tchernobyl.

CHENILLES ANTHROPOLOGUES

Les insectes incomplètement peints de Hesse-Honegger ressemblent beaucoup à ce que l'anthropologue Carlo Severi a appelé des « chimères ». La chimère, à laquelle Severi a consacré

1. G. Deleuze et C. Parnet, *Dialogues*, Paris, Flammarion, 1977, p. 8.

2. Par exemple, G. Deleuze et F. Guattari, *Mille Plateaux. Capitalisme et schizophrénie 2*, Paris, Minuit, 1980, p. 294.

3. Fr. Zourabichvili, « Qu'est-ce qu'un devenir, pour Gilles Deleuze ? », conférence prononcée à Horlieu (Lyon) le 22 mars 1997, http : //horlieu-editions.com/brochures/zourabichvili-qu-est-ce-qu-un-devenir-pour-gilles-deleuze.pdf, p. 3.

4. G. Deleuze et F. Guattari, *Mille Plateaux*, *op. cit.*, p. 301.

5. J. Derrida, *La Dissémination*, Paris, Seuil, 1972, p. 136.

tout un ouvrage (*Le Principe de la chimère. Une anthropologie de la mémoire*), est ainsi résumée, dans son ouvrage suivant, comme

> une condensation de l'image en quelques traits essentiels, qui engendre, par projection, une ou plusieurs interprétations de la forme [1].

L'image est prolongée et achevée par l'observateur dans un « acte de regard ». Dans l'image chimérique, « l'invisible prime sur le visible ». Il en va de même avec les corées de Hesse-Honegger : à ceci près que l'invisible dont il s'agit est moins le reste du corps de l'animal que l'invisible par excellence dans le contexte profane de la puissance nucléaire, à savoir la radioactivité, en une sorte de lecture déthéologisée de « l'infigurable dans la figure » dont parlait Bernardin de Sienne à propos de l'épineuse représentation de Dieu dans la tradition figurative chrétienne (*De triplici Christi nativitate*) [2]. À ce titre, les parties anatomiques non dessinées jouent à la perfection le rôle décisif des « indices » dans une structure graphique de type chimérique : ce qui montre de l'index autre chose que soi, autre chose que quoi que ce soit de visible.

L'important s'agissant de la chimère tient à ce que son incomplétude, qui la fait « saillir » et la différencie de la perception quotidienne, lui confère précisément, au sein des communautés humaines qui y recourent,

> un rôle crucial dans des pratiques sociales liées à la mémorisation et à la mise en place d'un savoir dans un certain nombre de traditions habituellement appelées « orales ».

C'est par des images comme les images chimériques que se constitue dans certaines sociétés sans écriture le socle commun d'une mémoire sociale supérieure à la seule mémoire individuelle (éphémère et altérable). Severi traite très sérieusement les

1. C. Severi, *L'Objet-personne. Une anthropologie de la croyance visuelle*, Paris, Éditions Rue d'Ulm-Musée du quai Branly, 2017, p. 233, et pour toutes les citations de cette double page.

2. Cité dans G. Didi-Huberman, *Fra Angelico. Dissemblance et figuration*, Paris, Flammarion, 1990, p. 64.

productions graphiques de ces communautés (amérindiennes, océaniennes, africaines) et non – ainsi que cela est encore trop souvent le cas – comme des ornements ou des tentatives avortées d'écriture. Par exemple, dans la région du fleuve Sepik (Papouasie-Nouvelle-Guinée), des supports visuels codifiés comme des masques-crochets permettent de mémoriser des listes de milliers de noms propres. Telle partie d'un masque évoque la forme humaine, puis s'interrompt brutalement pour laisser la place à un bec d'oiseau ou un œil de poisson, renvoyant le spectateur à un autre régime morphologique. Ces images-mosaïques sont des chimères. Loin d'être l'expression de croyances naïves en des êtres fictionnels monstrueux – dont les premiers intéressés savent parfaitement qu'ils n'existent pas –, les chimères comptent parmi les premiers moyens inventés par les hommes pour « véhiculer et préserver du sens ».

Sans entrer dans les difficultés que soulève la notion de chimère – et sur lesquelles Severi revient lui-même, notamment s'agissant de la perspective esthétique : tout artiste accompli n'offre-t-il pas plus à l'esprit qu'au regard ? –, les images nous incitent pareillement, dans le geste de Hesse-Honegger, à pratiquer un exercice de mémorisation. Constater, c'est peindre, et peindre, c'est se souvenir. Les choses sont ainsi, non parce que l'on s'en souvient (on aurait contre soi un paradoxe temporel), mais *parce que l'on se souvient*. On ne perçoit qu'à partir du passé. Pour le dire autrement : il ne s'agit pas de faire des images pour se souvenir – déjà les images étudiées par Severi sont des lieux de mémoire parce qu'elles ne sont pas achevées, parce qu'il reste d'elles toujours quelque chose *à venir* (qui ne sera jamais actualisé) – mais de peindre des images incomplètes de ce que l'on a perçu parce que l'on se souvient.

Tchernobyl est moins une catastrophe nucléaire qu'un *branle-bas anthropologique* et les illustrations de Hesse-Honegger utilisent l'art « comme une possibilité d'analyse scientifique et de description politique du monde technique moderne [1] ».

1. William I. Thompson, « Une introduction à "Pourquoi suis-je à Österfärnebo ?" de C. Hesse-Honegger », dans C. Hesse-Honegger, *Nach Tschernobyl*, *op. cit.*, p. 12.

FLORA, OU LA VIE LUCIFÉRIENNE

> « Vous êtes leur Vigée et la sensible Flore
> Qui les immortalise où l'autre fait périr. »
> Robert de Montesquiou

ESTHÉTIQUE PROFONDE

L'autre membre de l'affirmation sur laquelle s'est terminé le précédent chapitre est la suivante : *Ce que nous voyons dans les organismes mutants du nucléaire n'est rien d'autre que nous-mêmes en tant qu'espèce.* Tchernobyl a contribué à cristalliser l'urgence d'une esthétique désanthropocentrée.

Poursuivons à partir de là, telles des Alice de l'Anthropocène passées de l'autre côté du miroir de l'irradiation et de la contamination radioactive, notre pérégrination nucléaire au milieu des êtres menus qui deviennent, par oxymore ou par antiphrase, l'image la plus radicale de la démesure radioactive, moins parce que nous les regardons que parce qu'ils *nous imposent leur regard.*

Considérables sont les tares des punaises si on les rapporte à leur taille !

Anaïs Tondeur est une jeune artiste française. Voici comment la présente Annick Bureaud dans un article de *Artpress* :

> À l'opposé du 20 e siècle, qui déploya l'arrogance d'une maîtrise humaine sur le monde et les totalitarismes idéologiques, Anaïs

> Tondeur semble nouer le 19 e – qui tentait par la description et les collections de comprendre le monde de l'extérieur – avec le 21 e où il s'agit, par un *deep mapping*, de l'appréhender de l'intérieur, dans une fusion des connaissances scientifiques et de la perception sensorielle, entendue également comme outil de connaissance [1].

Le « deep-mapping » est une pratique venue des géohumanités qui, au lieu de s'en tenir à la traditionnelle cartographie plane (noms, positions, coordonnées), appréhende les espaces à travers le filtre culturel des différents récits, historiques, littéraires, scientifiques, philosophiques, etc., qui leurs sont associés comme des strates sédimentaires de sens. Alison Carter parle d'« écriture en voyage vertical [*vertical travel writing*] [2] » pouvant faire intervenir, pour chaque espace rencontré, « l'autobiographie, les archéologies, des fictions, des mémoires, le folklore, des traces, des reportages, le climat, des entretiens, l'histoire naturelle, les sciences et l'intuition [3] ». C'est que le réel est relationnel. Le monde n'est pas composé de choses, mais de relations. Ce que nous appelons « chose » n'est qu'un nœud local de relations complexes, une interrelation plurale comparable à une toile d'araignée. La mécanique quantique nous a appris que tout est en mouvement, et qu'il suffit d'aller assez loin – le niveau subatomique – pour constater qu'un objet, inerte ou animé, en mouvement ou au repos, n'est qu'une somme ininterrompue et toujours renouvelée d'événements et de connexions physiques, chimiques ou bien encore électromagnétiques. Pour le dire lapidairement [4] : le réel est multimédia. Le deep-mapping décrit l'espace comme ce qui ne préexiste pas *géométriquement* aux êtres qui l'occupent (hommes, animaux, plantes, immeubles, objets de toutes sortes), sous une forme fixe, comme un tiroir, mais comme ce qui est le résultat

1. A. Bureaud, « Anaïs Tondeur », *Artpress*, n° 438, novembre 2016, p. 49.
2. A. Calder, « The Wilderness Plot, the Deep Map, and Sharon Butala's Changing Prairie », *Essays on Canadian Writing*, n° 77, automne 2002, p. 164.
3. *Ibid*, p. 170.
4. Je reviens longuement sur la question du relationnisme, à partir de l'écologie contemporaine mais aussi de Whitehead ou de Gabriel Tarde, dans *Cinéma et cristaux. Traité d'éconologie*, *op. cit.*, p. 184-226.

topologique, plastique et évolutif, de leurs interactions. L'espace pousse à partir des relations environnementales de ses occupants. Il vient toujours après eux. Les « cartes profondes [*deep maps*] »

> incluent les dimensions discursive et idéologique d'un endroit, les rêves, les espoirs et les peurs de ses habitants – elles sont, en un mot, situées entre la matière et le sens. […] Une carte profonde est à la fois une plateforme, un processus et un produit [1].

En 2017, Tondeur expose le projet *Noir de carbone* (réalisé avec la collaboration des mathématiciens et modélisateurs du climat Rita van Dingenen et Jean Philippe Putaud) : une installation de quinze photographies des ciels de la Grande-Bretagne – depuis son île septentrionale la plus isolée (sans usines, sans voitures), entre l'Écosse et la Mer du Nord, jusqu'à Folkstone dans le comté du Kent – tirées sur papier avec une encre composée des particules de carbone collectées, grâce à des masques respiratoires antipollution, sur les sites au moment où les photographies ont été prises. L'enquête sur le terrain de l'île de Fair, presque uniquement habitée par une population attachée à l'observation des oiseaux migrateurs, a montré qu'elle était polluée, quand souffle le vent d'est, par un type de particules très précises, le noir d'acétylène, découvertes un jour de mai à l'intérieur des corps humains : Anaïs Tondeur a voulu remonter le trajet de ces particules jusqu'à leur source, en cette journée de printemps, au sud de l'Angleterre. Les photographies élaborent en série un mappage visuel, chronogéologique, structurellement fuyant et multicouches. La « carte profonde » d'une partie du Royaume-Uni que nous tend *Noir de carbone* est moins une déclaration qu'une conversation à propos du caractère vectoriel des émissions anthropiques « de la troposphère aux profondeurs de nos cerveaux [2] ». En interrogeant dans ses œuvres – photographies, dessins, installations vidéo, performances – les seuils de visibilité,

1. David J. Bodenhamer, J. Corrigan et Trevor M. Harris (éd.), *Deep Maps and Spatial Narratives*, Bloomington-Indianapolis, Indiana University Press, 2015, p. 3.

2. A. Tondeur, *Noir de Carbone*, présentation sur le site Internet personnel de l'artiste, http://www.anais-tondeur.com/francais/projets-noir-de-carbone, s. p. Page consultée le 13 mai 2019.

Anaïs Tondeur, comme Hesse-Honegger mais avec une différence qui n'échappera pas, se tient au carrefour de l'art et de la science. En 2016, elle a placé le fac-similé d'un rêve manuscrit de l'astronome Camille Flammarion à bord de la sonde spatiale OSIRIS-REx partie étudier l'astéroïde Bénou, un rocher géocroiseur de la famille Apollon d'environ 500 mètres de diamètre tournant autour du Soleil (*Envol du rêve*) ; en 2015, entre la région parisienne et la toundra arctique, elle a exploré (en collaboration avec Crystal Bennes et Tom Jeffreys), avec photographies, vidéo et carte, les variations climatiques à partir du point de « vue » d'un sous-arbrisseau nain, la dryade à huit pétales, et de sa fleur blanche apparue au moment de la disparition des mammouths (*Les Dryades*).

Les installations de Tondeur sont des « trous de ver » reliant des espaces éloignés dont on s'aperçoit, *dans et par les images*, qu'ils n'ont jamais cessé de donner les uns sur les autres, les uns dans les autres, dans un bouleversement spatiotemporel qui déchire le narcissisme de notre condition humaine.

NUCLÉAIRE EN HERBE

En 2016, Anaïs Tondeur, qui a passé son enfance entre Paris et la jungle équatoriale de Sumatra, a publié, accompagné de textes écrits par le philosophe d'origine russe Michael Marder, un « herbier de Tchernobyl [1] », en parallèle des recherches conduites par Martin Hajduch, de l'Institut de génétique et de biotechnologies des plantes de l'Académie des Sciences Slovaque, à Nitra, lequel analyse l'empreinte radioactive sur la flore dans la zone irradiée. Je rappelle que le nom de Tchernobyl est dérivé de *tchernobylnik*, le mot russe pour l'absinthe, une plante dicotylédone de la famille des *Asteraceae*. Marder, qui a vécu enfant le drame de Tchernobyl

1. M. Marder et A. Tondeur, *The Chernobyl Herbarium : Fragments of an Exploded Consciousness*, Londres, Open Humanities Press, 2016. Il existe une édition française la même année par la Fondation Mindscape sous l'égide de la Fondation de France en coédition avec EBL Éditions.

à Anapa, dans le kraï de Krasnodar, a été bouleversé par le travail de Tondeur lors de l'exposition parisienne *Dessiner l'invisible* à l'automne 2015. Le livre est composé de 30 photographies de plantes, une pour chaque année depuis la catastrophe, prises entre 2011 et 2016 à l'intérieur de la zone d'exclusion de Tchernobyl; niveau de radiations : 1, 7 µSv/h. Plusieurs espèces végétales sont représentées, dont le lin cultivé (*Linum usitatissimum*) ou le pois mascate (*Dolichos pruriens*) [Fig. 8], choisies pour leur capacité d'absorption des matériaux radioactifs. Tondeur s'inscrit dans une culture botaniste pluriséculaire constitutive des rapports que les sociétés humaines entretiennent avec leur environnement.

> Des croyances de la Mandragore au langage des fleurs, des fruits de la Passion aux arbres généalogiques, le végétal, herbe ou arbre, est partout présent dans l'imaginaire à qui il fournit un support souple et solide [1].

Les images de *Tchernobyl Herbarium* ont été réalisées sans appareil de prise de vues, par contact direct des spécimens végétaux sur des plaques photosensibles bombardées ensuite par une lumière intense. Être vivant et matériau photographique composent une façon d'« hybride » hylémorphique de « nature-culture [2] » *secondaire* – après le premier hybride qu'est la radioactivité artificielle répandue dans la nature par l'explosion [3].

La technique de Tondeur emprunte au « rayogramme », mis en place dans les années 1920 par Man Ray ou László Moholy-Nagy sous le nom de « photogramme » – dont elle reprend la terminologie. Par rapport à une photographie traditionnelle, le photogramme intervertit les valeurs chromatiques du noir et du blanc : il transforme les

1. J.-M. Drouin, *L'Herbier des philosophes*, Paris, Seuil, 2008, p. 41.
2. Sur ces concepts latouriens, *cf.* le chapitre précédent.
3. Au moment où cet essai est rédigé, Anaïs Tondeur prépare avec Michael Marder un nouveau projet, *Mourning of a Power Plant*, consistant à accompagner pendant cent jours, la germination ou non, d'une graine de lin en provenance de la zone d'exclusion de Tchernobyl. Durant tout cette période, la graine sera veillée par des lecteurs, des performeurs, dans une logique du « deuil du deuil ».

êtres en leurs propres fantômes. Noire est l'image là où la lumière n'a rencontré aucun obstacle et a cramé le support ; blanche, en revanche, quand un objet interposé a protégé la plaque de la brûlure.

L'objet photographié tire lui-même sa photographie.

Cette technique, chez Moholy-Nagy, passe d'emblée par l'herbier photographique, une pratique presque exclusivement féminine une fois dépassé son moment originaire chez W. H. F. Talbot, l'inventeur du calotype en 1841 : dès cette même année, par exemple, la botaniste Anna Atkins, fille du naturaliste John George Children (le traducteur anglais de Lamarck), l'une des premières femmes photographes, a réalisé des herbiers en « cyanotypes », à la couleur bleu de Prusse immédiatement reconnaissable. Une surface photosensible recouverte d'un mélange de ferricyanure de potassium et de citrate d'ammonium ferrique, sur laquelle est posé un spécimen d'algues (*Polysiphonia violacea*, *Cystoseira fibrosa*), est exposée aux rayons ultraviolets de la lumière solaire. La plante laisse une ombre blanche, fixée par le lavage, au milieu d'une feuille pour le reste entièrement marine et calquant son milieu naturel aquatique [Fig. 9]. La technique – rendue nécessaire par la difficulté de dessiner des exemplaires d'algues ou bien très petits ou bien malcommodes à conserver – est reprise par Atkins de John Herschel. Le résultat est un livre réalisé entre 1843 et 1850 (le plan a été refondu en 1853), comprenant 14 pages de textes et 389 planches, entièrement réalisé à la main et à quelques très rares exemplaires. Moholy-Nagy, pour en revenir à lui, a adapté le procédé du photogramme à partir des travaux d'une autre femme encore, l'artiste Bertha Günther de l'école de Loheland, sur la cristallisation et les plantes translucides. Le fascinait – on connaît ses réflexions et ses expérimentations sur la lumière – la richesse des tons obtenus par la simple modulation de la lumière par la matière organique et la vie non humaine rythmiquement intégrée à une technique humaine qu'elle s'approprie.

La série photogrammatique de Tondeur, tout en s'inscrivant aussi dans la tradition d'images peintes voire stylisées (Émile Belet, Édouard Bénédictus), est bel et bien un herbier, à savoir non pas un livre où des plantes sont dessinées, mais une *collection de plantes modifiées* (généralement séchées). Le photogramme permet de retrouver autrement l'attention aux individus propre à l'objectivité scientifique vue chez Cornelia Hesse-Honegger : si les aquarelles de Hesse-Honegger pouvaient être vues comme des « peintures photographiques », les photogrammes de Tondeur sont – le contact aidant – des *photographies peintes*. *Tchernobyl Herbarium* de Tondeur et Marder, mélangeant livre coutumier (sur la page de gauche) et herbier photographique (à droite), est, pour sa part, un ouvrage proche du genre particulier appelé « exsiccata », composé de spécimens végétaux directement collés à même des feuilles de papier cousues en cahier, tout en ranimant – de loin – un legs oublié du texte « végétalisé » qui remonte aux feuilles d'acanthe d'inspiration grecque et aux frises de branches et fruits des enluminures des manuscrits médiévaux.

Mais l'inscription dans un héritage, si foisonnant et passionnant soit-il, n'est pas ce qui fait la plus grande force du geste artistique de Tondeur. Il renouvelle surtout le photogramme par l'imaginaire implicite de l'« éclair atomique » détourné (les « ombres » sur le mobilier urbain de Nagasaki et Hiroshima) et par *le retournement d'un rayonnement (lumineux) contre un autre rayonnement (ionisant)*. Et ce, tout en montrant la vérité de la vie même de la plante (à l'exception de certaines plantes carnivores) – la photosynthèse chlorophyllienne – et tout son tissu environnemental : héliotropisme, émission d'oxygène, etc. C'est le « pouvoir de la plante ». En anglais, une centrale – électrique ou nucléaire – se dit précisément *power plant*.

Un accident comme celui de Tchernobyl, où la puissance de sa technologie s'avère dangereuse pour l'être humain lui-même et le reste des « terriens », renverse la célèbre image platonicienne, qu'on trouve à la fin du *Timée* (90a [1]), de l'homme comme plante céleste dont les racines sont dans le ciel. Pour Platon, tout le travail de la sagesse consiste à s'élever le plus possible de l'existence matérielle

1. Platon, *Timée/Critias*, trad. fr. L. Brisson, Paris, GF-Flammarion, 1995, p. 216.

et instable vers la vie des Formes éternelles et purement intelligibles, dans la « plaine de la vérité [1] ». Cette image, complexe, compare à la fois l'homme à une plante (la jouissance de l'ascension) et à une plante retournée.

Tchernobyl nous oblige à inverser l'inversion de l'attitude occidentale devant la plante, qui a commencé par la *déplanter du sol* pour l'intégrer dans son mode de pensée (l'origine et la destination authentiques de l'homme). Il s'inscrit dans un courant de déconstruction de la métaphysique classique, qui chez beaucoup de penseurs, comme Nietzsche, s'est accompagnée d'un changement d'attitude à l'égard du règne végétal. Si, pour Nietzsche, le philosophe est une « plante rare [2] », c'est – tout au contraire de Platon – parce que le rapport au monde de l'homme ressemble à celui de la plante. *L'homme est une plante comme les autres*, et le philosophe, celui qui cultive le plus ses instincts végétaux. Comme l'écrit ailleurs Michael Marder,

> seule une multiplicité non totalisable de perspectives, seul un pluralisme radical et anarchique composé d'existences et de « mondes » à la fois trop humains et autres qu'humains, est capable de contrer la violence originaire de la métaphysique, opposant l'humain à la plante [3].

Chez Tondeur, *les plantes sont des hommes comme les autres*. Les « photogrammer », c'est les promouvoir au rang de sujets et révéler – en contribuant à la suspicion de l'opposition moderne entre sujet (humain) et objet (non humain) – ce que nous avons de communs avec le reste du vivant : *se vivre soi-même en sujet*.

Il ne s'agit nullement de photographier un corps déjà visible mais, dans un projet plus figural que figuratif, de faire signe vers ce qui n'est pas visible et ne peut l'être : la présence, à jamais soustraite à notre

1. Platon, *Phèdre*, trad. fr. L. Brisson, Paris, GF-Flammarion, 2000, p. 121.

2. F. Nietzsche, *Fragments posthumes. Printemps-automne 1884*, « Fragment 26 », tome X, éd. fr. G. Colli et M. Montinari, Paris, Gallimard, 1982, p. 452.

3. M. Marder, *Plant-Thinking : A Philosophy of Vegetal Life*, New York, Columbia University Press, 2013, p. 58.

vue physiologique, de la radioactivité dans des organismes devenus eux-mêmes, suite à la lente absorption de radionucléides, émetteurs de radiations, *porteurs de lumière*. Littéralement : lucifériens [1]. (En 1945, chez André Bazin, l'image photographique « est [2] » par nature le modèle, comme dans le christianisme le Fils « est » le Père : le climat est d'emblée théologique.) Les photogrammes de Tondeur font moins voir des formes (les plantes) qu'ils ne matérialisent une force invisible (la radioactivité). La radioactivité est ce qui active à l'image la subjectivité et la sujétion absolues des plantes.

Les photogrammes, « les enregistrements visibles d'une invisible calamité [3] », des captures lumineuses de lignes concrètes plutôt qu'une écriture abstraite avec la lumière (*photo/graphein*), sont ensuite imprimés sur papier chiffon, puis exposés. Chacun articule l'absolue singularité concrète du spécimen dont le spectre est imprimé avec un titre reprenant à son compte le nominalisme taxinomique reçu de Linné (nom latin des espèces).

Photographier comme une plante

La photographie par contact est revivifiée par les arts de l'Anthropocène. À une époque où l'ancienne séparation entre nature et culture n'est plus de mise devant la question même de la pérennité de la vie sur Terre telle que nous la connaissons, à un tournant historique des « retrouvailles du temps humain et du temps de la Terre [...] signal[ant] l'irruption de la Terre [...] dans ce qui aurait voulu être une histoire, une économie, et une société s'émancipant des contraintes naturelles [4] », nombreux sont les

1. Pour un prolongement « infernal » de cette remarque, voir ci-dessous p. 136-137. – Le mot latin *lucifer* a trois sens successifs dans l'histoire du christianisme : d'abord il désigne les chrétiens qui apportent la lumière de la vérité ; puis, dans son sens d'« étoile du matin », il traduit le nom de certains astres dans la Vulgate ; enfin il vaut comme synonyme pour Satan, l'ange déchu.

2. A. Bazin, *Écrits complets*, « Ontologie de l'image photographique », tome 1, éd. Hervé Joubert-Laurencin, Paris, Macula, 2019, p. 108.

3. M. Marder et A. Tondeur, *The Chernobyl Herbarium*, *op. cit.*, p. 14.

4. C. Bonneuil et J.-B. Fressoz, *L'Événement Anthropocène*, *op. cit.*, p. 47.

artistes à travailler en étroite collaboration « avec » la nature, une réserve d'agents non intentionnels. En cela, les plantes de Tondeur se distinguent nettement des insectes de Hesse-Honegger.

Dans *Dark Ecology* (2016), Olafur Eliasson place un morceau de glace du Groenland au centre d'une tache d'encre de Chine sur un papier pour aquarelle : la fonte aléatoire du glaçon trace l'image sur le lavis.

Avec *Webs of At-tent(s)ion* (2018), Tomás Saraceno organise le tissage de toiles d'araignées géantes à l'aide de supports en fibre de carbone. L'œuvre fait partie de la série *Hybrid Webs* commencée en 2012. Des projecteurs éclairent la construction géante, délinéarisée, déshistoricisée, sans début ni fin (il n'y a ni premier ni dernier fil), exclusivement énergétique, enfermée dans une pièce entièrement obscure. Lors de l'exposition *On Air*, au Palais de Tokyo à l'automne 2018, les vibrations des arthropodes en mouvement étaient restituées par une installation sonore réalisée avec l'IRCAM.

Ambio (2014) de Teresa van Dongen, entre la sculpture et le design, est une suspension bioluminescente en métal et tube de verre rempli d'un liquide peuplé de bactéries de pieuvre.

La liste s'allonge chaque jour.

L'idée n'est pas neuve – par le passé, le dramaturge August Strindberg avait déjà eu l'idée d'images façonnées par le givre ou Yves Klein, par le vent – mais depuis quelques décennies nous assistons à une refondation de l'art consécutive à la péremption du modèle philosophique occidental reposant, au moins depuis Descartes, sur la fracture ontologique entre sujet humain (au centre) et objet non humain (à la périphérie). Ceci ne veut pas dire qu'il n'y a pas eu régulièrement, dans cette histoire pluriséculaire, des moments d'interactions fortes entre société et nature et de réflexivité environnementale (depuis au moins la Renaissance : chez Ronsard ou Léonard de Vinci, par exemple). Mais, justement, il n'y a d'inter-actions que de ce qui pose d'abord *l'extériorité* l'un à l'autre des termes agissants. En esthétique, le faîte en a été l'esthétique kantienne : sujet du jugement de goût et objet jugé par le goût sont à ce point séparés que le jugement *ne peut jamais atteindre l'objet jugé*. Chez Kant : le jugement esthétique est seulement « réfléchissant [1] » en ce qu'il nous en apprend plus sur l'état de plaisir ou de peine du sujet qui pense – sans pour autant tomber dans le relativisme arbitraire – qu'il n'apporte de connaissances déterminées sur l'objet visé. C'est un boomerang qui rate sa cible et nous revient dessus.

S'il convient de « penser comme une montagne [2] », l'art est en mesure de s'engager également dans une nouvelle perspective égocentrique où il s'agit, comme chez Tondeur, de *photographier comme une plante*. Dès 1880, le botaniste Alphonse Pyrame de Candolle avait affirmé dans sa *Phytographie ou l'art de décrire les végétaux considérés sous différents points de vue* qu'il existe un point de vue du végétal. À propos des plantes grimpantes volubiles croissant en spirale autour de leur support, l'auteur s'interroge si l'on doit conclure qu'elles sont « dextrovolubiles » ou « sinistrovolubiles », selon qu'on se tient à l'intérieur ou à l'extérieur de l'hélice. S'il suit Linné pour conclure qu'elles tournent à droite, c'est par la comparaison avec une rivière : quand on parle de rive gauche ou de rive droite, ce n'est pas par rapport à la place de l'observateur, mais par rapport au sens du courant. De la même manière, déterminer dans quel sens tourne la tige d'une plante, c'est *se projeter à l'intérieur* de la plante en question pour quitter sa posture humaine et adopter le point de vue du liseron ou du houblon.

Dessiner comme un serpent (Susan Jacobs), sculpter comme une larve de trichoptère (Hubert Duprat)… : ce à quoi nous assistons devant de telles œuvres est un dépassement de l'articulation usuelle entre le sujet et l'objet au profit d'une mise en scène de ce qu'Augustin Berque (s'inspirant de Watsuji Tetsurō et de Jakob von Uexküll) a appelé le « trajet [3] ». Le trajet en question n'est pas la circulation

1. E. Kant, *Critique de la faculté de juger*, *Œuvres complètes*, tome III, éd. F. Alquié, Paris, Gallimard, 1985, p. 933.

2. Célèbre mot d'ordre de l'écologiste Aldo Leopold en 1949 (*Almanach d'un compté des sables*, trad. fr. Anna Gibson, Paris, GF-Flammarion, 2000, p. 168).

3. *Cf.* par exemple Augustin Berque, « Tétralemme et milieu humain : la mésologie à la lumière de Yamauchi », *Ebisu*, n° 49, printemps-été 2013, p. 63 :

sur la trajectoire tirée spatialement entre le sujet et l'objet, sinon nous ne serions que reconduits autrement à leur exclusion mutuelle, mais c'est la réalité même comme « trajective »; non la position relative des termes séparés de la relation (le sujet, l'objet), mais la relation elle-même en tant que ses termes n'y préexistent pas. Non l'espace, mais le temps. Le propre du réel est d'être jeté à tort et à travers. En l'occurrence, sujet et objet sont à l'autre bout du trajet qu'est l'œuvre d'art. Êtres humains et non humains se retrouvent pour l'occasion sur un pied d'égalité ontologique. Nous sommes aux antipodes de l'articulation entre le sujet et l'objet posée – depuis la Renaissance – au fondement de tout acte de connaissance et dont Hegel a fait la synthèse peut-être la plus explicite à l'ouverture de *La Phénoménologie de l'Esprit* :

> Nous retrouvons partout cette différenciation principale qui veut que de l'être pur ces deux démonstratifs, ces deux *ce…* se disjoignent et retombent tout aussitôt chacun de leur côté, un *celui-ci* comme *Je*, et un *ceci* comme *objet*[1].

Nous sommes loin également – malgré certaines apparences trompeuses – de l'« élégance animale[2] » (ou ici végétale) dont Adolf Portmann avait parlé en 1948 dans les termes d'une science des apparences, la « phanérologie[3] », des signaux esthétiques parfois envoyés dans le vide, mais toujours vers l'extérieur par les non-humains (signaux non destinés à un partenaire, un ennemi, etc.), car il n'est pas seulement question de laisser faire la nature, mais d'élaborer avec elle un pacte artistique. Ce pacte repose sur la conviction que le vivant est susceptible de s'expérimenter comme

« Entre les pôles théoriques du sujet et de l'objet, du pour-soi et de l'en-soi, les choses sont *trajectives.* »

1. G. W. F. Hegel, *La Phénoménologie de l'esprit*, trad. fr. J.-P. Lefebvre, Paris, GF-Flammarion, 2012, p. 130-131.

2. B. Prévost, « L'élégance animale. Esthétique et zoologie selon Adolf Portmann », *Images Re-vues*, n° 6, 2009, https://journals.openedition.org-/imagesrevues/379. Page consultée le 18 mai 2019.

3. *Cf.* A. Portmann, *La Forme animale*, trad. fr. G. Rémy revue par J. Dewitte, Paris, Éditions La Bibliothèque, 2013.

un soi. Pour le dire autrement : *les êtres naturels ne se vivent pas comme des êtres naturels.* Tout se passe comme si les êtres naturels étaient les premiers à expérimenter dans leurs corps qu'une nature non culturelle n'existe pas. On aura reconnu là un trait de pensée partagé avec le perspectivisme amérindien, c'est-à-dire avec une culture dont les liens avec la nature sont extrêmement étroits et non fractionnants. Pour le perspectivisme, l'animal ne se vit pas lui-même comme un animal, mais comme un sujet, à savoir *comme un homme se vit lui-même.* Contrairement au modèle européen, dans lequel il existe, *séparément*, une seule nature (avec ses lois universelles) et une multitude de cultures et d'intériorités différentes, la vision amérindienne du monde postule *coextensivement* l'unicité de la culture (il n'y a qu'une seule manière d'être un soi) et le multinaturalisme.

> Chaque espèce d'être, à commencer par notre propre espèce, se voit elle-même comme humaine. De surcroît, chaque espèce ou type d'être voit certains éléments clés de son milieu comme s'ils étaient des objets culturellement élaborés ou culturellement définis, c'est-à-dire comme des supports d'une visée humaine : le sang des animaux qu'ils tuent est perçu par les jaguars comme de la bière de manioc [1].

Anaïs Tondeur nous sollicite pour aller encore un peu plus loin en posant la question de l'art du côté des *plantes*. Le végétal ne forme-t-il pas une forme de vie encore plus radicalement éloignée de l'être humain, qui n'est lui-même qu'un animal, une forme de vie avec laquelle la « perspective symbiotique [2] » semble la plus minimale possible puisqu'elle ne semble se mouvoir à la vitesse de l'œil humain que par l'agitation de causes extérieures (l'onde, le vent) ? Marder note pour sa part que notre conception des plantes est d'autant plus pauvre qu'elles sont « disponibles pour un usage

1. Ed. Viveiros de Castro, « Une figure humaine peut cacher une affection-jaguar. Réponse à une question de Didier Muguet », *Multitudes*, n° 24, hiver 2006, https://www.cairn.info/revue-multitudes-2006-1-page-41.htm, s. p. Page consultée le 19 mai 2019.

2. G. Logé, *Renaissance sauvage*, *op. cit.*, p. 151.

illimité[1] » et « absolument familières[2] ». L'énigme de la plante est d'abord celle du mode de « rencontre[3] » que nous pouvons avoir avec elle. Si nous accordons une forme de conscience et une sensibilité à l'animal, il en va différemment avec les plantes qui n'ont pas d'yeux pour y lire leur souffrance ou leur fête. Mais c'est aussi là que la fusion nucléaire entre l'être contaminé et l'image opère au maximum : car si l'image est, comme j'ai eu l'occasion de le montrer ailleurs[4], une forme de vie non organique, elle partage avec les plantes de ne pas avoir de vie consciente et d'expérimenter des régimes d'existence dont les logiques ne sont pas réductibles à celles de la rationalité et de la sensibilité humaines.

ÉLOGE DE LA FLEURISTE

Il existe une science spécialisée dans l'art de classer, de répertorier et de nommer les végétaux. Cette science est la botanique. La chose existait avant le nom : on l'a connue sous les désignations d'« histoire des plantes » (Théophraste, Matthias de Lobel), de « philosophie botanique » (Linné), de « phytographie » (Alphonse de Candolle), et d'autres encore, selon l'angle sous lequel les végétaux étaient regardés. Très longtemps, la botanique fut une science à cheval entre l'histoire naturelle et la philosophie. En reprenant des distinctions de Linné, on pourrait dire que la botanique est l'affaire des « Systématiciens » et des « Nomenclateurs » quand elle traite de l'anatomie des plantes, de leur habitat (sol, climat, etc.), de leur taxinomie, à partir de l'observation sur le terrain, mais des philosophes – entendus dans un sens très large courant à l'époque – quand il s'agit de passer des sites naturels

1. M. Marder, *Plant-Thinking*, *op. cit.*, p. 3.
2. *Ibid.*, p. 4.
3. *Ibid.*, p. 3.
4. *Cf.* J.-M. Durafour, *Cinéma et cristaux. Traité d'éconologie*, *op. cit.*, p. 123-184. Sur les liens entre images (cinématographiques) et végétal, *cf.* T. Castro, P. Pirrou et M. Rebecchi (dir.), *Puissance du végétal et cinéma*, Dijon, Les Presses du réel, 2020.

au laboratoire et d'examiner, en sus des lois cachées (nutrition, reproduction) étudiées par les « Physiologistes », la transmission des connaissances (les « Orateurs »), les controverses des doctrines particulières (les « Éristiques ») et les règles et principes de cette science elle-même en général (les « Instituteurs »)[1]. C'est en tant que science intervenant dans le *champ social* que la botanique relève de la philosophie. Les premières sources principales de la botanique moderne sont d'ailleurs des textes de médecins (Dioscoride) ou d'« agronomes » (Varron, Virgile) de l'Antiquité.

La plupart des savants sont tombés d'accord pour dissocier la botanique comme science de la passion des amateurs éclairés pour les fleurs, les herbiers ou les jardins. Linné appelle ceux-ci des « botanophiles[2] » et Lamarck, des « fleuristes[3] ». Pour Lamarck, comme pour Rousseau, toutes les fleurs cultivées sont des monstres, et tandis que l'amateur ne s'intéresse qu'à « quelques individus qu'il a adoptés » et « appelle continuellement l'art au secours de la Nature[4] », le savant voit dans chaque fleur « comme le type et le modèle de l'espèce entière[5] ».

Anaïs Tondeur n'est pas une botaniste, mais – reprenons le mot de Lamarck en en retirant l'acception péjorative – c'est une fleuriste. Et c'est une fleuriste d'un genre bien particulier qui, travaillant sur des plantes déjà arrangées (irradiées, contaminées), réalise moins, par l'empreinte directe, des compositions végétales que des *bouquets de photographies*. Les plantes de son herbier sont celles qui ne pousseront jamais sur le sarcophage de Tchernobyl. Michael Marder rappelle que c'est toute la différence entre une crypte et une tombe :

1. C. von Linné, *Philosophie botanica in qua explicantur fundamenta botanica*, Stockholm, chez Godofr Kiesewetter, 1751, p. 1.

2. *Ibid.*

3. Jean-Baptiste de Lamarck, *Flore française, ou Descriptions succinctes de toutes les plantes qui croissent naturellement en France*, tome I, Paris, Imprimerie nationale, 1778, p. 173.

4. *Ibid.*, pour les deux citations.

5. *Ibid.*, p. 174.

> La tombe, recouverte d'un tapis de fleurs, est toujours déjà ouverte, outrepassant le domaine de la terre et brouillant les frontières entre la vie et la mort[1].

Tchernobyl Herbarium est le tombeau de Tchernobyl.

POWER PLANT

Pouvant se photographier, à savoir produire sur elles-mêmes le travail de la lumière, la photo-synthèse, les plantes sont susceptibles d'une forme plénière de pensée. Marder la nomme « pensée végétale [*plant-thinking*] » et la caractérise, non comme la seule pensée de l'être humain à propos des plantes, ni même comme la seule pensée, non cognitive, non conceptuelle, non verbale, propre aux plantes, mais aussi comme « la manière dont la pensée humaine est, jusqu'à un certain point, dés-humanisée et rendue similaire à celle des plantes [*plant-like*][2] ».

Dans le programme photographique de *Tchernobyl Herbarium*, les plantes ne sont pas que des plantes. Comme les insectes de Hesse-Honegger, mieux qu'eux parce qu'elles peuvent témoigner ici pour elles-mêmes, *les plantes sont des victimes* [Fig. 10]. Marder note à propos de ce spécimen de lin que ses pistils ressemblent

> à la fois à des radars recevant des stimulations de tous les côtés, réceptifs aux secrets du pollen ou à des haut-parleurs, diffusant des messages sans mots[3].

Nous-mêmes en tant qu'images. Dans la mesure où nous absorbons tous les jours des doses radioactives supérieures aux valeurs normales (de Tchernobyl, mais – hélas – de bien d'autres souches), nous sommes tous devenus des mutants. Des ampoules. Des corps noirs.

Incapables de s'enfuir, les plantes sont l'incarnation même de la vulnérabilité, mais aussi d'une impérieuse adaptation pour

1. M. Marder, *Plant-Thinking*, *op. cit.*, p. 67.
2. *Ibid.*, p. 10.
3. M. Marder et A. Tondeur, *The Chernobyl Herbarium*, *op. cit.*, p. 24.

survivre. Étymologiquement, le végétal exprime tout le contraire de l'état végétatif (comateux) qu'on y voit négativement aujourd'hui : l'adjectif vient d'abord du latin *vegere* – « animer », « être plein d'entrain »; et Henri Bergson a redit avec raison qu'« aucun caractère précis ne distingue la plante de l'animal[1] ». Le végétal est « l'*ergon* de l'âme des plantes », mais sa vivacité – il se nourrit, pousse, change, dépérit – est dissimulée, s'annonce dans un « autocryptage [*self-encryption*] » et a, de fait, longtemps été ignorée par la pensée occidentale (pour Nicolas de Damas, dans *De plantis*, les plantes ne sont pas même des êtres vivants…).

> La vie des plantes pose ainsi un défi particulier à la phénoménologie herméneutique incapable d'élucider ce qui n'apparaît pas dans l'ouvert, ce qui ne se donne pas de soi-même énergiquement. C'est un non-objet obscur : obscur car elle se retire inéluctablement, fuit la vue et l'interprétation rigoureuse; non-objet car elle œuvre à l'extérieur, devant et au-delà de toute considérations et représentations subjectives[2].

Les photogrammes de Tondeur se veulent *optimistes* : cette lumière est tout autant lumière de mort que – donc – de vie, ils montrent que « la végétation ne peut pas mourir [*vegetation cannot die*][3] ». Ce qu'elle a d'abord constaté en arrivant dans la zone d'exclusion progressivement rouverte à une fréquentation humaine, c'est l'incroyable opulence de la flore voisine, mais aussi son incommensurable précarité. Comme avec le retour des animaux sauvages évoqué plus haut, nous sommes ici dans l'autre réalité « naturelle-culturelle » de l'ère atomique : non pas la destruction

1. H. Bergson, *L'Évolution créatrice*, *Œuvres*, *op. cit.*, p. 585 : « Il n'est pas une seule propriété de la vie végétale qui ne se soit retrouvée, à quelque degré, chez certains animaux, pas un seul trait caractéristique de l'animal qu'on n'ait pu observer chez certaines espèces, ou à certains moments, dans le monde végétal. »

2. M. Marder, *Plant-Thinking*, *op. cit.*, p. 20, pour les trois citations. – *Ergon* est un mot grec emprunté à la philosophie d'Aristote : c'est la tâche à accomplir, la fonction, qui définit l'être d'une chose. L'*ergon* d'un couteau est de couper, celui de l'œil, de voir, etc. Un couteau qui ne coupe pas n'est pas un couteau.

3. M. Marder, *Plant-Thinking*, *op. cit.*, p. 73.

de toute vie (l'extermination, la désertification), associée plutôt aux bombes A ou H, mais une vie devenue exubérante, entropique et incontrôlable. À cent lieues de l'apocalypse à quoi les imageries populaires nous ont – sûrement à tort – préparés et nous préparent encore, la région autour de la centrale Lénine est devenue, à bien des égards, un havre de paix pour beaucoup de non-humains, dont certains figurent sur la Liste rouge de l'Union internationale de la conservation de la nature des espèces les plus menacées au monde (le cygne chanteur, le pygargue à queue blanche).

À Tchernobyl, les plantes ont été apparemment les organismes les plus touchés par les radiations, sinon les seuls (on a observé des cas de décoloration chez les hirondelles) : nanisme, excroissances hideuses, voire phosphorescence. En cas de contamination radioactive, les radionucléides peuvent entrer dans les végétaux par deux endroits : les feuilles (la photosynthèse) ou les racines (l'alimentation). Les parois radiculaires et l'épiderme de la plante se lient alors aux particules radioactives (^{90}Sr, ^{137}Cs, isotopes du baryum ou ruthénium) lors des échanges ioniques. Par exemple, ^{137}Cs, un isotope du césium, est particulièrement toxique car il s'unit au potassium, dont il est chimiquement très proche, et les cellules végétales ne parviennent pas à discriminer correctement entre les deux (il se déverse ensuite dans l'eau et se retrouve dans les pâturages des animaux domestiques, voire passe par le pollen dans le miel des abeilles). Même en cas de bon fonctionnement d'une centrale, la radioactivité déversée dans le milieu n'est pas nulle : ainsi le tritium est constamment émis par les cheminées ou est transporté dans la terre par des microfissures dans le système de refroidissement. Associé à l'eau, il forme « l'eau tritiée » qui est ingérée par la plante et s'accumule irréversiblement. Plus de trente ans après Tchernobyl, le ^{137}Cs (mais aussi le ^{134}Cs ou le ^{129}I) peut encore être identifié dans de nombreux sols européens et fait désormais partie, par les plantes, de notre chaîne alimentaire. Les photogrammes de Tondeur sont aussi des *radiographies de notre organisme humain.*

L'HYPEROBJET

Comme les Anges ou la fin du monde, la radioactivité relève de ce que Timothy Morton a nommé un « hyperobjet ». L'hyperobjet est une entité non connaissable en tant que telle par l'être humain, « gaussien, visqueux et perturbant dans sa ressemblance à un mollusque [*disturbingly squishy and mollusk-like*][1] », qui – comme le réchauffement climatique global ou le capital – existe bien au-delà de l'expérience humaine possible et ne coupe notre plan d'expérience que par des plages d'intersection partielles voire contradictoires (feux de forêts accrus, mégacyclones, régression glaciaire, fonte du pergélisol…), mais appréhendables – bien que parfois invisibles – une par une par notre esprit. Le dérèglement climatique n'est pas le temps qu'il fait quand je sors de chez moi. Le plutonium contamine un site pour plusieurs centaines de milliers d'années. Au terme de cette période, il n'est pas même certain que l'espèce humaine existera encore, sous la forme que nous lui connaissons actuellement ou peut-être sous toute autre forme que ce soit. De nombreuses formules ne trompent pas : ville « devenue fantôme pour l'éternité[2] », par exemple, sous la plume de Galia Ackerman. Pour inexactes qu'elles soient à proprement parler – la demi-vie du plutonium, malgré sa longueur extrême, n'est pas perpétuelle – de telles expressions disent, en revanche, très bien combien la radioactivité peut dépasser ce qui est humainement percevable ou concevable. Les hyperobjets mettent sens dessus dessous moins le monde que notre esprit. Nous inhalons ou ingérons des particules toxiques sans cesse : si les objets sont toujours au dehors de nous-mêmes, définis précisément comme du non-moi plus ou moins passif, les hyperobjets, pour leur part, sont *en nous*, ce sont des objets impossibles sans transcendance.

1. T. Morton, *Hyperobjects : Philosophy and Ecology after the End of the World*, Londres-Minneapolis, University of Minnesota Press, 2013, p. 64.
2. G. Ackerman, *Traverser Tchernobyl*, *op. cit.*, p. 17.

La radioactivité, que Tondeur et Marder disent « impensable » et « irreprésentable[1] », implique un espace-temps au-delà de l'humain : sur des milliers voire des millions d'années dans le futur (certains isotopes naturels de l'uranium) et bien au-delà de la seule atmosphère terrestre. Déjà, chez Hesse-Honegger, les très grands chiffres auxquels nous confronte le règne entomologique – plus de 30 000 espèces de scarabées, environ 10 millions de milliards de fourmis sur Terre, etc. –, et qui mettent à mal notre finitude, tendaient un miroir à la durée de vie colossale de certaines particules radioactives. Marder écrit encore : « La radioactivité est probablement la figure métaphysique la plus puissante de notre époque[2]. » Elle est partout et insituable : où exactement se trouve la radioactivité ? Non sans raison, Morton rapproche l'hyperobjet des « dieux » de Lovecraft évoluant dans des espaces n-dimensionnels dont nous ne pouvons entrapercevoir que des manifestations locales qui suffisent à nous rendre fous :

> En apprenant l'existence des hyperobjets, la pensée humaine a convoqué des entités de type Cthulhu dans l'espace social, psychique et philosophique. L'obsession philosophique contemporaine pour le monstrueux fournit une porte de sortie rafraîchissante hors des pensées à l'échelle humaine. Il est extrêmement sain de savoir non seulement qu'il existe des êtres monstrueux, mais aussi qu'il existe des êtres qui ne sont pas purement pensables, dont l'être n'est pas directement corrélé à la pensée[3].

Les dieux païens annoncés – plus qu'inventés – par Lovecraft, les Cthulhu et autres Nyarlathotep, ne sont peut-être rien d'autre que ce que nous appelons aujourd'hui « réchauffement global » ou « radiations nucléaires ». En nous permettant de sortir de la corrélation monde-homme, un hyperobjet comme la radioactivité est « sain [*healthy*] », non pas en lui-même, mais en tant qu'il nous oblige à repenser l'anthropocentrisme qui nous a petit à petit

1. M. Marder et A. Tondeur, *The Chernobyl Herbarium*, *op. cit.*, p. 11.
2. *Ibid.*, p. 62.
3. T. Morton, *Hyperobjects*, *op. cit.*, p. 64.

conduits où nous en sommes et risque de nous mener à bien pire, qu'il nous presse à fissurer et fissionner – c'est le sous-titre du livre de Tondeur et Marder emprunté à *La Supplication. Tchernobyl, chroniques du monde après l'apocalypse* de Svetlana Alexievitch paru en 1997 – notre « conscience explosée ». Morton nous rappelle qu'il est difficile de penser la richesse et la complexité du réel, auxquelles se confronte aussi Anaïs Tondeur, en évitant les grands coups d'émotions ou de bons sentiments.

Ce à quoi la radioactivité, pour Morton, nous ouvre, c'est à la considération d'une « écologie sans la nature [*without nature*] ». L'écologie doit devenir antinaturelle. Morton défend, au nom de la préservation de la nature elle-même, l'idée d'une écologie *sans le concept de nature* : ce concept, principalement sentimental, né dans la littérature romantique (Blake, Coleridge, Wordsworth) – « c'est dans l'art que nos fantasmes sur la nature prennent forme [1] » –, est bien souvent l'arbre qui cache la forêt et qui, surtout, menace sur le long terme de faire plus de mal que de bien, le sentiment romantique conduisant historiquement aux pratiques capitalistes de la nature comme bien de consommation.

> Mettre une chose appelée Nature sur un piédestal et l'admirer de loin fait pour l'environnement ce que le patriarcat fait pour la figure de la Femme. C'est un acte paradoxal d'admiration sadique [2].

On doit donc « déconstruire [3] » par une approche matérialiste du texte toutes les logiques « écomimétiques [4] », c'est-à-dire les logiques visant à recréer, à travers une « poétique de l'ambiant [*ambient poetics*] [5] », l'environnement dans lequel l'écrivain écrit ou le philosophe pense, celui aussi qu'il construit par la spatialité typographique de son texte et les relations qu'il entretient – de coopération, de détermination, etc. – avec l'espace social et

1. T. Morton, *Ecology without Nature*, *op. cit.*, p. 1.
2. *Ibid.*, p. 5.
3. Morton se réfère explicitement à Derrida (*ibid.*, p. 6).
4. *Ibid.*, p. 31.
5. *Ibid.*, p. 32 *sq.*

physique de la lecture. Le concept d'environnement est lui-même problématique pour une raison logique, que Morton rapporte à ce que l'on a souvent reproché à l'inconscient freudien : en parler, c'est le rendre conscient, soit l'annuler :

> de même quand nous mentionnons l'environnement, nous l'amenons au premier plan. En d'autres mots, il cesse d'être l'environnement. Il cesse d'être Cette Chose Là-Bas qui nous entoure et nous assiste [1].

Si la rhétorique de la Nature (avec la majuscule) possède un pouvoir pour susciter l'action écologique, elle s'avère, en réalité, contre-productive pour les réalités naturelles. La nature est toujours anthropo-orientée. Morton critique, notamment dans le « *syndrome de la belle âme* [*beautiful soul syndrome*] [2] » (dérivé de Hegel), une compréhension dépassée de l'environnement comme un tout séparé de la « sphère d'appartenance » du corps humain : par exemple, un moi pur d'un côté ; une Terre polluée, de l'autre. La nature n'est ni extérieure ni préalable, ni unifiée ni indépendante. En revanche, il faut entendre que la nature est *exclusivement* orientée vers l'être humain. La Nature sans l'homme est un leurre. Elle n'est que le négatif – comme en photographie – de la culture humaine.

> Les penseurs modernes ont tenu pour acquis le fait que le fantôme de la Nature, avec ses cliquètements de chaînes, leur rappellerait un temps sans industrie, un temps sans « technologie », comme si nous n'avions jamais utilisé ni silex ni blé. Mais en regardant le fantôme de la Nature, les humains modernes regardaient dans un miroir. Dans la Nature ils voyaient l'image reflétée, inversée de leur époque – l'herbe est toujours plus verte de l'autre côté. [...] Dans la notion d'étendue vierge, il y a l'image-miroir de la propriété privée : ne pas marcher sur la pelouse, ne pas toucher, pas à vendre. La Nature était un genre de propriété privée sans propriétaire, exposée dans une galerie d'art créée à cet effet [3].

1. T. Morton, *Ecology without Nature*, *op. cit.*, p. 1.
2. *Ibid.*, p. 13. Et p. 117 *sq.*
3. T. Morton, *La Pensée écologique*, trad. fr. C. Wajsbrot, Paris, Zulma, 2019, p. 19-20.

Plus on pense à l'écologie, plus on pense à la Nature comme à une idée que l'on a perdue de vue parce qu'elle n'a jamais existé. L'histoire – qui caractérise l'être humain sorti de l'état de nature – ne commence peut-être que maintenant[1].

Nous y revenons de nouveau, autrement : il n'y a pas d'état stable, immaculé de la nature antérieure à l'être humain. La nature dont nous parlons aujourd'hui est un produit culturel de l'Anthropocène. Une formule de Morton est ici lapidaire : « La nature est la forme latente de l'Anthropocène qui attend de dégénérer en catastrophe[2]. » Penser la nature, c'est se confronter à la part invalidée de l'environnement dans ce que Morton appelle également une « écologie sombre [*dark ecology*] » ou « écognose [*ecognosis*][3] », censée se substituer à l'« agrilogistique » qui nous a conduit dans l'Anthropocène depuis que l'homme est devenu un agriculteur-éleveur sédentaire et qui fait que « la nature a été utilisée pour soutenir la théorie capitaliste de la valeur et la saper[4] ». La métaphysique de l'agrilogistique repose sur trois axiomes inexacts : « La loi de non-contradiction est inviolable », « Exister signifie être présent en permanence », « Exister est toujours meilleur que n'importe qualité de l'existence[5] ». Ces règles donnent « l'apparence de choses cohérentes et solides pour faciliter leur colonisation, leur asservissement et leur pillage[6] ».

Une catastrophe nucléaire comme Tchernobyl contribue largement à remettre en cause de tels postulats : la radioactivité échappée de la centrale est à la fois culturelle et naturelle, humaine et non humaine ; aucune donnée quantifiable ne peut figer l'action de cette radioactivité, là sans être présente, dans l'environnement, humain et non humain, comme une essence ; la radioactivité rompt la logique consumériste du capitalisme accumulateur en replaçant

1. *Ibid.*, p. 218.
2. T. Morton, *Dark Ecology*, *op. cit.*, p. 59.
3. *Ibid.*, p. 5.
4. T. Morton, *Ecology without Nature*, *op. cit.*, p. 19.
5. T. Morton, *Dark Ecology*, *op. cit.*, p. 47.
6. *Ibid.*, p. 10.

la question de la qualité de la vie au centre de la discussion. Plus largement, c'est tout ce qui arrive à la Terre dans l'Anthropocène qui fait éclater l'ancien schéma en mettant en avant la nécessité de repenser les choses et le monde à l'aune de la catégorie ontologique de l'« étrange [*weird*] [1] ». C'était déjà la logique de l'hyperobjet : les choses existent autrement que sur le mode de la corrélation hommes-choses ; nous apprenons désormais qu'elles n'existent pas toujours, non plus, de la même manière, dans leurs relations à elles-mêmes. Il faut substituer à la « Substance Facile à Penser [*Easy Think Substance*] » la « Chose Difficile à Penser [*Difficult Think Thing*] [2] ».

Dès sa source tchernobylienne – le « pied d'éléphant » soustrait à tout regard humain, tout contact humain dans le sarcophage – la radioactivité est retirée à la logique de l'accès aux modes de la représentation humaine.

La radioactivité met le sublime hors tension

La part négative de l'environnement…

Il serait peut-être tentant de penser la radioactivité à partir du « sublime dynamique » de la nature cher à Emmanuel Kant. Michael Marder, lui-même, compare les plantes dans les photogrammes de Tondeur à des « éruption nocturnes de volcans [3] » : image tout sauf innocente si l'on se souvient du célèbre vingt-huitième paragraphe de la *Critique de la faculté de juger de* 1790. Après avoir défini le sublime dynamique comme « la nature considérée comme une force dans le jugement esthétique, […] lorsqu'elle est sans pouvoir sur nous [4] », le philosophe allemand donne en exemples

> des nuées orageuses s'amoncelant dans le ciel et s'avançant parcourues d'éclairs et de fracas, des volcans dans toute leur

1. T. Morton, *Dark Ecology*, *op. cit.*, p. 65.
2. *Ibid.*
3. M. Marder et A. Tondeur, *The Chernobyl Herbarium*, *op. cit.*, p. 14.
4. E. Kant, *Critique de la faculté de juger*, *op. cit.*, p. 1030.

violence destructrice, des ouragans semant la désolation, l'océan sans limite soulevé en tempête[1].

Pourtant, et Marder y revient autrement plus loin[2], le sublime n'est d'aucune utilité pour penser la radioactivité. Est sublime ce qui outrepasse les capacités de nos facultés de représentation et d'imagination. Si le beau réside dans « le libre jeu entre l'entendement et l'imagination[3] », dans leurs fiançailles, le sublime se niche dans leur divorce. Ainsi n'est-il jamais comme une chose dans la nature, mais il n'existe que dans notre esprit. Et derrière – on le sait – ce qui est pointé par Kant, c'est le *règne moral supérieur de la liberté* dont le sentiment de la raison est le *respect* (qui articule l'un avec l'autre le devoir et la loi) :

> Le *sublime* réside simplement dans la *relation* où ce qui est de l'ordre du sensible dans la représentation de la nature est jugé susceptible d'être utilisé au niveau suprasensible. […] En fait, on ne peut guère concevoir un sentiment du sublime de la nature sans y joindre une disposition de l'esprit semblable à celle où il se trouve vis-à-vis du sentiment moral[4].

Le respect est « le sentiment de l'impuissance de notre faculté à atteindre une idée *qui pour nous-mêmes est une loi*[5] ». Le sublime nous prépare au respect devant la loi morale qui nous dépasse infiniment et remplace les causes mécaniques naturelles par le devoir. Mais le sublime, qui reste fondamentalement attaché au spectacle de la nature, ne présente tout au plus qu'une *image corrompue* du règne moral dans le champ du déterminisme des lois physiques. Dans le sublime, la « violence[6] » que la raison pratique fait subir à la sensibilité (le bon n'est pas l'agréable, ni l'intéressé, etc.) n'est pas encore exercée par la raison elle-même, mais uniquement par l'imagination.

1. *Ibid.*, p. 1031.
2. M. Marder et A. Tondeur, *The Chernobyl Herbarium*, *op. cit.*, p. 66.
3. E. Kant, *Critique de la faculté de juger*, *op. cit.*, p. 976.
4. E. Kant, *Critique de la faculté de juger*, *op. cit.*, p. 1038, p. 1040-1041.
5. *Ibid.*, p. 1026.
6. *Ibid.*, p. 1041.

Tout à l'opposé est la radioactivité : ce n'est pas une vue de l'esprit, elle se mesure avec des instruments impartiaux, elle gâte nos organismes, elle n'ouvre de perspective sur aucune morale ; si nous ne pouvons pas avoir de perception empirique de son impact sur nous, *nous en avons une représentation théorique*, même vague – et cela suffit. Chez Kant, l'être humain, tout autant qu'il est confronté dans le sublime à sa nullité ontologique, est rassuré de la supériorité de sa raison – qui *juge* – sur le tapage aveugle de la nature. Avec la radioactivité, l'horreur transdimensionnelle crève notre *corps* [1]. Ainsi la radioactivité fait-elle imploser le cadre organique de la perception à l'échelle humaine. Contrairement à la radioactivité, dont l'action s'étend sur des dizaines et des dizaines de milliers d'années, le sublime ne doit pas complètement échapper aux capacités de la représentation humaine. Chez Kant, ni Dieu ni l'âme ne sont sublimes, si ce n'est « négativement [2] ». Il n'y a pas de sublime des choses en soi. Le sublime n'existant que par les facultés du sujet, il ne peut jamais aller plus loin que le plan conditionné de notre expérience phénoménale.

Dans le sublime, la nature est « *inaccessible en tant que présentation des idées* [3] ». Ce non-accès est moins celui de la nature que celui des idées suprasensibles qui sont objectivement imprésentables « d'un point de vue logique [4] ». La radioactivité est l'inaccessibilité de la nature elle-même dans sa phénoménalité empirique.

1. Malgré les apparences, la radioactivité n'est pas plus proche d'Edmund Burke (*Recherche philosophique sur l'origine de nos idées de beau et de sublime*, trad. fr. B. de Saint Girons, Paris, Vrin, 1998) pour qui est sublime ce dont nous nous sommes tirés indemnes, ce qui inspire la « terreur [*terror*] » et soulage l'instinct de conservation, car nous ne pouvons jamais être certains que nous avons réchappé à la radioactivité des zones même peu ou modérément contaminées et que nous en sommes quittes pour la seule peur.

2. *Cf.* E. Kant, *Critique de la faculté de juger*, *op. cit.*, p. 1048.

3. *Ibid.*, p. 1039.

4. *Ibid.*

DES PHOTOGRAPHIES – *QUASI MODO*

Parce qu'elles ont « assimilé [...] l'inconcevable », l'irreprésentable, les plantes d'Anaïs Tondeur, dans « la minceur d'une ouverture infinie », frappent par leurs « excès de sens [1] », c'est-à-dire leur valeur de stigmates. *Tchernobyl Herbarium* est « un herbier de plantes blessées, de corps endommagés et d'esprits traumatisés [2] », une « capsule temporelle » et « mémento phénoménologique [3] ».

Nous ne pouvons pas être seulement spectateurs de l'action de la radioactivité. La radioactivité n'est pas un objet comme les autres, transcendant à un sujet pour lequel il est justement un objet. Hyperobjet, elle relève également de la catégorie de ce que Michel Serres a nommé les « quasi-objets [4] » : des objets qui ne sont rien d'autre que l'« interférence monadique [5] » des sujets avec lesquels ils entrent en relation, comme un ballon sur un terrain de football dont la forme extérieure varie en fonction de ce que les joueurs en font (amorti de la poitrine, coup de pied, arrêt des deux mains) et qui sans eux « n'a pas de sens ni de fonction, ni de valeur [6] », des objets qui circulent dans un collectif humain en contribuant, en retour, à son organisation. Le ballon de football n'est rond que lorsqu'il est sur le banc de touche ou posé au sol, et qu'il n'est pas utilisé, c'est-à-dire – si la fonction fait l'être – n'est pas un ballon de football. Non seulement, nous avons institué la fission du ^{235}U ou du ^{239}Pu, mais nous sommes ce que cette fission a fait de nous. Ni sujet ni objet, le quasi-objet est aussi un « quasi-sujet [...] puisqu'il marque ou désigne un sujet qui, sans lui, ne le serait pas [7] ».

1. M. Marder et A. Tondeur, *The Chernobyl Herbarium*, *op. cit.*, p. 20, pour toutes les citations de cette phrase.

2. *Ibid.*, p. 28.

3. *Ibid.*, p. 58, pour les deux citations.

4. M. Serres, *Le Parasite*, Paris, Grasset, 1980, p. 301.

5. M. Serres, *Hermès II. L'interférence*, Paris, Minuit, 1968, p. 127.

6. M. Serres, *Le Parasite*, *op.cit.*, p. 303.

7. *Ibid.*, p. 302.

Les photogrammes de *Tchernobyl Herbarium* sont également des quasi-objets. Devant eux, nous devenons objets de Tchernobyl, sujets de la radioactivité. C'est tout comme. Tchernobyl est le premier événement à avoir à ce point contribué à nous faire quitter notre régime d'exception et d'isolement, qui a pu faire dire à Lyell – comme à beaucoup d'autres pendant longtemps – qu'« aucune des lois fixes et constantes du monde animé et inanimé n'a été déviée par l'activité humaine [1] ». Face à Tchernobyl, nous ne sommes plus que ce que nous avons de commun avec des punaises des bois ou des pois de potager : des gènes précaires. « Nous, les autres plantes… [2] »

Les images en général ne sont pas des choses dont la forme serait à jamais fixée en soi, en dehors des relations qu'elles entretiennent entre elles et avec les non-images (êtres humains ou autres). Les images ne sont que des quasi-objets dont la forme varie – c'est éminemment à ce titre qu'elles sont *plastiques* – en fonction des rapports dans lesquels elles s'inscrivent ou sont inscrites. Qu'est-ce qu'une image qui ne circule pas ? Qui ne *rayonne* pas ?

ETHOS FONGUS

Le photographe canadien d'origine écossaise David McMillan s'est rendu à vingt-deux reprises dans la zone d'exclusion de Tchernobyl pour y photographier les villes et villages à l'abandon : masques à gaz ou torse anatomique jonchant le sol d'une salle de classe au milieu des gravats [Fig. 11], grande roue et piste d'auto-tamponneuses de la fête foraine de Pripiat jamais démontées, piscine municipale toujours en eau aux chaises en résine synthétique impeccablement alignées, toboggan d'enfants envahi par la vigne, linge resté à sécher sur des cordes, chaloupe

1. C. Lyell, *Principles of Geology : Being an Attempt to Explain the Former Changes of the Earth's Surface, by References to Cause Now in Operation*, vol. I, Londres, John Murray, 1830, p. 164.

2. M. Marder et A. Tondeur, *The Chernobyl Herbarium*, *op. cit.*, p. 22. Les plantes ont sans doute, plus que nous, l'habitude d'absorber des radiations (les rayons solaires ultraviolets), mais elles sont aussi, contrairement à nous, incapables de se déplacer pour échapper aux radiations massives.

curieusement abandonnée dans une gare, etc. En 2019, il en a tiré le livre *Croissance et dégradation. Pripiat et la zone d'exclusion de Tchernobyl*[1]. Si aujourd'hui le retour de certains habitants et le développement du « tourisme noir » en modifient la configuration, seule la temporalité naturelle y a longtemps scandé des rythmes d'existence. Échelonnées dans le temps, entre 1994 et 2018, plusieurs photographies d'un même mur d'une école primaire, toutes prises sous un angle et dans un cadrage identiques, montrent le décollement progressif de la peinture verte et des drapeaux des anciennes républiques soviétiques accrochés, jusqu'à ce que la paroi ne soit plus qu'une surface grise et rouillée, dont l'enduit en haut à droite commence à s'effriter en découvrant la brique terne.

Lors des premiers séjours, McMillan a réalisé quelques portraits – d'une femme nettoyant les tombes de son village, d'un technicien tenant un poisson pêché dans l'étang de refroidissement, d'un ramasseur de champignons. Mais très vite, il leur tourne le dos : il va plus s'intéresser au monde non humain des champignons eux-mêmes qu'à leur consommateur humain. Sous les apparences photographiées, McMillan enregistre patiemment – comme le résume parfaitement le titre même de son ouvrage – le travail rongeur de l'eau et de l'humidité : des branches et des vrilles, certes, de toutes les matières foliaires ou ligneuses qui poussent partout dans les pièces ou recouvrent tout mollement, mais aussi *les menus exercices de germination des champignons et moisissures empoisonnées* poussant l'ancien visible humain, pelé, écaillé, décomposé, au profit de nouvelles configurations non humaines. Les images – comme cette photographie exemplaire, prise en octobre 2006, d'un sol infesté de champignons bactériens recouvrant des pantoufles et d'autres objets oubliés [Fig. 12] – deviennent une explosion de couleurs et de camaïeux tirant tout autant vers l'abstraction coloriste d'un James Rosenquist que vers les objets récupérés collés sur les toiles de Robert Rauschenberg (McMillan a une formation initiale

1. D. McMillan, *Croissance et dégradation. Pripiat et la zone d'exclusion de Tchernobyl*, trad. fr. L. Leforestier et texte additionnel de Cl. Baillargeon, Göttingen, Seidl, 2019.

de peintre). Comme chez Tondeur, mais aussi très différemment, un être vivant contaminé transforme l'image en *processus irradiant.* Dans le prolongement du pop art, mais un pop art de la fin de la civilisation humaine, les choses sont saisies dans leur plus fragile incarnation et réduites à l'état de signes d'une réalité planificatrice sous-jacente.

La moisissure fongique appartient à ce que Ben Woodward appelle le « gluant [*slime*] » et qui désigne tout autant « une substance générant la vie [*life-generative*] et semi-solide au sens physique » – voire des substance biologiques comme le sperme ou les ovules – que « le dégoût de la vie, la vulgarité [*grossness*] ostensible de l'être organique [*organic being*] dans un sens métaphysique [1] ». Les champignons sont une forme de vie amorphe au-delà de l'humain, dans la mesure où la manière dont notre cerveau a évolué fait que nous nous focalisons surtout sur les formes de vie complexes, sans toujours nous rendre compte que la vie peut parfois mieux s'épanouir dans des formes plus simples, c'est-à-dire radicalement autres que la nôtre. Il y a là, de notre part, un anthropocentrisme structurellement biologique. Si la littérature de science-fiction – à la suite de Lovecraft (« Quête onirique de Kadath l'inconnue », *Fungi de Yuggoth*) ou Hodgson (« Une voix dans la nuit ») – a multiplié les genres de vie extraterrestres rampants et informes, Tchernobyl, comme le laisse mieux entendre le terme russe de « zone d'aliénation », s'impose peut-être comme *le premier événement extraterrestre à avoir eu lieu sur Terre.*

À leur tour, les moisissures de McMillan nous invitent à penser l'être humain à partir de ce qui arrive au foncièrement non-humain (sans organes composés, sans motricité, sans conscience). Contrairement aux hommes, les champignons peuvent changer de formes plusieurs fois au cours de leur existence qui, par leur indifférenciation, semble pouvoir durer indéfiniment : ils peuvent, certes, être détruits par une lésion extérieure ou un manque de nourriture, mais ils ne peuvent ni vieillir ni dépérir de l'intérieur.

1. B. Woodward, *Slime Dynamics : Generation, Mutation, and The Creep of Life*, Winchester-Washington, Zero Books, 2011, p. 1.

À l'instar de Woodward, McMillan défend à sa manière la thèse, ancrée dans la désanthropisation de la vision du monde, d'un « vitalisme noir [*dark vitalism*] [1] ». Ce nouveau vitalisme, non seulement interroge nos aprioris sur l'évolution et sur l'idée bien installée que l'intelligence constitue un avantage sélectif, mais surtout remet en question la notion même d'émergence. La complexité d'un organisme entraîne de nouvelles propriétés absentes de ses parties ou à un niveau précédent de son développement : par exemple, le mécanisme chimique de la digestion n'explique pas les comportements des animaux pour se nourrir – mais la pensée émergentiste juge du vivant toujours à partir de l'échelon supérieur, en l'occurrence le corps humain, lequel possède *justement* la propriété supplémentaire lui permettant de penser les stades antérieurs… En réalité, les formes de vie les plus élémentaires seraient mieux adaptées que les plus alambiquées : les champignons ont vraisemblablement plus de chance de résister à une explosion atomique que les plantes ou les animaux car, sur eux, la *division* n'opère pas ou moins. L'idée provocatrice d'une vie terrestre qui ne serait qu'une diversification de la vie bactérienne (l'homme n'est qu'une moisissure fongique plus frêle), et donc d'une vie humaine qui n'occuperait qu'une place très modeste et elle-même *accidentelle*, avait déjà été avancée par l'historien des sciences Stephen Jay Gould en 1994 [2]. Le minuscule domine la vie sur Terre : microorganismes, insectes… Ce vitalisme est noir pour trois raisons : parce qu'il met dans la lumière les organismes les plus « primitifs » en remontant très loin « dans le passé profond [*into the deep past*] [3] » de la nature ; parce qu'il annonce de « mauvaises nouvelles [*bad news*] [4] » à l'être humain quant à ses origines et au sens de son existence dans l'univers ; parce qu'il montre que l'existence est « moins amicale [*less friendly*] [5] » que nous voulions le croire.

1. *Ibid.*, p. 11.
2. *Cf.* Stephen J. Gould, *L'Éventail du vivant. Le mythe du progrès*, trad. fr. Ch. Jeanmougin, Paris, Seuil, 1997.
3. B. Woodward, *Slime Dynamics*, *op. cit.*, p. 11.
4. *Ibid.*
5. B. Woodward, *Slime Dynamics*, *op. cit.*, p. 12.

Tchernobyl, de nouveau, ne ferait qu'agir comme un révélateur chimique de ce que nous ne voulons pas voir de la nature et de notre propre généalogie. La radioactivité, en expulsant massivement le facteur humain de la zone d'exclusion a remis les champignons au centre d'un monde où ils règnent en maîtres. La menace radioactive issue de la catastrophe de Tchernobyl stimule en l'homme la peur – affûtée depuis Pasteur – de l'infiniment petit, de l'indétectable, du péril tapi, des miasmes et bacilles (on parle de contamination dans les deux cas), tout comme il n'y a plus de frontières au niveau viral, pandémique de l'existence. Atomes et virus sont les deux grandes terreurs métaboliques contemporaines. Comme le fait remarquer Reza Negarestani, une spore, de fougère ou de zygomycète, est « un grain de poussière que l'on n'est jamais sûr d'avoir inhalé ou pas [1] ». Cette effroyable fragilité est ce que Michael Marder et Negarestani appellent tous deux « l'ouverture [*openness*] [2] » : non l'ouverture (morale) à l'autre, l'enrichissement par l'expérience de l'altérité, mais la déchirure, l'éventration, l'altération irrémédiable.

Les *Fungi* sont une forme de vie bien particulière qui déjoue les catégories de la taxonomie traditionnelle. Longtemps classés parmi les végétaux, avant de former un règne à part entière, les vacuoles turgescentes de leur cytoplasme les apparentent aux plantes, tandis qu'ils s'en distinguent par leur corps végétatif (thalle) non différencié, sans tige ni feuilles ni racines, et leur paroi non cellulosique contenant de la chitine, un polymère naturel que l'on trouve dans les carapaces des crabes ou des insectes. D'autres critères – comme l'absence de chlorophylle et d'amidon – les rapprochent également des animaux, c'est-à-dire des corps hétérotrophes [3] vis-à-vis du carbone : étant incapables d'utiliser l'énergie solaire, ils doivent le prélever dans leur milieu. Les champignons sont les fruits des corps fongiques,

1. R. Negarestani, *Cyclonopedia* : *Complicity with Anonymous Materials*, Melbourne, re-press, 2008, p. 94.

2. M. Marder et A. Tondeur, *The Chernobyl Herbarium*, *op. cit.*, p. 20.

3. Est hétérotrophe l'organisme qui ne peut pas produire sa propre matière organique sans la prélever dans la matière organique élaborée par d'autres organismes. Par opposition à autotrophe.

nommés « mycètes », qui sont partout présents sur Terre, depuis les océans jusqu'à nos organes de reproduction. La plupart des mycètes vivent dans le sol où ils étirent leurs fils – ou « hyphes » – sur des maillages de tailles gigantesques. Le champignon résulte très précisément de l'union entre une plante et un « mycorhize », à savoir un mycète qui ne peut vivre qu'en association avec des végétaux. Dans le sol, les mycètes tissent des réseaux entre des plantes ou des arbres d'espèces différentes.

> Les mycorhizes fournissent une infrastructure d'interconnexions interspécifiques, transportant de l'information à travers toute la forêt. Aussi possèdent-ils des caractéristiques qui peuvent faire penser à un système autoroutier. Les microbes du sol, qui autrement resteraient confinés au même endroit, ont l'occasion de voyager à travers les voies et les liaisons créées par l'interconnexion des mycorhizes. Certain de ces microbes jouent un rôle très important pour assainir l'environnement [1].

Parmi d'autres radionucléides, on détecta après l'accident de Tchernobyl des taux d'activité massive du ^{137}Cs passés de 1 070 à 14 560 Bq/kg dans les lichens de l'espèce *Hypogymnia physodes* ou encore *Cladonia stellaris*, et de 270 à 4 750 Bq/kg dans les mousses comme *Hylocomium splendens*. Mousses et lichens sont bien connus pour leur capacité à absorber les rayonnements ionisants. Les lichens, épiphytiques (vivant sur les arbres) ou épigéiques (vivant sur le sol), sont des organismes symbiotiques composés d'au moins un mycète et de cellules microscopiques à chlorophylle (algues ou cyanobactéries).

> L'intérêt radiologique pour les lichens comme bioindicateurs des retombés radioactives trouve son origine dans la période des essais d'armes nucléaires en plein air [2].

Les mycètes attestent, telles les plantes de Tondeur, que l'on peut non seulement survivre à un accident comme l'explosion de

1. A. L. Tsing, *Le Champignon de la fin du monde*, *op. cit.*, p. 214.
2. W. Hoffmann, N. Attarpour, H. Lettner et R. Türk, « ^{137}Cs Concentrations in Lichens before and after the Chernobyl Accident », *Health Physics. The Radiation Safety Journal*, vol. 64, n° 1, janvier 1993, p. 70.

la centrale de Tchernobyl, mais – mieux – y vivre, c'est-à-dire *s'y épanouir*. Et avec eux, toutes les formes de vie en puissance : en divisant leurs aliments, des cadavres végétaux ou animaux, en nutriments par une digestion externalisée, les mycètes (avec aussi les bactéries) créent les conditions dans lesquelles de nouvelles plantes pourront se développer dans une terre riche ; ces plantes seront mangées par des animaux ; ces animaux, par d'autres – et ainsi de suite. La vie, c'est le recyclage. C'est exactement le même mécanisme qui permet aux ions radioactifs de se propager au-delà de leur site ponctuel de retombée… Les champignons sont d'excellents marqueurs du taux de radioactivité dans un milieu naturel donné.

En 2015, dans *Le Champignon de la fin du monde. Sur la possibilité de vivre dans les ruines du capitalisme*, Anna Lowenhaupt Tsing suit les traces du matsutake, un champignon à l'odeur caractéristique qui ne pousse que dans l'humus des bois abîmés, le cimetière des arbres coupés, principalement sur les pins rouges, et qui a presque complètement disparu du Japon – où les gourmets se l'arrachent à des prix mirobolants – suite à l'urbanisation massive, le remplacement du chauffage au bois par le gaz puis l'électricité, et l'abandon des forêts par les paysans laissant d'épais fourrés proliférer. Les matsutakes, sur lesquels Tsing travaille depuis 2004, ne peuvent se développer que grâce aux dégâts perpétrés par l'être humain dans la nature. Ils signalent des « possibilités de coexistence dans des environnements perturbés [1] » et relèvent du goût japonais général pour la nature arrangée par la manipulation humaine (bouquets de fleurs, jardins).

Des forêts de l'Oregon dévastées par le capitalisme aux cours des marchés de Tōkyō, en passant par le Yunnan ou la Finlande, Tsing traque, dans ce qui a subsisté malgré les agressions du capitalisme, en se « faufil[ant] dans les marges [2] », les pérégrinations de ce petit être « marqueur de la saison automnale [3] », et de ses sous-espèces variantes (*Tricholoma magnivelare*, *Tricholoma murrillianum*), en

1. A. L. Tsing, *Le Champignon de la fin du monde*, *op. cit.*, p. 35.
2. *Ibid.*, p. 55.
3. *Ibid.*, p. 32.

> esquiss[ant] des agencements ouverts de modes de vie entremêlés de telle manière qu'ils forment des coalitions coordonnées entre des rythmes temporels extrêmement divers[1].

Sur une planète qui a perdu la stabilité que l'on pensait encore être la sienne jusqu'à la fin du XXe siècle, et que la situation écologique de plus en plus préoccupante vient chaque jour un peu plus rendre incertaine, « la vie hors de contrôle des champignons est un don – et un guide – quand le monde que nous pensions sous contrôle a disparu[2] ».

Dans les ruines de notre civilisation industrielle, comme le sont les forêts éradiquées du Nord-Ouest des États-Unis ou la zone d'exclusion de Tchernobyl, « nous n'avons pas d'autre choix que de chercher la vie[3] ».

Tsing note d'ailleurs que l'exploitation des champignons dans le Nord-Ouest Pacifique fut entreprise à la suite de la contamination de leurs congénères européens après l'accident de la centrale Lénine en 1986[4]. Mais matsutakes et moisissures de Tchernobyl, malgré leurs différences (il n'y a aucune contre-proposition au capitalisme d'appropriation et de capture dans les secondes), ont un autre point commun, plus remarquable : ils sont à l'antipode du « champignon » de l'explosion des bombes atomiques. La distance entre les deux est celle d'êtres vivants réels à ce qui n'est qu'une métaphore. Même si des matsutakes sont réputés avoir été les premiers êtres vivants à émerger dans Hiroshima détruite[5], et que le mois d'août correspond au début de leur saison de maturation, le champignon d'Hiroshima – nous y retrouvons la différence entre atomique et nucléaire dont j'ai déjà parlé – est pris comme le signe visuel de l'arrêt de toute vie.

1. *Ibid.*, p. 22.
2. *Ibid.*, p. 32.
3. *Ibid.*, p. 38.
4. A. L. Tsing, *Le Champignon de la fin du monde*, *op. cit.*, p. 53.
5. *Ibid.*, p. 33.

HORTUS CINEMATOGRAPHICUS

> « Parce que c'est beaucoup d'être ici, […] et qu'apparemment tout l'ici a besoin de nous, ce périssant […] d'étrange manière nous requière. Nous les plus périssants. Une fois chaque chose, rien qu'une. Et nous aussi […] avoir été terrestre semble irrévocable. »
>
> R. M. Rilke

VIDÉOACTIVITÉ

L'hyperobjet qu'est la radioactivité impose d'inventer des nouvelles manières de la visualiser, de la rendre sensible à l'image. La radioactivité exige de nouvelles pratiques d'activité vidéo. J'entends par « activité vidéo » toute activité dont l'objectif est de faire voir (*videre*). Derrida a appelé cela un « effet de visière [1] » : la radioactivité nous jauge sans être vue. On ne la voit jamais venir.

La « forêt rouge » s'étend sur un secteur de 10 km autour de la centrale nucléaire de Tchernobyl. Son nom vient de la couleur des troncs des pins morts à la suite de l'émission massive de radiations le 26 avril 1986. Ce sont d'autres pins rouges, prolongeant en un écho inattendu la fin du précédent chapitre.

1. *Cf.* notamment J. Derrida, *Spectres de Marx*, Paris, Galilée, 1993, p. 26-7, p. 164-165, p. 170-173, p. 203 *sq.*

Les arbres morts ont été rasés puis remplacés par des bouleaux, plus résistants à la radioactivité. Sur place, la fonge a subi des mutations qui l'empêchent de dégrader correctement la matière et sont à l'origine d'une inhibition de la décomposition microbienne. L'accumulation de matière végétale expliquerait également que les arbres repoussent plus lentement qu'ailleurs et favoriserait les feux de forêt diffusant largement les radiations alentour.

Plusieurs artistes, tels les photographes David McMillan ou Robert Polidori [1], le dessinateur Emmanuel Lepage [2] [Fig. 13] ou de nombreux cinéastes (Nikolaus Geyrhalter), se sont rendus sur place, quelques-uns à de très nombreuses reprises, pour enregistrer ou témoigner de la nature de Tchernobyl, de la manière dont celle-ci a accaparé les habitations humaines désertées ou les villages enterrés, des ruines de l'activité humaine, du quotidien « ensauvagé » des habitants revenus sur place. Dans la troisième partie du *Génie du christianisme*, François-René de Chateaubriand fait remarquer qu'il existe deux sortes de ruines : « ouvrage du temps », « ouvrage des hommes [3] ». Tchernobyl fait incontestablement d'abord partie des secondes :

> plutôt des dévastations que des ruines ; elles n'offrent que l'image du néant, sans une puissance réparatrice.

Mais, progressivement, inéluctablement, *toutes* les ruines deviennent des ruines du temps. Et cela précisément lorsque la nature – ou ce qui en fait office pour l'être humain – reprend ses droits. Et, à ce titre, les lieux s'apaisent.

> Les premières n'ont rien de désagréable, parce que la nature travaille auprès des ans. Font-ils des décombres, elle y sème des fleurs ; entrouvrent-ils un tombeau, elle y place le nid d'une colombe : sans

1. *Cf.* R. Polidori, *Zones of Exclusion : Pripyat and Chernobyl*, avec un texte de E. Culbert, Göttingen, Steidl, 2003.
2. *Cf.* E. Lepage, *Un printemps à Tchernobyl*, Paris, Futuropolis, 2012.
3. François-René de Chateaubriand, *Génie du Christianisme*, éd. M. Regard, Paris, Gallimard, 1978, p. 882, et pour toutes les citations suivantes.

cesse occupée à reproduire, elle environne la mort des plus douces illusions de la vie.

La vie – il faudrait sans doute s'interroger sur ce que Chateaubriand entend ici par « illusions » – remplace la mort. La polyartiste américaine Julia Oldham, par exemple, a très récemment réalisé une vidéo intitulée *Fallout Dogs* (2019) dans laquelle elle suit le parcours de chiens errants dans la zone d'exclusion [Fig. 14]. Ce n'est pas la première fois qu'Oldahm interroge la figure canine et sa proximité avec l'homme. En 2017, *She-Wolves* a montré des photographies de l'artiste informatiquement manipulées pour les transformer en « autoportraits-garous » (entre être humain et loup, photographie et peinture numérique). En 2015, le court-métrage animé *Laika's Lullaby*, produit en collaboration avec le musicien Lindsay Keast, a retracé le destin tragique du premier animal envoyé en orbite autour de la Terre à bord du Spoutnik 2, mort seulement quelques heures après le lancement de l'engin, des suites du stress et d'une panne du système de régulation de la température.

Fallout Dogs, pour sa part, est un « portrait de Tchernobyl [...] guidé par les mouvements et les comportements des chiens[1] ». Les artistes ont été parmi les premiers non-locaux, hors personnel scientifique, militaire ou administratif, à retourner dans la zone d'exclusion avant que se répande la pratique du tourisme noir. Aujourd'hui, plus de 100 000 personnes par an viennent chercher des sensations fortes en « visitant » l'endroit le plus radioactif du monde : ils sont plutôt déçus en constatant que rien de ce à quoi l'imaginaire atomique nous a (faussement) éduqués n'est au rendez-vous – ce qui ne les empêche pas d'afficher sur Internet leurs photographies de camping, de chasse ou de saut extrême depuis l'antenne du radar militaire... Julia Oldham, elle, fait autre chose : elle balade sa caméra au gré des déplacements des animaux plus ou moins livrés à eux-mêmes (des femmes et des hommes

1. J. Oldham, *Fallout Dogs*, présentation sur le site Internet personnel de l'artiste, https://www.juliaoldham.com/ index.php/portfolio/1/, s. p. Page consultée le 19 mai 2019.

en prennent soin) qu'elle croise pendant son périple. La majorité des chiens abandonnés par les habitants évacués a été exterminée : certains ont néanmoins survécu et se sont reproduits dans la zone. La vidéo suggère – c'est aussi l'un des bouleversements d'espèces que Tchernobyl a rendu possible – que *l'homme est une invention figurative et plastique à partir de l'animal*[1]. En l'occurrence ici, du chien. L'homme reste en arrière de lui-même.

Nous l'avons déjà rencontré autrement : *l'humain n'est qu'un montage de composantes humaines et non humaines.*

La domestication n'a rien d'une maîtrise unilatérale : le chien a largement aussi domestiqué l'être humain, concourant à faire de lui une espèce « civilisée ». Homme et chien ne forment qu'un seul être relationnel par spéciations mutualistes et multiformes. La philosophe et biologiste Donna J. Haraway embrasse sa chienne, Mlle Cayenne Pepper, à pleine bouche. Elles ne forment qu'un corps hybride et impur, dans lequel la nature et la culture sont intrinsèquement enchevêtrées. Le chien n'est pas qu'un animal de compagnie, c'est une « espèce compagne », pour traduire correctement en français le titre original de l'ouvrage de Haraway de 2003 (et non « espèces de compagnie »). Les hommes et les chiens ont noué des rapports « plein de gâchis, de cruauté, d'indifférence, d'ignorance et d'abandon, mais aussi de joie, d'invention de travail, d'intelligence et de jeu[2] », qui dessinent « un bestiaire de capacités d'agir, de formes de mise en relation et de faisceaux de temps défiant jusqu'à l'imagination du plus baroque des cosmologues[3] ». Les chiens sont une invention technique de l'homme à partir du loup sur des siècles de croisements :

> Tant les cyborgs que les espèces de compagnie combinent sous des formes surprenantes humain et non-humain, organique et

1. Cela a constitué tout le projet visuel darwinien des origines du cinéma dans les travaux sur la décomposition du mouvement de Muybridge ou Marey. La marche humaine n'est qu'un cas de la locomotion animale. Tout le cinéma en fera son programme figuratif.

2. Donna J. Haraway, *Manifeste des espèces de compagnie. Chiens, humains et autres partenaires*, trad. fr. J. Hansen, Paris, Les éditions de l'éclat, 2010, p. 19.

3. *Ibid.*, p. 14.

technologique, carbone et silicium, autonomie et structure, histoire et mythe, riches et pauvres, État et sujet, diversité et déclin, modernité et postmodernité, nature et culture[1].

Filmer les chiens de Tchernobyl, c'est filmer l'être technique de l'homme dans son éclat, c'est-à-dire dans son éclatement. C'est filmer, dans les bois, des aboiements qui sont les premiers symptômes de nos abois. En filmant les chiens à Tchernobyl, on filme tous les hommes.

Le châtiment et l'enfer

Trois jours après l'accident de Tchernobyl, Vladimir Chevtchenko, caméraman pour la chaîne de télévision Centrale Ukraine TV, est autorisé à tourner un reportage sur les lieux du sinistre. *Tchernobyl, chroniques des jours graves* retrace la gestion de la catastrophe sur le terrain et les sacrifices douloureux mais nécessaires qu'il a parfois fallu faire pour parvenir à dominer la situation[2]. Ce que constate Chevtchenko, c'est que les radiations, massives tout autour de la centrale, sont perceptibles sur son film, ou du moins indirectement par certains de leurs effets. D'abord, des interférences sonores statiques coïncident à l'écran avec les mesures relevées au même moment sur le dosimètre de l'équipe de tournage. La voix de Chevtchenko le déclare dans son film :

> La radiation est un ennemi invisible et fatal. Du genre qui pénètre même les plaques en acier. Elle n'a pas d'odeur, pas de couleur. Mais elle a une voix. La voici. Nous pensions que cette pellicule était défectueuse. Mais nous nous trompions. C'est à cela que ressemble la radiation.

Ensuite, on peut également apercevoir, de temps à autre, des scintillements ponctuels évoquant une « pyrotechnie de spectralité

1. *Ibid.*, p. 12.
2. Très vite des photographes ont accès au site : Anatoli Rasskazov, Vladimir Repik, Valéri Zoufarov, Igor Kostine. Un autre film est tourné en 1986 par Vladimir Sinelnikov : *Le Tocsin de Tchernobyl.*

syncopée[1] ». Susan Schuppli, qui a écrit un texte sur le film, « The Most Dangerous Film in the World », précise :

> C'est un enregistrement radiologique, par lequel l'empreinte fondamentale de la catastrophe a été inscrite directement dans l'émulsion de la pellicule, tandis que des particules en décomposition se déplaçaient à travers le boîtier extérieur de la caméra. Ce n'était pas une représentation de la catastrophe, mais un événement toxique réel dans lequel une dose mortelle de rayonnement s'est trouvée enracinée dans les molécules de chaque particule d'halogénure d'argent[2].

Ce n'est pas tant que le film montrerait dans l'image l'irreprésentabilité de la radioactivité dans une sorte de « représentation impie du réel[3] » – ce qui serait une contradiction dans les termes – qu'il atteste par l'image que l'irreprésentabilité de la radioactivité ne peut aller de pair qu'avec la *contamination des appareils humains de représentation.* Qu'elle ne peut aller de pair qu'avec la présence délétère de la radioactivité comme déconstruction chimique, auto-immune, de la logique du paradigme chimico-optique (l'image référentielle née avec la photographie) de la représentation des choses. Ce qui est irreprésentable, c'est précisément la présence de ce qui est présent, car la présence n'est pas une chose (*res*), il n'y a pas de présentation de la présence. La radioactivité, qui n'est jamais présente mais est une présence, est le contraire d'une théophanie : elle est l'envers du mystère de l'être-là des choses dans le monde ; elle est « infernale » (l'Enfer, c'est l'envers). Si la bombe atomique, qui tombe d'en haut (à Hiroshima, elle a explosé à environ 500

1. S. Schuppli, « The Most Dangerous Film in the World », *in* F. Le Roy, N. Wynants, D. Hoens et R. Vanderbeeken (éd.), *Tickle Your Catastrophe ! Imagining Catastrophe in Art, Architecture and Philosophy*, Gand, Academia Press, 2011, p. 127.

2. *Ibid.* La caméra utilisée par Chevtchenko a été par la suite enterrée dans les environs de Kiev.

3. *Ibid.* Je m'éloigne ici de la lecture « bazinienne » (il y a un transfert de réalité du modèle à l'image photographique), que fait Schuppli, malgré ses déclarations (p. 128) et sous couvert d'en passer par Deleuze ou Derrida, du film de Chevtchenko comme « "capture" de la réalité » (p. 127).

mètres du sol) et donne lieu à un spectacle pyrotechnique, est la plupart du temps représentée sous le régime du châtiment divin, Tchernobyl agit souterrainement. *Film et hommes partagent le même destin profane et nucléaire.* Chevtchenko sera lui-même emporté un an plus tard par un cancer généralisé.

L'homme parle à l'écran par la voix de la radioactivité.

Langue de nucléaire

Susan Schuppli est une artiste et théoricienne de l'art, actuellement directrice du Centre Goldsmiths pour la recherche en architecture de l'université de Londres. Adepte de l'écologie noire, elle examine les moyens par lesquels les non-humains témoignent des événements historiques, depuis les guerres (massacre du Kosovo, par exemple) jusques aux catastrophes environnementales. Les matériaux et les objets corroborent après coup les régimes de l'intervention humaine, qu'ils soient technologiques, politiques ou économiques.

> Ma méthode consiste à commencer à l'échelle granulaire, à partir de laquelle je finis par passer à l'échelle supérieure et à examiner les implications sociales et politiques plus larges [1].

L'une des tâches nouvelles de l'art de l'Anthropocène consiste à développer des dispositifs de mesure et de mise en images capables de révéler la Terre comme « document » de l'activité humaine en mettant en avant le « rôle de preuve de la matière [*evidential role of matter*] [2] ». L'un des défis de l'Anthropocène est que nous vivons un temps où certains des effets dévastateurs de notre activité sur Terre n'adviendront que dans un avenir plus long que l'échelle d'une vie humaine, mais que, en même temps, nous pensons selon un modèle

1. L. van der Velden et R. Menkman, « Dark Matters : An Interview with Susan Schuppli », *Dark Ecology*, non daté, http://www.darkecology.net/dark-matters-an-interview-with-susan-schuppli, s. p. Page consultée le 21 mai 2019.

2. S. Schuppli, « Material Witness », présentation sur le site Internet personnel de l'artiste, https://susanschuppli.com/research/materialwitness, s. p. Page consultée le 19 mai 2019.

éthique ancien dans lequel nous avons besoin de preuves visuelles pour nous convaincre qu'il faut agir. Comment faire voir ce qui ne produit pas de preuves observables ?

En 2016, Susan Schuppli réalise *Trace Evidence : A Nuclear Trilogy*, un triptyque vidéo de 53 minutes composé de trois chapitres faits d'images réemployées, de plans tournés par l'artiste et d'images scientifiques : « Geology », « Meteorology », « Hydrology ». Chacun d'eux explore les « preuves » nucléaires laissées dans les molécules du sol, de l'air ou de l'eau, à partir de trois événements : l'excavation de réacteurs nucléaires naturels dans la mine d'uranium d'Oklo au Gabon en 1972, la découverte de particules radioactives de Tchernobyl dans l'atmosphère au-dessus de la centrale de Forsmark en Suède [Fig. 15] et le voyage du ^{137}Cs sur 7 600 km de Fukushima-Daiichi, suite à la catastrophe de 2011, jusqu'à la côte ouest de l'île de Vancouver [Fig. 16].

À l'image défilent des bâtiments industriels, des algues sous-marines, des gravats, des maisons abandonnées, des panneaux indicateurs, des cartes sur ordinateur, des engins de terrassement, des installations immergées. Le ton est documentaire. Par-dessus, on entend un commentaire prononcé tour à tour par différentes voix-over (d'hommes, de femmes) accompagnées de nombreux sons électroniques (bips) ou référentiels (pluie, moteurs). L'environnement sonore a été élaboré avec le mixeur et designer sonore de cinéma Philippe Ciompi. À certains moments, qui sont ceux sur lesquels je vais m'arrêter, l'image est contaminée par les sons électroniques qui, tels des relais de la radioactivité mesurée, viennent détraquer l'image qui se décompose sous l'action de formes géométriques invasives valant dans l'image analogique du monde vu comme le visuel de ce qui ne relève pas de l'ordre du visible.

Dans *Trace Evidence*, Schluppi traite les êtres contaminés et les zones irradiées par la radioactivité comme des « témoins matériels [*material witnesses*] ». Qu'est-ce qu'un témoin matériel ?

> Les témoins matériels sont des entités non humaines et des écologies machiniques qui archivent leurs interactions complexes avec le monde, en produisant des transformations ontologiques

> et des dispositions informatiques pouvant être décodées par une pratique légiste et reconstituées dans une histoire. Les témoins matériels opèrent en tant qu'agents doubles : ils recèlent des preuves directes des événements et fournissent en même temps des preuves indirectes des méthodes interlocutoires et des cadres épistémiques dans lesquels une telle matière devient décisive [1].

Comme l'indique le mot « légiste [*forensic*] », médico-légal, l'art chez Schuppli s'apparente à une « criminalistique [2] ». La méthode est celle de l'enquête policière fondée sur le paradigme indiciaire, dans lequel le témoin ne renvoie pas seulement à la preuve de l'événement mais à « l'événement de la preuve [3] ». Toute matière garde la trace de ce qui est entré en contact avec elle : il suffit, pour le détecter, de se doter des instruments adéquats. Mais pour être un témoin, il faut autre chose : il y a témoin quand la trace enregistrée, conservée se manifeste accompagnée du *discours* qui élabore, par diverses pratiques institutionnelles, cette trace en elle-même ontologiquement stupide (il y a une stupeur, un engourdissement de la matière non conscience à elle-même) comme un témoignage *signifiant*.

De l'émulsion filmique émerge un « témoin matériel » : ce témoin – les traces radioactives – n'est pas visible en lui-même, mais il n'en a pas moins une valeur de « preuve [*evidence*] ». La radioactivité est « évidemment » là, mais d'une évidence qui est d'abord une « évidance », en raison de la dispersion des particules et de la latence de leurs effets : une manière d'être là par le vide *au lieu de* soi. Par un certain traitement figuratif – l'encodage de l'image analogique avec les moyens électroniques ou numériques – la matière naturelle se met à parler. Pour ce faire, Schuppli rompt la visibilité restitutive de l'image au profit de conduites de *lisibilité* de la radioactivité par l'irruption de schèmes abstraits et monochromes – carré, cercle, etc. – introduisant et propageant dans

1. *Ibid.*
2. *Ibid.*
3. L. van der Velden et R. Menkman, « Dark Matters : An Interview with Susan Schuppli », art. cit., s. p. Page consultée le 21 mai 2019.

le champ indiciel un régime non reproductionnel et une activité symbolique : des violences d'intensités trop faibles pour être perçues phénoménologiquement, ni juridiquement encadrées, sont *linguistiquement* transcrites, sinon dans une forme, au moins dans une *formule* (informatique) et une *formulation* (expressive). Ici l'image est transformée par contamination en puzzle de pixels verts à décoder ; là, en pointeur laser rouge à interpréter. Sous l'influence de *Tchernobyl, chroniques des jours graves* de Chevtchenko, le nucléaire devient – désormais explicitement – la syntaxe visuelle de l'image.

DE « BUG » EN « BUG » JUSQU'AU RÉEL

Schuppli emprunte explicitement dans ces images à l'esthétique du « glitch ». Le glitch – terme probablement venu du yiddish pour désigner un bruit altérant la réception radiophonique – est un résultat inattendu dû à un mauvais fonctionnement, une « fluctuation imprévue du signal électronique [1] ». En art, le glitch consiste à tirer parti des « pépins » inattendus de l'image analogique ou numérique, vidéo mais aussi audio, provoquant des images à moitié chargées, des pixels désorganisés ou des couleurs inhabituelles [2]. Chez des artistes comme Serge Uro, Tony « Ant » Scott ou Rosa Menken [Fig. 17], le glitch est une réponse à l'aseptisation contemporaine des images en haute définition des nouvelles technologies (Internet, smartphones, etc.). À l'époque de l'art par ordinateur, que l'on pourrait croire dématérialisé, procédural, interfacial, informationnel,

1. V. Ciciliato, « Glitch(s) imago-sonore(s). Du processus d'objectivation par découpe et synchronisation son-image à une esthétique du micromouvement », thèse de doctorat, université de Picardie Jules Verne, 2010, p. 13. Le mot a été utilisé pour la première fois en 1962 par l'astronaute américain John Glenn pour caractériser « un pic ou un changement de tension dans un courant électrique ».

2. On distinguera le glitch du *feedback* (comme l'effet Larsen), qui tient de la rétroaction (et implique au moins deux appareils ou le même appareil réfléchi), et l'*encodage/décodage* qui donne parfois des pertes de qualité visuelles ou sonores au moment de la compression d'un format d'enregistrement vers un autre. Le glitch, en revanche, est une altération sans altérité.

alors que les images n'existent de plus en plus que comme paquets de données algorithmiques « faits par des machines pour d'autres machines [1] », c'est-à-dire dont le principal de l'existence se passe non seulement à ne pas être vues par des yeux humains, ce qui n'a rien de bien nouveau, mais à *ne pas même être des images* (sauf dans des circonstances précises et pour un court laps de temps : par exemple « actualisées » sur une page Internet), le glitch nous confronte autrement à une certaine plasticité ordinaire de l'image dans une part qui échappe dans sa genèse – tout comme c'était déjà le cas de l'empreinte de la photographie au moment du déclic – à l'intervention humaine.

Un art du glitch ne peut pas se contenter de s'abandonner au hasard et relève plutôt de ce qu'Iman Moradi appelle du « pseudo-glitch [2] ». En ce sens, le glitch artistique n'échappe pas à l'humain, qui introduit consciemment des perturbations programmées par ordinateur. Mais, comme chez Susan Schuppli, ces dérèglements, tout humains qu'ils soient, conservent de leur origine non humaine, l'organologie propre aux appareils électroniques de pouvoir attester, pris désormais dans un registre symbolique élaboré par l'artiste, de ce qui est inaccessible à la perception humaine. Pour Schuppli, comme pour tous les artistes que nous avons rencontrés, cet inaccessible est la radioactivité. La méthode esthétique est ici remarquablement adaptée à la fin visée. En en reprenant sciemment la charte – il n'y a pas chez elle de « bug » à proprement parler (on n'en dira pas autant de Hessse-Honegger…) – Schuppli a recours à une esthétique de l'accident pour construire la « preuve » visuelle d'un comble de radioactivité en détournant le paysage, naturel (les fonds marins) ou industriel (la centrale de Forsmark), de son apparence ordinaire.

Dès lors, ce n'est plus tant qu'un glitch apparaît dans l'image que Tchernobyl – qui est bel et bien un accident – glitche le réel, non

1. T. Paglen, « Invisible Images : Your Pictures Are Looking at You », *The New Inquiry*, 8 décembre 2016. https : //thenewinquiry.com/invisible-images-your-pictures-are-looking-at-you/, s. p. Page consultée le 8 juin 2019.

2. I. Moradi, « Glitch Aesthetics », thèse de doctorat, université de Huddersfield, 2004, p. 10.

humain ou humain. Ou mieux : *Tchernobyl met au jour que le réel ne procède que par glitches, glitches de glitches, et ainsi de suite.* En ce sens, le glitch, malgré les apparences, va tout à fait dans le sens de l'ontologie photographique de la réalité défendue par André Bazin à propos de la photographie (puis du cinéma) argentique où les choses sont *elles-mêmes* dans l'image (« Elle agit sur nous en tant que phénomène *naturel*[1] ») : il enregistre les événements qui ont lieu devant – ici plus justement dans – l'appareil. Avec Schuppli, nous passons d'une esthétique du glitch à une « ontologie du glitch », qui est aussi une logique de déclassification d'un réel boiteux uniquement composé de singularités abominables et de noms propres.

Schuppli réintroduit les formes – si ce n'est les processus – de l'accident dans un art de l'accident, ou « l'accident de l'art[2] », pour reprendre la formule de Paul Virilio.

Virilio a été le commissaire, durant l'hiver 2002-2003, d'une exposition de la Fondation Cartier pour l'art contemporain, *Ce qui arrive*, sur le thème des arts et des catastrophes, du naufrage du *Titanic* à l'attentat contre le World Trade Center, en passant par l'explosion de l'usine AZF de Toulouse, les tremblements de terre ou les marées noires. Tchernobyl est représenté par un double entretien filmé par le cinéaste roumain Andrei Ujica entre Virilio et Svetlana Alexievitch – dont Ujica fit plus tard une installation intitulée *Unknown Quantity* (2005). Le programme de l'exposition se propose de

> renverser la tendance habituelle qui nous expose à l'accident pour inaugurer une nouvelle forme de muséologie, de muséographie : celle qui consiste maintenant à exposer l'accident, tous les accidents,

1. A. Bazin, *Écrits complets*, « Ontologie de l'image photographique », *op. cit.*, p. 110.

2. *Cf.* P. Virilio et S. Lotringer, *The Accident of Art*, trad. angl. M. Taormina, Cambridge (Massachusetts), MIT Press, 2005.

> du plus banal au plus tragique, des catastrophes naturelles aux sinistres industriels et scientifiques [1].

Depuis Aristote, qui en invente le concept philosophique, il n'y a d'accident – un terme que nous devons décorréler du lexique de l'erreur – que de la substance. Si la substance est ce qui subsiste par soi et en soi, et n'est affirmée de rien d'autre, l'accident – sur le modèle du langage qui permet de penser les genres de l'être et de distinguer entre le sujet et le prédicat – est ce qui appartient à la substance de manière non essentielle, ce qui n'entre pas dans la définition de la chose et n'existe que dans un autre (la couleur, la texture, la taille, etc.). L'accident n'a pas de cause déterminée, il arrive (*accidens*) par hasard.

À première vue, Tchernobyl prend place dans la lignée des accidents technologiques traditionnels – « Inventer le train, c'est *inventer l'accident ferroviaire* du déraillement [2] » – en ce que l'homme découvre (*invenire* : trouver, rencontrer) les substances le rendant possible. Découvrir le plutonium ou l'uranium, c'est fonder l'accident nucléaire. Tchernobyl est même, ce qui commence à être un peu plus rare, un

> triptyque accidentel : l'accident de la substance (la centrale explose), l'accident de la connaissance (c'est la connaissance même des physiciens atomistes qui quelque part est dépassée par l'événement), et enfin l'accident de la conscience elle-même, c'est-à-dire qu'il n'y a pas d'intelligence de cet événement, cet événement dépasse la conscience. On a trois accidents en un, comme les poupées russes, les matriochkas [3].

Mais surtout – ajouterai-je à cette analyse de Virilio, et c'est là qu'intervient à mon sens Susan Schuppli – il en diffère totalement car l'on y passe de l'accident *de* la substance à l'accident de la *substance. Avec les nouvelles substances manipulées par l'homme, comme le sont les matériaux radioactifs, et qui n'ont, par leurs*

1. P. Virilio, *Ce qui arrive*, *op. cit.*, p. 5.
2. *Ibid.*, p. 24.
3. *Ibid.*, p. 201-202.

implications spatio-temporelles au-delà de l'humain, plus rien à voir avec ce que le langage humain peut signifier, c'est la substance elle-même qui s'accidente, il est de la substance de la substance de s'accidenter.

Tchernobyl détraque toute notre ontologie, toute notre physiologie et tout notre langage, et induit – pour continuer de parler avec Virilio – « une mutation historique de la notion même d'accident[1] ». À terme, une telle catastrophe fait planer la menace de « l'accident intégral qui risque de devenir, demain ou après-demain, notre unique habitat[2] », un « *crépuscule des lieux*[3] », un « Hiroshima cellulaire[4] ». L'accident devient notre destin et le destin de l'Être. On aurait tort de lire dans ces expressions un retour du catastrophisme de la fin du monde. À la fin du monde conçue comme « Fin de l'histoire », on doit substituer une « *Fin de la géographie*[5] ».

IRRADIÉ – VIVANT – CINEMATOGRAPHIQUE

Les images mimétiques du monde n'intéressent pas Schuppli : ce qui la préoccupe dans une algue contaminée, ce n'est pas l'*algue* contaminée, mais l'algue *contaminée.* Autrement dit : l'être vivant comme processus technologique en capacité de produire des images insolites. Ce type d'images, qui excède les capacités de la représentation humaine (« Je voudrais déstabiliser la vision humaine en tant que mode privilégié par lequel nous donnons un sens au monde[6] »), Schuppli l'appelle « image extrême [*extreme image*][7] ». L'image extrême est « une compréhension de la matière

1. P. Virilio, *Ce qui arrive*, *op. cit.*, p. 87.
2. *Ibid.*, p. 25.
3. *Ibid.*, p. 89.
4. *Ibid.*, p. 114.
5. *Ibid.*, p. 109.
6. L. van der Velden et R. Menkman, « Dark Matters : An Interview with Susan Schuppli », art. cit., s. p. Page consultée le 21 mai 2019.
7. *Ibid.*

anthropique en tant que réorganisation des couches géologiques, mais aussi du domaine de l'esthétique [1] ».

Chez Chevtchenko ou Schuppli, nous rencontrons cette exigence de *faire de l'image un être irradié*. Après coup et involontairement, pour le premier ; pour la seconde, par des protocoles technico-scientifiques de traduction (et donc aussi de trahison). Plus radicalement, certains cinéastes vont proposer un traitement radioactif du film transformé en matière vivante remédialisée, en traitant l'image comme *l'avatar naturel-culturel ultime de la mutation du vivant*. Si nous allons sortir, dans le prolongement des travaux de Schuppli, du cadre strict de la catastrophe de Tchernobyl, nous sommes bel et bien de plain-pied dans une pensée de l'art qui a été rendue possible par Tchernobyl.

Après la catastrophe de Fukushima-Daiichi, le 11 mars 2011, à la suite du tremblement de terre et du tsunami qui ont dévasté le nord-est du Japon, le cinéaste Nishikawa Tomonari a eu l'idée d'enterrer environ 30 mètres de négatif 35 mm sous des feuilles mortes le long d'une route située à environ 25 km de la centrale nucléaire, dans la nuit du 24 au 25 juin 2014. Le ciel dégagé et le chant des insectes ont donné son titre au court-métrage de 2 minutes qu'il en a tiré : *Sound of a Million Insects, Light of a Thousand Stars*. Après avoir été exposée au reste de radioactivité dans le sol et la végétation, la pellicule a été largement corrompue : les rayonnements modifient la couleur du film argentique. Nishikawa a en ensuite tiré des copies qu'il a projetées en public [Fig. 18]. Les images elles-mêmes occupent désormais la place qui fut celle des insectes de Cornelia Hesse-Honegger ou – mieux encore – des plantes (« autophotographiques ») d'Anaïs Tondeur, dont on sait, végétation et arthropodes, combien ils tirent, réellement ou imaginairement (la vieille lune de la génération spontanée), leur existence de la terre elle-même.

Nishikawa n'est pas le premier artiste à exposer sa pellicule à des rayonnements ionisants. James Schneider, par exemple, a conçu

1. *Ibid.*

une série de films exposés aux rayons X des machines de sécurité du gouvernement américain, dans les aéroports, les lieux publics en général. Dans *Degradation #1 : X Ray – Part 2. Government Radiation* (2007), par exemple, le Capitole est filmé sur une pellicule 16 mm. La bande est découpée en six parties passées, sauf la première, dans des appareils radiographiques de Washington : la deuxième 4 fois, la troisième 8, et ainsi de suite en multipliant par deux à chaque changement de section. La dernière partie est bombardée de rayonnements 128 fois. Les six parties sont ensuite remontées dans l'ordre. Le résultat est un effacement progressif de l'image et du Capitole.

J'ai récemment proposé une pensée des images relationniste, médiale et développementale, répondant au nom-valise d'*éconologie*[1]. Dans cette approche « orientée vers l'image[2] » plus que vers ce que le sujet humain est capable d'en percevoir et d'en connaître – et située au carrefours de plusieurs sciences ou méthodologies (épigénétique et morphogenèse, anthropologie amérindienne, ontologies orientées vers l'objet, philosophie de Tarde ou de Whitehead) – j'envisage les images, toutes les images, comme des formes de vie non organiques capables de modifier l'environnement culturel, politique, social, etc., auquel elles prennent part en y introduisant des lignes de partages, des stratifications, des dynamismes, des valeurs en toute indépendance de leurs relations avec les hommes. Sans entrer dans plus de détail ici, les arts de Tchernobyl, sous bien des aspects, en représentent une manière d'excroissance particulière.

Les arts de l'Anthropocène sont des arts de la coopération entre l'homme et la nature : Guillaume Logé – on l'a vu – parle de « *mimesis sauvage*[3] ». Avec Nishikawa, nous en tenons un exemple

1. À ne pas confondre avec l'approche homonyme qui caractérise en économie les activités à la fois rentables et soucieuses de l'environnement.

2. J.-M. Durafour, *Cinéma et cristaux. Traité d'éconologie*, *op. cit.*, p. 233 *sq.*

3. Voir ci-dessus p. 68.

à la fois exemplaire et extravagant. Exemplaire car il participe pleinement de l'attitude artistique qui consiste à engager la nature comme co-créateur de l'œuvre – ici même son créateur principal, en un sens. Le geste n'est pas neuf : on peut citer, dans un registre proche, l'installation évolutive des *Flûtes sonores* (depuis 1997) d'Erik Samakh composée de « Modules Acoustiques Autonomes » (MAA), en l'occurrence des flûtes de plusieurs mètres de long fonctionnant à l'énergie solaire. Comme dans *Sound of a Million Insects, Light of a Thousand Stars* de Nishikawa, l'artiste capte une énergie naturelle imperceptible en tant que telle pour la rendre indirectement audible ou visible. Chez Samakh, l'intensité du rayonnement solaire est captée par des panneaux photovoltaïques puis transformée en énergie électrique pour faire tourner des ventilateurs, qui à leur tour envoient de l'air dans les corps creux des flûtes. Les exemples ne manquent pas – depuis l'Arte povera et Pino Pascali qui, en 1967, laissait pourrir de l'eau de mer dans un bac exposée en galerie (*32 m² d'eau de mer*), ou Yves Klein – dès 1960 – avec *Vent Paris-Nice* : une toile vierge recouverte de peinture posée sur le toit d'une voiture et « peinte » par les déplacements de l'air, la pluie et la poussière pendant un trajet de mille kilomètres. Dans tous ces cas, l'artiste se présente comme manipulant le moins possible la nature, à la différence, par exemple, de Tomáš Libertíny (*The Unbearable Lightness*, *The Seed of Narcissus*) ou Tomás Saraceno (*Gravitational Waves*) dont les sculptures sétifères ou cérotiques sont obtenues par le travail bâtisseur d'araignées ou d'abeilles orientées par une structure métallique conductrice.

En même temps, le geste de Nishikawa est très différent et explore la région limite d'une telle coopération. Dans *Sound of a Million Insects, Light of a Thousand Stars*, le film est expressément traité comme une forme de vie soumise aux aléas de la nature et que l'on peut substituer *dès la nature* à des formes de vie organiques. Toute nature est toujours technicisée. C'est cela que pointe du doigt le projet de Nishikawa : car ce n'est pas n'importe quelle nature – comme le soleil ou le vent – vers laquelle il se tourne, mais une nature *ouvertement anthropisée (irradiée)*. Encore une fois, nous voyons combien la vie ne s'inscrit jamais dans une temporalité unique et abstraite, mais émerge à partir d'agencements et de compositions en couches temporelles multiples, y compris dans des configurations où par ailleurs – comme avec la forte exposition à des taux de radiations très élevés – d'autres formes de vie sont *menacées*. La vie elle-même n'est jamais naturelle, elle est toujours une ingénierie du vivant. Toute vie est dès le départ, y compris sous sa forme organique, technico-naturelle.

Ainsi, la question de l'art de l'Anthropocène accède-t-elle à sa parfaite complexité – dont généralement les textes qu'on lui consacre ne parlent guère, reconduisant tacitement la légende d'une nature indépendante de l'activité humaine (avec laquelle l'artiste entrerait en relation coopérative après coup), n'interrogeant la question de la relation de la nature à l'homme qu'à partir – logiquement et chronologiquement – de la relation de la nature à l'artiste [1] : qu'est-ce artistiquement que collaborer avec une nature qui est elle-même déjà le résultat d'une ou d'actions de l'être humain sur la nature ? Ou pour le dire autrement : *avec quelle part de lui-même l'être humain tisse-t-il d'autres enchevêtrements relationnels quand il collabore avec la nature ?*

Le film est ici une forme de vie *parce qu'il est irradié*. Dès son origine, le cinéma, qui ne crée pas un nouveau visible, mais fait voir autrement l'ancien visible en plaçant l'œil au milieu des choses elles-mêmes, et qui se situe dans la droite ligne d'instruments optiques comme le microscope, la longue-vue ou le thermomètre, a à voir avec la nouvelle radiographie et les régimes de visibilité et d'invisibilité (naissance de la médecine expérimentale, inventions du disque, du téléphone ou de la radio, etc.) [2]. Avec le triomphe, à la fin du XIXe siècle, de la théorie ondulatoire de la lumière sur

1. *Cf.* par exemple P. Ardenne, *Un art écologique*, *op. cit.*

2. Sur ce point je me permets de renvoyer à mon livre, entièrement consacré à la question de l'invisibilité, L'Homme invisible *de James Whale. Soties pour une terreur figurative*, Pertuis, Rouge profond, 2015.

la théorie corpusculaire, la lumière visible est définie comme une longueur d'onde parmi d'autres ayant la particularité de ne pas être perçues par notre œil (rayons X, rayons ultraviolets). Le visible ne devient plus qu'un îlot de *non-invisibilité* entouré d'invisible. Dès les années 1920, les théoriciens et les cinéastes mettent l'accent sur les procédés propres au cinéma – comme le gros plan ou le ralenti – par lesquels celui-ci est susceptible de rendre visible ce qui ne l'est pas dans notre sensation organique. C'est la définition même de l'art – « L'art ne reproduit pas le visible, il rend visible » (Paul Klee [1]) – désormais passé au crible du matérialisme scientifique.

> Face au visage, nous ne nous trouvons plus dans l'espace. Une nouvelle dimension s'ouvre à nous : la *physiognomonie*. Que les yeux soient levés, la bouche abaissée, que telle ride soit à droite et telle autre à gauche, cela n'a plus la moindre signification spatiale. Nous voyons seulement une expression. Nous voyons des sentiments et des pensées. Nous voyons quelque chose qui n'est pas dans l'espace [2].

> Ce qui compte, c'est de vivre davantage, d'éprouver et de connaître plus, de découvrir à chaque fois du visible dans le non-vu, de l'audible dans le non-entendu, du compréhensible dans l'incompris, de l'aimable dans le non-aimé [3].

Gilles Deleuze a rappelé que le cinéma est l'art de l'« instant quelconque [4] ». L'instant quelconque, c'est l'idée que tous les photogrammes dans un film – contrairement à la peinture où il existe des instants élus (c'est justement ce que le peintre peint dans l'action) – sont équidistants les uns aux autres.

1. P. Klee, *Théorie de l'art moderne*, éd. et trad. fr. P.-H. Gonthier, Paris, Denoël, 1971, p. 34.
2. B. Balázs, *L'Esprit du cinéma*, trad. fr. J. Chavy, Paris, Payot, 2011, p. 188.
3. J. Epstein, *Le Cinéma du diable*, *Écrits sur le cinéma*, tome 2, Paris, Seghers, 1975, p. 26.
4. G. Deleuze, *Cinéma 1. L'image-mouvement*, Paris, Minuit, 1983, p. 15.

> Le cinéma est le système qui reproduit le mouvement en fonction du moment quelconque, c'est-à-dire en fonction d'instants équidistants choisis de façon à donner l'impression de la continuité [1].

Si certains d'entre ces moments ressortent plus que d'autres à la vision du film, s'il y a des paroxysmes, des crises, c'est par un travail de l'expression permis précisément parce que tous les instants sont équidistants les uns aux autres. Au cinéma, les instants peuvent être tout autant ordinaires et quelconques que quelconques et remarquables.

On pourrait en dire autant de chaque instant de la période active d'un isotope. Contrairement au sublime, qui va avec une catastrophe soudaine se distinguant comme un point extraordinaire de l'espace-temps ou une brève série de points extraordinaires (explosion, submersion, et ainsi de suite), tous les instants de la radioactivité, pouvant également s'étirer sur des durées très longues, sont équidistants, sans surprise ni retournement imprévu de situation. Et cela, même s'il y a de meilleurs moments ou de pires – selon d'ailleurs des facteurs très variés : santé, climat – pour être irradié. Si le destin du cinéma est lié à celui de la radiographie, la *radioactivité est profondément cinématographique*.

1. G. Deleuze, *Cinéma 1. L'image-mouvement*, *op. cit.*, p. 14.

ESTHÉTIQUE RADIEUSE
POUR LES MUTANTS SANS ABRI

« Puisqu'il n'est de regard que dans ce qui meurt. »
Yves Bonnefoy

ACCIDENT ESTHÉTIQUE

Dans la mythologie grecque, Ouranos et Gaïa – le Ciel et la Terre – ont donné naissance à douze enfants moitié mâles et moitié femelles. Les Titans ont noms « le Questionneur » (Céos), « l'Avaleur » (Cronos), « le Transperceur » (Japet), « l'Outre » (Hypérion), « la Limite du monde habitable » (Océan), « le Virage » (Crios). Quant aux Titanides, il s'agit de « la Coulante » (Rhéa), « la Luisante » (Phœbé), « la Non-humaine » (Théia), « la Mémoire » (Mnémosyne), « le Réceptacle » (Téthys), « la Sévissante » (Thémis).

Chacun de ces noms convient à l'un au moins des aspects de la catastrophe de Tchernobyl et de ses suites.

Notre âge a, le premier, rallié les deux abîmes nucléaires du temps : son germe (*nucleus*) et son horizon.

Comme l'écrit Morton : « Le temps viendra où nous demanderons à chaque texte ce qu'il dit sur l'environnement [1]. » Y compris quand,

1. T. Morton, *Ecology without Nature*, *op. cit.*, p. 5.

comme chez Hésiode, la radioactivité technologique n'était pas encore à l'ordre du jour.

Il existe un programme figuratif de la radioactivité.

Dans l'art se forgent nos résolutions – et nos aspirations – sur le monde et la nature.

Guillaume Grandazzi et Frédérick Lemarchand rappellent qu'il existe deux paradigmes pour Tchernobyl. Scientifique (« rationaliste et matérialiste[1] ») : Tchernobyl est alors pris comme « une catastrophe comme une autre sur laquelle nous devons trouver prise et dont la véritable nature est placée devant nous ». Métaphysique : Tchernobyl nous met ici « en présence d'un monde radicalement nouveau [...] bouleversant nos repères spatio-temporels autant que ceux qui nous permettent de définir l'humanité de l'homme moderne en rupture avec la nature ». Nous avons souvent croisé, sous une forme ou sous une autre, le désaccord qu'il y a parfois entre les deux.

Peut-être un autre paradigme est-il possible, qui ne résoudrait pas ces différends, mais qui renverrait les deux positions dos à dos.

Un paradigme esthétique.

Que partagent-ils, Cornelia Hesse-Honegger, Anaïs Tondeur, Vladimir Chevtchenko, David McMillan, Susan Schuppli, parmi tant d'autres, si ce n'est de travailler – quels que soient leurs médiums : dessin, photographie, films documentaire, film expérimental, etc. – *à partir de la matière irradiée elle-même.* À travers le cas particulier, imperceptible, « hyperobjectal », « naturel-culturel », de la radioactivité artificielle de masse appréhendée par ses effets réels ou potentiels, tous et toutes contribuent à la mise en scène de

1. G. Grandazzi et F. Lemarchand, « Avant-propos », dans G. Grandazzi et F. Lemarchand (dir.), *Les Silences de Tchernobyl*, *op. cit.*, p. 8, pour toutes les citations du paragraphe.

l'explosion du cadre esthétique occidental par la destitution du sujet moderne. Jusqu'à Tchernobyl, malgré une histoire mouvementée, et des prérogatives pas toujours préservées (perte de la maîtrise du jugement, péremption de la notion de bon goût), le sujet de l'art a toujours tenu bon sur un élément clé de la conception kantienne du jugement esthétique : *le sujet qui regarde est distinct de l'objet contemplé.*

Tout le travail de l'art a consisté même à construire le sujet et l'objet comme deux termes extérieurs l'un à l'autre et à se tenir dans leur relation. Notre tradition artistique et esthétique est celle d'un sujet contemplant un objet – lesquels n'existent *naturellement* pas l'un sans l'autre. Le sujet est sujet *parce qu'il* regarde de telle manière tel objet et l'objet est objet *parce qu'*il est présenté de telle manière à la vue de tel sujet. C'est, par exemple, toute l'histoire de la perspective : le spectateur n'est en rien identique au sujet de la perception ordinaire, l'objet du tableau n'est en rien identique à l'ordinairement perçu – tous les deux sont élaborés artificiellement. Et si l'un change, l'autre change aussi ; toucher à l'un des deux termes, c'est modifier l'autre[1].

> Ce qu'a inventé l'art occidental, *c'est un couple dont les deux membres sont* également bizarres, pour ne pas dire exotiques, et dont on ne retrouve la trace dans aucune autre civilisation : l'objet *pour* ce sujet ; le sujet *pour* cet objet[2].

Avec – à la clé – une supériorité du sujet sur l'objet : car qui répartit entre objet et sujet, si ce n'est le sujet humain ? Toute les théories de l'artiste créateur et de la « faculté de juger » du spectateur tiennent par là. C'est toujours à l'homme que reviennent dans ce schéma le premier et le dernier mots.

1. *Cf.* par exemple J. Crary, *Techniques de l'observateur. Vision et modernité au XIXe siècle*, trad. fr. F. Maurin, Bellevaux, Éditions Dehors, 2016.
2. B. Latour, *Face à Gaïa*, *op. cit.*, p. 28-29.

L'art contemporain n'a pas suffi, à lui seul, à fissurer ce bel édifice : si certaines œuvres mettent à mal la relation entre le spectateur et l'œuvre (qui n'est qu'un cas partiel de la relation entre objet et sujet), si de nombreuses parmi ces œuvres – j'y reviendrai – récusent la position de jugement et de contrôle du spectateur, beaucoup aussi ne vont pas plus loin, tandis que d'autres ne s'aventurent tout compte fait même pas jusque-là. Et inversement, des formes, qui ne relèvent pas précisément de ce que nous appelons « art contemporain », et qui peuvent dans leur mode d'expression passer pour relativement conservatrices, vont parfois bien plus avant. Dans le risque. En relèvent les gestes artistiques que nous avons rencontrés avec Tchernobyl.

Comme nous le verrons, ces gestes ne prétendront pas se débarrasser du sujet, mais vont plutôt nous inviter à concevoir le sujet de l'esthétique – et donc son objet – sous un angle différent de ce dont nous avons l'habitude. Cet essai pose qu'ils peuvent constituer une véritable contre-proposition dans l'esthétique et, peut-être la philosophie, en général.

La représentation de la nature suscitée par l'accident de Tchernobyl, en ses œuvres les plus novatrices, constitue la matrice d'une pensée esthétique, dans laquelle les nouveaux arts de l'Anthropocène par exemple, s'articulant notamment autour de la distinction entre sujets humains et sujets non humains, inventant des manières coopératrices de faire de l'art entre les hommes et la nature, et prenant la suite de plusieurs projets artistiques antérieurs (Arte povera, Land Art, etc.), ont pu ensuite s'installer et prospérer.

Quelle est cette pensée esthétique ? Il ne s'agit nullement d'en instituer un modèle ou une règle générale, tant l'étude de l'art ne peut être autre chose qu'une étude des œuvres d'art, toujours singulières, toujours intraitables. Il n'est pas démesurément vain, toutefois, d'imaginer qu'une tendance un peu collective puisse se dessiner autour des actes artistiques que ce livre vient d'examiner d'un peu près – actes qui n'ont, il est également vrai, jamais été envisagés par leurs auteurs dans le cadre d'un mouvement explicitement revendiqué. Il n'y a pas d'« école de Tchernobyl ».

DES FEMMES ET DU TEMPS

L'un des signes du bouleversement de l'esthétique impliqué par l'art de Tchernobyl tient à ce que ce dernier est essentiellement animé par des femmes : Cornelia Hesse-Honegger, Anaïs Tondeur, Julia Oldham, Susan Schuppli, Cécile Massart. Du côté des mots : Svetlana Alexiévitch ou Galia Ackerman. Derrière Tondeur, comme on l'a vu, c'est également toute la pratique des herbiers photographiques par contact, de ces sujets de pacotilles, des fucus et des fleurettes, chez Anna Atkins ou Bertha Günther, que Tchernobyl exhume de l'histoire dominante des techniques et des représentations. Hesse-Honegger, pour sa part, cite souvent en modèle Maria Sibylla Merian, une botaniste et peintre hollandaise, auteur d'un remarquable ouvrage sur la métamorphose des papillons d'Amérique du Sud : *Metamorphosis insectorum Surinamensium* (1705). Elle fut l'une des rares femmes naturalistes et voyageuses de son époque. Et d'une manière générale, combien des illustrations des traités naturalistes, signés par des hommes, ont été réalisées par des femmes : Hélène du Mouriter de Marsilly, l'amie de Réaumur, à qui l'on doit notamment de remarquables croquis d'abeilles, Christine Jurine, la sœur du médecin genevois Louis Jurine, qui a dessiné les planches pour la *Nouvelle Méthode de classer les hyménoptères et les diptères* (1807) ?

Tchernobyl nous invite à regarder – homme ou femme – les images en tant que spectatrices. C'est peut-être la première des mutations qu'il opère sur le sujet traditionnel de l'esthétique qui, pour reprendre des mots d'Ursula K. Le Guin à propos de l'utopie, « a toujours été euclidien, européen et masculin [1] ». Tchernobyl a été rendu possible par des hommes. Aucune femme n'y était directrice,

1. Ursula K. Le Guin, *Danser au bord du monde. Mots, femmes, territoires*, trad. fr. H. Collon, Paris, Les éditions de l'éclat, 2020, p. 111.

ingénieure ni technicienne. Aucune femme dans les instances du parti, non plus qu'à la tête du programme nucléaire soviétique. Le Guin – dans un tout autre contexte – note encore :

> Voici maintenant ce que je ne veux pas : je ne veux pas ce que détiennent les hommes. Je suis bien contente de les laisser accomplir leurs tâches et prononcer leurs paroles. Mais je ne veux pas – et je ne laisserai pas – affirmer, croire et nous dire que leur appartiennent en propres les seules tâches, les seules paroles qui conviennent aux humains [1].

L'art de Tchernobyl est l'affaire des femmes. Elles y défendent l'une de leurs tâches et leurs paroles en propre. Les femmes se méfient du concept de nature car « la Nature vue comme tout ce qui n'est pas humaine, cette Nature-là est une construction de l'Homme » et car « le lieu où je vis en tant que femme est, pour les hommes, une nature sauvage [2] ». L'art de Tchernobyl est un art sauvage d'abord et principalement à ce titre : il nous montre la Terre où vécurent nos mères et où mourront nos filles. Là où la langue paternelle, de la communication, de la conquête, de la science, exige la distinction du sujet et de l'objet, de moi et de l'autre, la langue maternelle, des femmes, des enfants, des impuissants, entre silence et chanson, ne désire que la mise en relation. Qu'écrirait la femme qui se chargerait de rédiger le second tome de *Walden ou la vie dans les bois ?* En prolongeant une question de Virginia Woolf sur ce qu'aurait pu écrire la sœur de Shakespeare, qu'aurait écrit Thoreau lui-même s'il avait parlé dans sa langue maternelle ?

Pour l'écoféminisme, la détérioration des milieux va main dans la main avec le patriarcat : la manière dont les hommes ont oppressé les femmes – variablement selon les époques, les classes sociales – est la même que celle avec laquelle ils ont opprimés les animaux, toutes les formes de vie en général, et jusqu'à la matière elle-même [3].

1. Ursula K. Le Guin, *Danser au bord du monde*, *op. cit.*, p. 191.

2. *Ibid.*, p. 194.

3. *Cf.* J. Plant (éd.), *Healing the Wound : The Promise of Ecofeminism*, Philadelphie, New Society Publishers, 1989 ; I. Diamond et G. Freeman

Assimilée à la nature par ses fonctions biologiques, la femme a fait les frais de l'assujettissement de la nature dont notre civilisation a tiré sa renommée. Selon Carolyn Merchant, aux XVIe et XVIIe siècles, « la tension entre le développement technologique dans le monde de l'action et les images organicistes dans le monde de l'esprit[1] » a basculé à l'avantage d'une conception économique et sociale dominatrice sur la nature au détriment de la vision religieuse d'une « mère nourricière [*nurturing mother*] ». Et

> personne n'égorge volontiers une mère, ne fouille dans ses entrailles pour y chercher de l'or ni ne mutile son corps […]. Tant que la nature était considérée comme vivante et sensible, on pouvait tenir pour une violation dans le comportement éthique humain de perpétrer des actes destructeurs à son encontre.

S'il apparaît que le terme « écoféminisme » ait été pour la première fois employé par la féministe française Françoise d'Eaubonne en 1974 dans *Le Féminisme ou la mort*, l'une des dates importantes d'un mouvement d'abord anglo-saxon a été la conférence « Women and Life on Earth » organisée à la suite de l'incident dans la centrale nucléaire de Three Mile Island en 1977[2]. Écoféminisme et accident nucléaire semblent avoir un lien pour le moins conjoncturellement fort. L'écoféminisme contribue à dépasser les concepts romantiques de nature et d'environnement, qui triomphent dans une vision sentimentale de l'écologie, comme constituant des « foyers » accueillants. Mais la relation des femmes à l'écologie n'est pas symétriquement réciproque : si l'écoféminisme consiste principalement en un mouvement féministe à l'intérieur de l'environnementalisme, en « socialis[ant] la nature », l'inverse est plus problématique car il est difficile d'envisager une conception

Orenstein (éd.), *Reweaving the World : The Emergence of Ecofeminism*, San Francisco, Sierra Club Books, 1990.

1. C. Merchant, *Earthcare ; Women and the Environment*, Londres, Routledge, 1996, p. 78, et toutes les citations suivantes.

2. Pour une anthologie de textes majeurs de l'écoféminisme, *cf.* É. Hache (éd.), *Reclaim. Recueil de textes écoféministes*, Paris, Cambourakis, 2016.

« écologique » des femmes sans « naturalis[er] le social[1] » ni renvoyer les femmes à une nature dont tout le féminisme entend justement les émanciper.

Sous couvert d'avoir été la catastrophe technologique majeure du siècle dernier, Tchernobyl, en opérant un enfouissement d'un certain état colonisateur et despotique de la technique, a surtout été un *déterrement des minorités et des opprimés* : ouvriers et soldats sacrifiés, populations déplacées, animaux domestiques abandonnées, vies minuscules méconnues (insectes, brins d'herbe, moisissures). Mais, derrière, il y a tout une histoire sédimentée aussi de ce lieu, de ce nom, « Tchernobyl », qui passe par la Shoah par balles en 1941 – la première « catastrophe » de Tchernobyl – et les pogroms antijuifs d'octobre 1905 et de mai 1919, par l'« Holodomor » (la famine meurtrière) de 1932 et 1933, par la déportation de la minorité polonaise par Staline en 1936, ou encore par la mémoire d'une culture paysanne séculaire vouée à disparaître et dont Tchernobyl a paradoxalement rappelé l'existence en lieu et place de l'uniformisation soviétique officielle. Telle est la « carte profonde[2] » des minorités de la région de Tchernobyl depuis plus d'un siècle.

L'explosion du quatrième réacteur de la centrale Lénine n'a pas seulement mis en danger la vie, elle a organisé de nouveaux modes d'existence – impliquant d'autres enchevêtrements d'activités animales ou humaines : retour d'espèces en danger, tourisme noir, trafic de bois ou d'objets irradiés, etc. – en convoquant les fantômes de Tchernobyl. Et qu'est-ce qu'un spectre, si ce n'est justement le dernier territoire de la peau d'un vivant, notre première et dernière « irradiation », qui, pour une raison ou une autre, *ne parvient pas à mourir* ?

Susan Schuppli, Anaïs Tondeur ou Cornelia Hesse-Honegger sont des artistes éminemment politiques car elles donnent une

1. C. Larrère, « L'écoféminisme : féminisme écologique ou écologie féministe », *Tracés*, n° 22, 2012/1, p. 106, pour les deux citations.

2. Sur cette notion voir ci-dessus p. 96.

voix aux choses muettes précarisées, non pas muettes par nature – on a dit qu'une nature naturelle n'avait aucun sens –, c'est-à-dire par complexion, par physiologie, mais muettes *parce que* précarisées [1]. Le nucléaire n'est pas une propriété des choses mais une propriété distribuée dans les choses par l'être humain en regard de préméditations politiques d'organisation et de distribution du sensible [2]. Peut-être d'être des femmes les rend-il plus sensibles à l'écoute de ces voix-là. Et derrière les plantes ou les insectes, ce sont tous les opprimés de l'histoire de ce bout de monde qui crient leurs souffrances et exigent de sortir de l'oubli. Qu'est-ce que la politique, sinon porter la voix de ceux qui n'en ont pas ?

Est en jeu dans Tchernobyl un certain rapport au temps : non pas simplement, comme je l'ai souvent rappelé dans ces pages, par la très longue temporalité impliquée par la durée de vie de certains radionucléides, mais également parce que Tchernobyl a *suspendu* le temps (les villes abandonnées et laissées depuis en l'état : horloges non remontées, rideaux de fer de magasin toujours ouverts, etc. ; mais aussi les riverains revenus qui continuent de vivre comme si de rien n'était). Parce que Tchernobyl a *arrêté l'accélération du temps* – le projet politique de Gorbatchev à son arrivé tournait autour de trois axes : « transparence [*glasnot*] », « rénovation [*perestroïka*] », « accélération [*ouskoreniye*] », dernier point se situant tout à fait dans l'héritage de l'idéologie soviétique de conquête de la nature. Parce que Tchernobyl a *rappelé le passé au présent* (la Shoah, la culture rurale ancestrale). Parce que Tchernobyl a aussi *accéléré le temps* (l'explosion a instauré un climat d'urgence absolue)… Comme le rappelle Michael Marder, la majorité de la population concernée a vécu Tchernobyl « après coup [3] ». La catastrophe de

1. C'est ce que Jean-François Lyotard appelle un « différend » : quand le tort subit par la victime n'est ni formulable ni audible dans la langue de son oppresseur (*Le Différend*, Paris, Minuit, 1983, p. 24-25 notamment).

2. *Cf.* G. Hecht, *Uranium africain, une histoire globale*, trad. fr. C. Nordmann, Paris, Seuil, 2016.

3. M. Marder et A. Tondeur, *The Chernobyl Herbarium*, *op. cit.*, p. 40.

Tchernobyl a contribué à délinéariser le temps. Mieux, puisque le temps n'est jamais linéaire : elle a contribué à délinéariser notre conscience du temps non linéaire. Voilà pourquoi – pour en revenir au préambule de ce livre – elle n'a finalement rien à voir avec la moindre pensée de la fin du monde, car il n'y a de fin que de ce qui débute, avec des extrémités strictement distinguées, c'est-à-dire que de ce qui va, bon an mal an, toujours en ligne droite d'un point à un autre.

RADIES DANS L'ESTHÉTIQUE

Il est devenu courant depuis plus de vingt ans d'interroger une annoncée « fin de l'expérience esthétique [1] », pour la nier ou la confirmer, de parler d'« adieu à l'esthétique [2] » ou d'« inesthétique [3] », tant l'art contemporain, par la « dé-spécification [4] » de l'art qu'il met en scène en brouillant les frontières médiatiques entre les arts traditionnels, en déconcertant les spectateurs par la trivialité voire l'inexistence matérielle de ses objets (l'art conceptuel), et ainsi de suite, opère ce que Marianne Massin appelle une « triple déstabilisation » :

> esthétique dans la perception, ontologique dans la difficulté à déterminer ce qui est ou non de l'art, axiologique dans l'impossibilité conséquente de l'évaluer. Par défaut (et/ou protestation) s'imposent alors d'autres critères, éthique, civiques, économiques, entre autres [5].

Du côté du spectateur plus précisément nous avons chaque jour l'occasion de pouvoir constater le rejet voire l'animosité que

1. *Cf.* R. Shusterman, *La Fin de l'expérience esthétique*, trad. fr. J.-P. Cometti, F. Gaspari et A. Combarnous, Pau, Presses universitaires de Pau, 1999.

2. *Cf.* J.-M. Schaeffer, *Adieu à l'esthétique*, Paris, P.U.F., 2000.

3. *Cf.* A. Badiou, *Petit Manuel d'inesthétique*, Paris, Seuil, 1998.

4. J.-P. Cometti, J. Morizot et R. Pouivet, *Questions d'esthétique*, Paris, P.U.F., 2000, p. 191.

5. M. Massin, *Expérience esthétique et art contemporain*, *op. cit.*, p. 8, et pour la citation précédente.

suscitent des œuvres d'art sur lesquelles le « jugement de goût » classique (de type kantien) n'est plus opératoire. Marcel Duchamp, au nom notamment d'un refus des conventions bourgeoises, avait été l'un des premiers à déclarer ouvertement vouloir « décourager l'esthétique [1] » en présentant un urinoir renversé. L'art contemporain fait de nous – à reprendre le titre d'un livre de Giorgio Agamben – des « hommes sans contenu [2] ». Pour Agamben, en recherchant le choc esthétique, en cultivant le mauvais goût (à la suite de leurs grands prédécesseurs modernes), les artistes contemporains affichent leur désir de ne plus se subordonner au bon goût des autres – en l'occurrence des spectateurs – qui présente un côté anesthésiant, lénifiant, convenu, insipide, une perfection froide et indifférente menaçant la création artistique – le spectateur voulant par définition qu'on lui montre ce qu'il a déjà apprécié, l'œuvre ne devenant plus qu'une occasion de tester ou d'exercer le jugement esthétique. Le spectateur n'est plus qu'un « spectre évanescent [3] », une caisse enregistreuse uniquement nécessaire pour attester ce que l'artiste seul déclare être de l'art (Donald Judd : « Si quelqu'un dit que son travail est de l'art, c'est de l'art [4] »). Si l'art se joue dans la relation esthétique entre l'artiste et le spectateur, « l'expérience de l'art ne peut-elle être désormais que l'expérience d'un déchirement absolu [5]. » Progressivement, les artistes ont fini par ne plus revendiquer ni bon ni mauvais goût (le laid, l'abject) au profit, non plus d'une expérience *de* l'art, mais de l'expérience *comme* art – pour inverser le titre d'un célèbre livre de John Dewey –, du refus de séparer l'art de l'expérience de la vie ordinaire.

L'hypothèse d'une relation esthétique dans l'art contemporain se trouverait donc menacée des deux côtés, soit par une relation à l'art

1. Marcel Duchamp, Lettre à Hans Richter de 1962, cité dans Hans Richter, *Dada : Art and Anti-Art*, Londres, Thames and Hudson, 1966, p. 313.

2. *Cf.* G. Agamben, *L'Homme sans contenu*, trad. fr. C. Walter, Paris, Circé, 1996.

3. *Ibid.*, p. 27.

4. D. Judd, cité dans J. Meyer, *Minimalism : Art and Polemics in the Sixties*, New Haven, Yale University Press, 2001, p. 221.

5. G. Agamben, *L'Homme sans contenu*, *op. cit.*, p. 64.

> qui ne relèverait plus apparemment de l'esthétique, soit par une expérience, certes esthétique, mais qui ne s'inscrirait plus dans les délimitations de l'art [1].

La violence du comportement de nombre de spectateurs devant l'art contemporain, qui se sentent démunis de leurs prérogatives attendues, prétend combler cette rupture – à leur avantage – en niant carrément à l'objet qui se tient devant eux son statut d'œuvre d'art. La diatribe est le moyen par lequel nous tenons l'œuvre à distance pour ne pas avoir à reconnaître l'inadéquation de notre jugement esthétique conventionnel. Georges Didi-Huberman a parlé d'un « ressentiment en mal d'esthétique [2] ». Le concept de ressentiment vient de la philosophie de Nietzsche, où il désigne la rancune, l'esprit de revanche des plus faibles contre les forts, des malades contre les vigoureux, de la masse contre les esprits nobles, élevant le pathologique en norme (c'est la morale chrétienne, par exemple : haine de la puissance, haine de l'énergie, haine de la vie – par essence injustes). Le ressentiment implique trois conséquences que Didi-Huberman va retrouver dans le nouveau jugement esthétique : l'homme du ressentiment est toujours en retard (le ressentiment est une réaction), il est incapable d'admirer (l'admiration suppose le respect devant ce qui nous dépasse), il doit s'inventer un objet de détestation à mettre en face de lui (il n'existe qu'en dévalorisant). En témoigne le penchant moralisateur du jugement qui condamne l'art contemporain au titre qu'il serait « mauvais ». On a là un exemple précis de déplacement de critères esthétiques vers des critères éthiques. Nous sommes ainsi jetés devant l'« archaïsme [3] » de notre discours traditionnel. L'exécration – signe de notre impuissance (on en reste toujours au stade du discours et aucun spectateur ne passe à l'acte de la détérioration de ce qu'il tient pourtant pour nul et non avenu…) – finit par sombrer

1. M. Massin, *Expérience esthétique et art contemporain*, *op. cit.*, p. 12.
2. G. Didi-Huberman, « D'un ressentiment en mal d'esthétique », *Lignes*, n° 22, 1994/2, p. 21.
3. *Ibid.*, p. 32.

dans les métaphores excrémentielles [1], bien plus fréquente que la surestimée dérive stercoraire de l'art [2], en se caractérisant par une « fixation régressive » et une obsession « aseptique [3] ».

L'art contemporain n'invente pas la situation d'un sujet « altéré » – le propre de l'« acte esthétique [4] » en tant que tel est précisément de nous faire voir les choses autrement que dans notre existence routinière (c'est le fameux « bain photographique » de Bergson [5]), d'ébranler nos certitudes, de susciter notre perplexité voire de nous être désagréable – mais il la porte à un point de non-retour puisque, sans même aller jusqu'à des considérations axiologiques discutables (en aiguisant nos sensations, l'art est loin de nous rendre nécessairement plus heureux…), pour la première fois, le sujet semble dépossédé des moyens critiques de *se resubjectiver* à l'épreuve de l'art. L'altérité s'y transforme en aliénation. L'expérience esthétique cesse d'être « construite et conduite [6] » par celui qui la vit.

Cette situation – très schématiquement exposée : il y a un « renouveau [7] » de l'expérience esthétique dans l'art contemporain, mais là n'est pas mon propos – s'applique-t-elle à notre regard devant l'art de Tchernobyl ? Est-ce sur un registre similaire à celui de l'art contemporain que les œuvres que nous avons croisées sont l'occasion d'une expérience esthétique ?

1. *Ibid.*, p. 33 : « Ce qui est reproché à "l'art contemporain", ce n'est ni plus ni moins que d'*être de la merde*. »

2. *Cf.* notamment J. Clair, *De immundo*, Paris, Galilée, 2004.

3. G. Didi-Huberman, « D'un ressentiment en mal d'esthétique », art. cit., p. 34, pour les deux citations.

4. *Cf.* B. Saint Girons, *L'Acte esthétique. Cinq réels, cinq risques de se perdre*, Paris, Klincksieck, 2008.

5. H. Bergson, *La Pensée et le mouvant*, *op. cit.*, p. 1371 : « Au fur et à mesure qu'ils [le poète et le romancier] nous parlent, des nuances d'émotion et de pensée nous apparaissent qui pouvaient être représentées en nous depuis longtemps, mais qui demeuraient invisible : telle l'image photographique qui n'a pas été plongée dans le bain où elle se révélera. »

6. M. Massin, *Expérience esthétique et art contemporain*, *op. cit.*, p. 59.

7. *Ibid.*, p. 65. C'est toute la thèse de l'ouvrage de Marianne Massin : « Revendiquer l'an-esthétique […] n'implique pas pour autant de renoncer à déployer l'acuité soutenue d'une esthésie. »

À l'évidence non.

Cela s'explique-t-il par la gravité du sujet ou par la présence si particulière des matières contaminées elles-mêmes dans nombre des images que nous avons rencontrées – toutes deux conférant un certain « sérieux » aux œuvres concernées ? Mais de nombreuses autres œuvres sont dans des cas similaires. Là n'est pas l'essentiel.

Pour mieux cerner ce phénomène, il faut sans doute revenir, encore une fois, à la particularité principale de Tchernobyl, que j'ai souvent rappelée dans les pages qui précèdent : *Tchernobyl, par les temps gigantesques impliqués dans la radioactivité, par son caractère de catastrophe continuée, a fissionné le sensible lui-même en mettant le temps sens dessus dessous.* Bien que l'art de Tchernobyl soit par excellence notre contemporain – quoi de plus contemporains que le nucléaire et l'éradication à chaque instant possible de l'homme par l'homme dans le nouvel âge de la technique ? –, il est aussi, parce que l'ancien temps n'a plus de sens, un art *dé-contemporain.*

Dans *Expérience esthétique et art contemporain*, la philosophe Marianne Massin associe quatre déclinaisons à l'emploi de l'adjectif « contemporain » pour qualifier un certain état de l'art : le présent se déplaçant sans discontinuer, le contemporain ne cesse de ne l'être plus au sens strict du terme – contemporain vaut pour « inassignable » ; est contemporain « un art dont la nature est "devenue incertaine" » ; le contemporain ne se superpose pas au neuf puisque cet art procède « par des réutilisations d'images, des recyclages de codes, en se proposant comme commentaire éclaté d'un héritage cité et remanié » ; enfin, « l'adjectif homogénéise fallacieusement [...] la contiguïté temporelle [...] [et] la « co-appartenance à une même sphère historique culturelle [1] ».

Les gestes que nous avons commentés n'obéissent à aucun de ces critères, pris ensemble ou séparément. En s'emparant du présent, elles assignent l'avenir avant la lettre ; elles s'inscrivent

1. M. Massin, *Expérience esthétique et art contemporain*, *op. cit.*, p. 65-66, pour toutes les citations. La formule « devenue incertaine » est empruntée à Harold Rosenberg (*La Dé-définition de l'art*).

dans des registres médiatiques très traditionnels et relativement cloisonnés où le spectateur reste devant une image dont l'espace fictionnel, très « classiquement », n'empiète pas sur le sien ni ne l'absorbe (peinture, photographie, film… : on est loin des installations, des performances, des expérimentations diverses, voire des exubérances ou de la dématérialisation à l'œuvre dans les chevauchements de l'art contemporain) ; si elles s'inscrivent inévitablement dans un certain héritage visuel (herbiers, illustrations scientifiques), elles n'appartiennent pas au courant « postmoderne [1] », elles ne nomment jamais explicitement cet héritage ni ne jouent avec lui (pastiche ironique, mélange des genres, emprunts opportunistes, nostalgie cynique, confrontation entre art de pointe et art populaire : cartographie des « simulacres [2] ») ; en elles, la coprésence temporelle et la co-appartenance culturelle ne sont pas distinguées (nous sommes les êtres de l'âge nucléaire).

L'art de Tchernobyl nous montre – il n'est évidemment pas le seul à le faire – que le contemporain ne se superpose pas sur l'*actuel* : il est manifeste que des œuvres anciennes, comme les ready-made de Duchamp, relèvent plus de l'art contemporain que la peinture néofigurative de David Hockney (toujours en activité au moment où j'écris ces pages). En même temps, par d'autres aspects, Anaïs Tondeur ou Susan Schuppli sont bien des artistes contemporaines. Telle est la raison pour laquelle je préfère parler d'art *dé-contemporain* : ni à proprement parler contemporain (dans la définition que le terme a en art), ni non plus non contemporain. Contemporain sans l'être. Comme son objet, la radioactivité : en dehors des cadres temporels ordinaires. L'art *décontemporain* de Tchernobyl n'est pas un art du *décompte* (il n'y a pas de fin du monde ni donc de compte à rebours), c'est un art du *déconte* : art qui se détourne des contes à dormir debout – ou à empêcher de dormir – de la fin du monde et du concept romantique de la nature

1. *Ibid.*, p. 66.
2. *Cf.* J. Baudrillard, *Simulacres et simulation*, Paris, Galilée, 1981.

immaculée, qui sont à l'origine de nos angoisses, qui nous « rendent fous [1] » et que nous devons d'abord commencer par déconstruire.

REGARD ÉNUCLÉÉ : DU MUET AU MUTANT

Le propre de l'esthétique est, tout en s'exprimant dans une langue, de déjouer les attentes de la langue. Le mot (*muttum*), parce qu'il est d'abord étymologiquement un grognement, y retrouve sa vérité sensible première – tous les noms sont d'abord des noms propres – d'être avant tout un bredouillage, un mutisme, un son silencieux (*mutus*), un mot pour ne rien *dire*, mais pour *montrer*. L'esthétique traditionnelle est ainsi fondamentalement une *esthétique monstrueuse*. L'esthétique monstrueuse est éminemment, dans sa formulation philosophique matricielle, celle du sujet kantien. En particulier, le concept d'une « universalité sans concept [2] », par lequel Kant pense le paradoxe d'un jugement de goût à la fois subjectif et non réductible à l'inclination du sujet privé qui juge, valable pour tous, est une abomination logique qui n'a guère d'équivalent dans l'histoire de la philosophie. Toute l'esthétique ne tient que par des monstres.

Tchernobyl nous fait passer d'une esthétique monstrueuse à une esthétique *mutante*. Être un mutant, ce n'est plus seulement rester mutique devant des images qui nous laissent sans voix, c'est muer (*mutare*) devant des images qui nous laissent « sans voir ». Il n'y a rien à voir à Tchernobyl, rien. C'est commencer par se rendre aveugle à ce qui permet de voir : un corps chevronné. À bien des égards, l'expérience nucléaire tchernobylienne a fait de nous des spectateurs acéphales, éborgnés, cyclopes. C'est ce que je propose d'appeler *l'énucléation du regard*. L'énucléation est la logique esthétique de l'époque de la radioactivité nucléaire par laquelle nous avons muté dans nos images comme espèce technologique et animale. Où se tient la radioactivité dans l'image ? Elle est ontologiquement sur le même

1. B. Latour, *Face à Gaïa*, *op. cit.*, p. 19.
2. *Cf.* E. Kant, *Critique de la faculté de juger*, *op. cit.*, p. 968.

plan que le spectateur : *aucun des deux n'est à l'image*. Aussi, le spectateur est invité à basculer du côté de l'image par l'intermédiaire d'œuvres commençant par refuser la distinction entre le sujet et l'objet. Si nous ne pouvons pas voir la radioactivité, ce n'est pas tant parce que la radioactivité en soi n'est pas perceptible que parce que nous habitons dans la radioactivité. Nous sommes son destin d'invisibilité. Telle est peut-être l'expression la plus malicieuse de la *fission du sensible* de l'âge nucléaire.

Le sujet regardant est encouragé à se projeter au-delà de l'humain, dans tel ou tel insecte, telle ou telle fleur, en un geste esthétique qui propose à sa manière – nous avons eu à de multiples reprises l'occasion de le constater tout au long de ce livre en parlant de « trajet » (Berque), d'« hyperobjet » (Morton), de « quasi-objet » (Serres) – de dépasser la dichotomie « ruineuse[1] » du sujet et de l'objet. Il ne s'agit pas seulement de métaphore ou d'allégorie, comme l'art nous y a habitués – c'est toute l'invention des fables animalières, par exemple –, et de *dire* l'homme en montrant autre chose que l'homme, mais désormais on va *montrer* l'homme précisément en montrant autre chose, en posant une tout autre relation de l'homme à la nature. Car l'homme n'est pas au départ de la relation esthétique, ni comme un spectateur ni comme un créateur qui lui préexisteraient : il est *ce qui surgit au bout de la relation qu'est l'œuvre – que celle-ci représente des hommes ou pas*. Que la représentation porte sur des non-humains rend juste plus sensible que *l'homme est l'invention de l'art*.

L'homme est l'hypothèse de la mutation des formes. L'homme est un pendule entre les espèces. « Il vieillit devant un troupeau de

1. M. Massin, *Expérience esthétique et art contemporain*, *op. cit.*, p. 51. La solution proposée par Marianne Massin, avec laquelle je suis en parfait accord, est d'un tout autre ordre : l'expérience esthétique est à la fois subjective, désubjectivée (elle peut être déplaisante, nous amener à réviser notre point de vue et nos valeurs) et objectivante (pas de relativisme privatisé mais au contraire l'horizon d'un univers partageable). Elle doit être « pens[ée] dans la fluidité de ces trois modalités, et même dans leur porosité » (p. 52).

dinosaures[1]. » Nous sommes ce que nous ne voyons pas de l'autre côté des images.

ESTHÉTIQUE DE DYSON

L'esthétique radieuse relève d'une manière plus générale de penser l'esthétique, et les relations entre le sujet et l'objet de l'expérience esthétique.

Dans un article publié en 1960 et intitulé « Search for Artificial Stellar Sources of Infrared Radiation », le physicien et mathématicien Freeman J. Dyson décrit, dans le cadre de l'hypothèse d'une vie extraterrestre technologiquement supérieure et pour répondre au paradoxe de Fermi, une mégastructure creuse d'astro-ingénierie que l'on pourrait construire tout autour d'un système solaire pour en capturer l'énergie. La sphère de Dyson est une coquille géante également nommée « biosphère artificielle[2] ». L'idée lui en est venue à la lecture du roman de science-fiction *Créateur d'étoiles* (1937) d'Olaf Stapledon, dans lequel des milliers de mondes extraterrestres ont construit des structures analogues encerclant concentriquement leurs étoiles parentes et captant l'essentiel de l'énergie stellaire – les plus éloignées d'entre elles abritant la vie[3]. D'après le schéma proposé par Dyson, des habitations pourraient être aménagées sur la face interne de la structure, ce qui permettrait de résoudre les cas les plus exponentiels de surpopulation. Sur la surface d'une sphère de Dyson, le soleil brille, par exemple, en permanence et il n'existe ni coucher ni lever de soleil, aucune alternance du jour et de la nuit [Fig. 19].

1. J. L. Schefer, *L'Homme ordinaire du cinéma*, Paris, Gallimard-Cahiers du cinéma, 1980, p. 149.

2. Freeman J. Dyson, « Search for Artificial Stellar Sources of Infrared Radiation », *Science*, vol. 131, n° 3414, 3 juin 1960, p. 1667.

3. *Cf.* O. Stapledon, *Créateur d'étoiles*, trad. fr. B. André, avec une introduction de Jorge Luis Borges, Paris, Éditions Planète, 1966. Dès 1929, l'astrophysicien John Desmond Bernal avait eu l'idée d'un habitat spatial dans une coquille creuse (*The World, The Flesh and The Devil : An Enquiry into the Future of the Three Enemies of the Rational Soul*).

L'astronomie permet de rendre compte métaphoriquement des trois grands moments historiques de la relation épistémologique entre le sujet et l'objet.

1. Tout d'abord le géocentrisme – s'appuyant sur la théorie des quatre éléments – a posé une Terre immobile au milieu de l'univers et des astres de feu mobiles tout autour. C'est le modèle qui sert de schème à la pensée grecque : philosopher, être heureux, c'est se rendre le plus possible semblable aux dieux immatériels qui peuplent le ciel supralunaire et hors d'atteinte de la corruption du monde ici-bas. C'est une philosophie *tournée vers l'objet*, vers la part connaissable de l'objet, qui ne se pose pas expressément – même en ce qui concerne l'éthique ou la politique – la question de la conscience ni de l'intériorité du sujet.

2. L'héliocentrisme – que l'on connaissait depuis l'Antiquité – a introduit à la Renaissance une « révolution copernicienne » ayant, non seulement retourné la relation astronomique entre des planètes désormais en déplacement (sur elles-mêmes et autour du Soleil) et une étoile fixe au centre des ellipses orbitales, mais également ayant, dans la connaissance, désigné l'avènement d'une philosophie *tournée vers le sujet* (Descartes, Kant). Chez Kant, l'expression revêt le sens très précis d'une interrogation sur ce que la raison humaine peut connaître ou pas (dans une entreprise de sauvetage de la métaphysique).

3. La sphère de Dyson, toute conjecturelle qu'elle soit, propose un autre modèle. Car il s'agit désormais de quitter la Terre, immobile ou mobile, pour aller de l'autre côté de l'objet, de l'autre côté du Soleil. Et que trouve-t-on de l'autre côté de l'objet, de l'autre côté du sujet en passant par l'objet ? On trouve la face interne du sujet. *L'autre côté de l'objet est la face interne du sujet.* Sur le plan philosophique, la coque de Dyson propose un modèle de dépassement de l'opposition entre sujet et objet *sans tomber dans les apories du monisme et des théories de l'unité de l'être* (réductionnisme, nominalisme, etc.).

Depuis Alexander G. Baumgarten, qui en fonde le concept, et malgré des renversements de situation, des crises, des contestations[1], l'esthétique est une esthétique du sujet, qui perçoit et juge (*aisthanomai*), avec deux perspectives historiques principales : la beauté n'est que dans l'œil de celui qui regarde, n'est pas inhérente aux choses elles-mêmes (c'est l'interprétation « subjecto-subjective ») ; toute subjective qu'elle soit, la beauté n'en demeure pas moins une valeur universelle (c'est l'interprétation « subjecto-objective »). Hume est le représentant par excellence de la première version de cette esthétique (*De la norme du goût*), Kant de la seconde (*Critique de la faculté de juger*). Entre les deux, la distance est celle de l'absentement à soi (l'é-motion, le mouvement [*motus*] hors de soi [*ex*]) qu'impose aussi l'expérience de l'art, qui dessaisit le subjectif du personnel et rend le jugement esthétique formulable dans la langue, dans des mots, communicable à tous – intersubjective (à la différence de l'hallucination) – dans un « grognement [*muttum*] » où l'esthétique excède le discours conceptuel par la parole à chaque fois imprévisible. Même les esthétiques contemplatives qui posent l'identité du sujet et de l'objet et entendent sortir d'une vision dissociative – comme l'est celle de Gilles Deleuze : « Rien ne se passe dans la tête du spectateur qui ne provienne du caractère de l'image[2] » – exigent la distinction conceptuelle entre les deux pour que leur réunification puisse être l'occasion d'une expérience, d'une expertise et d'une épreuve spécifiques.

Ce que j'appelle ici une *esthétique de Dyson* est d'un autre ordre.

Tchernobyl a sans doute été le premier événement à faire voir – en bouleversant notre rapport à l'espace-temps, à la matière et à la vie – que l'homme est toujours en retard sur lui-même. Peut-être, au-delà de la seule esthétique, la philosophie depuis plus de trente ans, chez Berque, Serres, Latour, les nouvelles Ontologies orientées vers l'objet, mais aussi chez certains grands prédécesseurs (Tarde,

1. Par exemple chez Heidegger : le recours à l'expérience vécue est impropre pour penser l'art qui est un mode talismanique du « décèlement [*Unverborgenheit*] » de l'Être.

2. G. Deleuze, *Cinéma 2. L'image-temps*, Paris, Minuit, 1985, p. 136.

Whitehead, Heidegger)[1], est-elle en train d'accomplir sa *révolution dysonienne*[2].

J'en prendrai juste deux exemples – que j'exposerai dans les très grandes lignes et sans les discuter – tirés des modes de pensée « écologiques » : chez James J. Gibson, chez Arne Næss. Tous les deux proposent une théorie du rapport du sujet sentant au monde qui entend se défaire de la dichotomie du sujet et de l'objet. En 1989 paraît *Écologie, communauté et style de vie* : pour Næss, l'écologie, et plus précisément ce qu'il nomme depuis 1973 « écologie profonde[3] »,

> met en lumière les relations que tissent entre elles les entités du monde naturel, en tant que ces relations constituent des composantes essentielles de ce que ces entités sont en elles-mêmes[4].

Pour le dire autrement : les relations ne sont pas extérieures aux choses, mais intérieures aux choses. Non seulement, toutes les choses sont reliées entre elles – ce qui n'est pas très original – mais surtout, et cela l'est beaucoup plus, notamment dans ses conséquences, *chaque chose n'est liée à elle-même que par des relations*. Ceci détermine une « écosophie », à savoir « *une vision philosophique du monde ou un système inspiré par les conditions de vie dans l'écosphère*[5] ». Pour exposer cette philosophie, Næss commence par repartir de la traditionnelle distinction – depuis Descartes, Locke ou Leibniz – entre « qualités premières » (tenues

1. C'est tout le sujet de la seconde partie de mon ouvrage *Cinéma et cristaux. Traité d'éconologie*, *op. cit.*, p. 122-281.

2. On ne la confondra pas avec la « contre-révolution copernicienne » dont parle Latour (*Face à Gaïa*, *op. cit.*, p. 82) en revenant sur *Le Contrat naturel* de Michel Serres, dans lequel – bien avant que soit forgé le terme Anthropocène – Serres avait diagnostiqué l'époque d'un « *second procès de Galilée* » (p. 80), celui, non plus de la Terre qui se meut, mais de la Terre qui « s'émeut » (M. Serres, *Le Contrat naturel*, *op. cit.*, p. 136).

3. *Cf.* A. Næss, « The Shallow and the Deep, Long-Range Ecology Movement : A Summary », 1973, *Inquiry*, n° 6, 1973, p. 95-100.

4. A. Næss, *Écologie, communauté et style de vie*, trad. fr. C. Ruelle revue par H.-S. Afeissa, Bellevaux, Éditions Dehors, 2013, p. 72.

5. *Ibid.*, p. 75.

pour des composantes des choses matérielles elles-mêmes : la taille, la forme, le mouvement) et « qualités secondes » (correspondant aux sensations : couleurs, odeurs, etc.). L'erreur de cette manière de voir est qu'elle a conduit à restreindre l'étude scientifique du réel aux seules qualités premières, au détriment des secondes considérées, peu ou prou, comme n'existant que dans l'esprit de celui qui perçoit. Dès lors, elle a indirectement légitimé toutes les technologies d'appréhension et de maltraitance de la nature en désincarnant les réalités naturelles et en les abstrayant de leur milieu : si le goût du poisson n'est pas vraiment dans le poisson, le goût du poisson n'appartient pas à la nature, et le poisson est ainsi scindé en deux entre le poisson qui nage et le poisson que je mange *qui ne sont pas la même entité*. Aux yeux de Næss, il est urgent de comprendre, au contraire, que les qualités secondes sont bel et bien réelles sans pour autant les attribuer aux choses elles-mêmes (une même chose n'a pas le même goût pour deux personnes différentes, etc.). La solution est de dépasser la position du sujet (la sensation n'existe que dans la pensée) tout comme celle de l'objet (les sensations existent dans les choses) pour poser que la matière est un « champ relationnel[1] » et que les choses, y compris nous-mêmes, ne sont que des « nœuds au sein de ce champ ». Pour le dire simplement : on renonce aux affirmations du type « La chose A a la qualité b » (le réalisme) ou « Le sujet C perçoit la qualité dans la chose A » (l'idéalisme) au profit de : « *La chose relationnelle AC a la qualité b* ». L'eau n'est chaude ni sans la main ni que pour la main, mais en relation avec la main. Il ne s'agit pas seulement de dire que tel ou tel être, vivant ou inanimé, interagit avec son milieu, mais plus radicalement qu'« *un organisme est une interaction*[2] ».

Qu'est-ce que voir, percevoir ? demande James J. Gibson dans *Approche écologique de la perception visuelle* en 1979. Avant tout, c'est se situer dans un environnement immédiat, un milieu.

1. A. Næss, *Écologie, communauté et style de vie*, p. 102, et pour la citation suivante.

2. *Ibid.*, p. 104.

L'environnement dans lequel nous voyons n'est pas neutre. Cela a notamment été longtemps l'une des carences de la phénoménologie que de ne pas tenir compte que nous percevons toujours les choses dans un milieu, plus ou moins conducteur, plus ou moins obstructeur. Cette simple considération invite déjà à dépasser la relation entre sujet et objet. Comme le note Fritz Heider,

> Les objets de l'expérience, pour autant qu'ils soient objets d'expérience, ne peuvent pas être complètement isolés, dans une sorte de non-lieu hors de tout ; ils doivent au contraire se situer dans un champ élémentaire qu'ils partagent avec les sujets qui en font l'expérience. Or ce champ élémentaire sur fond duquel se détachent ces objets – ou plutôt : ces champs, car ils sont évidemment nombreux – ne sont pas à leur tour des objets. [...] Ce n'est pas l'air que nous entendons, c'est à travers l'air [1].

Gibson va aller plus loin en s'intéressant à la condition *environnementale* – et pas seulement *instrumentale* – de la médialité perceptive : on ne perçoit pas seulement « à travers », mais « au milieu de ». C'est ce qu'il appelle une « invite [*afford*] [2] » : l'être sentant et son environnement (« ses alentours [3] »). L'environnement d'un animal est « l'ensemble des surfaces qui séparent les substances du milieu dans lequel vivent les animaux [4] » ; surtout, le milieu n'est jamais neutre mais appelle tel ou tel comportement chez l'animal en fonction de ses propriétés physiologiques et sensorielles : le rebord de la falaise convie l'homme à l'éviter, mais incite le vautour à s'en emparer pour décoller ou atterrir. L'invite « implique la complémentarité de l'animal et de l'environnement [5] ». L'ensemble

1. F. Heider, *Chose et medium*, trad. fr. E. Alloa, Paris, Vrin, 2017, p. 9.

2. James J. Gibson, *Approche écologique de la perception visuelle*, trad. fr. O. Putois, Bellevaux, Éditions Dehors, 2014, p. 89. Le terme apparaît chez Gibson pour la première fois en 1966.

3. *Ibid.*, p. 51.

4. *Ibid.*, p. 211.

5. *Ibid.*

des invites du milieu est appelé une « niche[1] » : « un contexte de traits environnementaux appropriés à un animal[2] ».

Percevoir quelque chose, c'est percevoir ce à quoi ce quelque chose invite. Une surface aquatique invite l'homme à se baigner, à y faire ricocher des galets ou voguer un bateau ; elle invite le gerris patineur à s'y déplacer sur ses pattes ou s'y nourrir. D'un côté, ce que l'objet est pour le sujet percevant est rapporté au système perceptivo-moteur du sujet, l'invite est permanente mais il appartient au sujet de pouvoir l'identifier ou pas (en fonction de son attention, de ses besoins du moment), elle doit être « mesuré[e] *relativement à l'animal*[3] » (par exemple sa taille ou son poids) ; et, d'un autre côté, le sujet ne peut que ce que l'objet perçu lui permet de réaliser en termes de potentialités d'action. Il faut toujours activer les deux propositions ensemble. Ainsi, à la fois contre le cognitivisme et le behaviorisme, aussi contre la phénoménologie (la niche n'est pas le monde phénoménal privé), la perception n'est pas une relation mentale mettant en scène l'image d'un objet préexistant élaborée par un sujet tout aussi préexistant, mais objet et sujet se co-constituent en permanence l'un par l'autre. Nous sommes ce que l'adaptation à notre milieu fait de nous, notre milieu est pour nous ce que nous pouvons en faire. Il y a indissociabilité de la perception et de l'action, du sujet et de l'objet.

Næss et Gibson remplacent tous deux, en s'inscrivant différemment dans le sillage des psychologies de la forme, la disjonction entre sujet et objet par un *système sujet-objet*[4]. Tchernobyl va nous amener à une autre solution, tout en s'inscrivant dans un même mouvement spéculatif de suspicion à l'égard des positions traditionnelles du sujet et de l'objet – suspicion dont

1. James J. Gibson, *Approche écologique de la perception visuelle*, *op. cit.*, p. 213.

2. *Ibid.*, p. 214.

3. James J. Gibson, *Approche écologique de la perception visuelle*, *op. cit.*, p. 212.

4. J'ai plus longuement développé la présentation des théories de Næss et de Gibson dans *Cinéma et cristaux. Traité d'éconologie*, *op. cit.*, p. 207-209 et p. 190-194.

le nerf est précisément le nucléaire : *quel objet est exactement la radioactivité et quel est le sujet qui subit une radioactivité souvent au-delà de l'humain?* Telles sont les questions que nous n'avons cessé de croiser. Le nucléaire met mal à l'aise notre montage routinier du couple objet/sujet.

Les reconstitutions de Tchernobyl ne peuvent absolument pas permettre d'appréhender ce que Tchernobyl a changé dans notre regard. Pour cela, nous devons nous confronter à des artistes qui ont affronté la *matière tchernobylienne elle-même*, vivante ou inanimée. En privilégiant des régimes d'esthétisation codés (par exemple, le ralenti, le flash-back, ou la mise en scène en général) ou des astuces de scénario (le suspens, le compte à rebours), des films comme *La Terre outragée* (2011) de Michale Boganim ou la mini-série *Chernobyl* (2019) développé par HBO et Sky sur une idée de Craig Mazin, pour intéressants qu'ils puissent être sur d'autres plans – sans éviter pour autant tout sensationnalisme (mais c'est sans doute la loi du genre) –, ne peuvent en aucune manière sortir d'une esthétique traditionnelle du sujet regardant, et restent à la porte de Tchernobyl. Symptomatiques en sont les quelques plans sur le robot ouest-allemand envoyé sur le toit du réacteur n° 4 vu depuis le toit lui-même : où pourrait bien se trouver un opérateur sur l'objet le plus dangereux du monde, où il mourrait en quelques minutes, si ce n'est parce qu'on finit par rapporter l'image à un point de vue humain tout-puissant et à l'abri ?

La *révolution dysonienne* de l'esthétique est une esthétique qui regarde au-delà de l'humain. Située sur la face extérieure du sujet, elle n'est pas orientée vers le sujet humain et ses capacités, c'est-à-dire pas *essentiellement* orientée vers le sujet humain et ses capacités. Cela ne veut pas dire, non plus, qu'elle est orientée vers l'image comme vers un objet.

Elle est orientée vers l'image comme vers la relation qui, non seulement, préexiste à la distinction d'un sujet et d'un objet, mais la rend tout simplement possible. Dans la perspective *éconologique*

que je défends – et que j'ai mentionnée rapidement plus haut – l'image n'est jamais une chose, mais est le « composé processuel des relations entre l'image au sens traditionnel et son iconotope[1] » – son iconotope : à savoir l'ensemble de son environnement iconique (d'autres images, des discours, des êtres humains, des objets, etc.). Regarder vers une image, c'est regarder, depuis l'intérieur de la langue et du dualisme du sujet de l'objet, vers une réverbération vestigiale et déformée, de l'état du monde avant la distinction du sujet et de l'objet.

Tchernobyl ne l'invente pas mais, par la *fission du sensible* qu'il implique radioactivement par les mutations et les retournements de la vie auxquelles il nous confronte, de l'image et à l'image, l'active – la radioactivité est d'abord une *radio-activation*, une animation par les radiations – et nous rappelle avec une factualité crue à la condition même des images.

CRITICITÉ DE LA FACULTÉ DE JUGER

Le *regard énucléé* des images nucléaires n'est pas le fait d'une esthétique triste ou désabusée. Il ne faudrait pas trop hâtivement conclure *de l'événement de la catastrophe à l'avènement d'une esthétique catastrophiste*. L'esthétique de la radioactivité nucléaire est, avant tout, une esthétique radieuse. Ce qui est en jeu n'est rien moins que le passage d'une logique de la représentation à une logique de la présence, d'une logique des formes à une logique de la matière, d'une logique de l'existence représentable à une logique de l'insistance imprésentable, d'une logique de l'esthétique à une logique de l'anesthésie : l'extension d'une « critique de la faculté de juger » à une *criticité de la faculté de juger* – du nom de l'« accident de criticité » provoquant le déclenchement incontrôlé d'une fission nucléaire en chaîne. Tchernobyl met au jour, sans finalité, une fission

1. J.-M. Durafour, *Cinéma et cristaux. Traité d'éconologie*, *op. cit.*, p. 290. Je renvoie de nouveau à la lecture de la seconde partie de cet ouvrage pour plus de renseignements sur l'*éconologie* et le style *nexialiste* qu'elle suppose.

de l'esthétique. Cette fission est l'autre nom de ce que j'ai appelé la *révolution dysonienne* de l'esthétique.

Que faut-il entendre par « esthétique radieuse » ?

Combo (ou Combo Culture Kidnapper) est un jeune street-artiste français né d'un père libanais chrétien et d'une mère marocaine musulmane. Il s'est notamment fait connaître par des tags comme « NO IMAM NO CRY » (un détournement d'une célèbre chanson de Bob Marley) ou « COEXIST » où un croissant remplace le C, une étoile de David le X et un crucifix le T – à côté desquels il pose en djellaba. Au printemps 2012, pour le premier anniversaire de l'accident de Fukushima-Daiichi, Combo s'est rendu dans la zone d'exclusion de Tchernobyl, grâce à la complicité d'un militaire, pour coller sur les murs des bâtiments désaffectés des affiches publicitaires d'EDF, de Suez ou d'Areva vantant les mérites de l'énergie nucléaire comme « énergie verte » ou énergie de l'avenir [Fig. 20].

> À Tchernobyl, j'ai placé une image souriante des Simpson sur fond de centrale, mais surtout des affiches publicitaires pour l'industrie nucléaire. Afin de confronter, à la réalité de cet endroit, les champs d'éoliennes et l'avenir radieux qu'on nous présente dans ces pubs [1].

Ce n'est évidemment pas dans ce sens du mot « radieux » que je propose de parler de l'esthétique des formes artistiques de Tchernobyl.

Que faut-il entendre par « esthétique radieuse » ?

Au XVIIIe siècle, la ville de Tchernobyl a été l'un des hauts lieux du hassidisme polonais et ukrainiens. La Dynastie hassidique de Tchernobyl a été fondée par le Menahem Nahoum Twerski de

1. Combo, « Tchernobyl ? Un futur radieux, c'est l'affiche qui le dit », entretien avec Fr.-L. Doyez, *Libération*, 5 avril 2012, s. p., https://next.liberation.fr/arts/2012/04/05/tchernobyl-un-futur-radieux-c-est-l-affiche-qui-le-dit_808516. Page consultée le 16 juin 2019.

Tchernobyl, un élève du rabbin Baal Shem Tov et du Maggid de Mezeritch.

Le hassidisme – à ne pas confondre avec son ancêtre rhénan médiéval – est un courant mystique du judaïsme prônant une communion joyeuse, notamment par le chant et la danse, avec un Dieu que toute la Torah décrit par ailleurs comme cruel, meurtrier et vengeur (à mille lieues du Dieu d'amour du Nouveau Testament). La piété hassidique a été une tentative de conserver l'enseignement kabbalistique *dépourvu de ses éléments messianiques et apocalyptiques*, et sans renoncer au prosélytisme[1]. Ou plus exactement, car un judaïsme non messianique n'a pas de sens, dans le hassidisme, la rédemption et l'espérance chiliastique ne sont plus au cœur de la vie religieuse, sont – pour reprendre le mot de Gershom Scholem – « neutralisées[2] », et avec eux tout l'enseignement rabbinique, au profit d'un enthousiasme émotionnel et de la réactivation de la croyance d'une présence de Dieu en toutes choses.

Que faut-il entendre par « esthétique radieuse » ?

Il faut d'abord revenir sur le sens des mots. Au sens étymologique strict de l'adjectif, une esthétique radieuse est une esthétique *rayonnante*. Une esthétique qui incite à décentrer le regard du sujet humain. C'est sans doute le point commun principal à tous les artistes dont j'ai parlé ici. Est radieux ce qui émet des rayons (*radius*) lumineux. Ce n'est que secondairement que le terme a qualifié un état reflétant le bonheur.

Tchernobyl pose la question d'une *esthétique non apocalyptique au-delà de l'humain*, dans l'acception où – comme je l'ai posé en ouverture de ce livre – cela ne revient en aucune manière à dire « au-

1. Sur l'histoire du hassidisme, *cf.* J. Baumgarten, *La Naissance du hassidisme. Mystique, rituel et société (XVIII*e*-XIX*e *siècle)*, Paris, Albin Michel, 2006.

2. G. Scholem, *Les Grands Courants de la mystique juive*, trad. fr. M.-M. Davy, Payot et Rivages, 2014, p. 477.

delà de l'homme ». Ce qui est au-delà de l'humain ne se confond pas avec l'in-humain.

Ce n'est que secondairement que le terme « radieux » a qualifié un état reflétant le bonheur.

L'esthétique du nucléaire, rencontrée dans ces pages, en est-elle – cela étant – si différente ? En témoignant que la vie mute, elle s'en désole peut-être (comme chez Hesse-Honegger), mais surtout elle témoigne de l'incroyable capacité de la vie à toujours trouver son chemin. J'ai rappelé à plusieurs reprises et sur des modes divers (retour d'espèces disparues ou menacées, prolifération des champignons, etc.), combien la vie, et pas seulement la survie, pouvait être une part paradoxale du destin de Tchernobyl.

Ce faisant, de quoi témoignent les images de Tchernobyl que j'ai présentées dans cet essai, si ce n'est que l'on peut échapper – et plus généralement que dans le seul cas de Tchernobyl – à l'alternative désespérante et « éco-anxieuse[1] » entre le constat de la dévastation préparée de la planète par l'activité humaine du capitalisme contemporain et l'injonction écrasante de changer du tout au tout, puisque nous avons trop tardé, notre mode de vie occidental, de production, de consommation (cela est-il seulement possible ?). Entre ces deux positions, et sans pour autant ne plus se préoccuper de l'une ni de l'autre – une esthétique ne doit pas être contemplative au point de ne pas aussi proposer un programme d'action –, les arts de Tchernobyl, tout en dénonçant ce qui doit l'être, ne se contentent pas d'être pessimistes, ils ne le sont même pas du tout. *Ils sont profondément optimistes*. L'optimisme, par les temps qui courent, n'a rien d'une attitude naïve, pis : inconsciente. Il consiste à rechercher, quand bien même cela paraît difficile ou impossible, dans toute trace humaine « les dits de la mer, de l'air

1. *Cf.* A. Garric et P. Krémer, « Eco-anxiété, dépression verte ou "solastalgie" : les Français gagnés par l'angoisse climatique », *Le Monde*, 21 juin 2019, https://www.lemonde.fr/m-perso/article/2019/06/21/les-francais-gagnes-par-l-angoisse-climatique_5479761_4497916.html, s. p. Page consultée le 1er juillet 2019.

et des îles [1] », à prendre le monde par sa « fête [2] » toujours présente plutôt que par sa fin putative et angoissante.

Toujours plus de surenchère, plus de sensations extrêmes : telle est la situation de l'art contemporain pour Paul Ardenne [3]. L'art est devenu un art d'excitations transgressives : pornographie, nécrophilie, scatologie, automutilations et greffes, pratiques suicidaires, cannibalisme, emploi de cadavres… – rien ne semble pouvoir arrêter le désir de choquer. Cette course en avant avait déjà été identifiée par Valéry comme l'un des traits spécifiques de la modernité et des êtres blasés qu'elle engendre – elle n'a fait qu'empirer depuis :

> Il nous faut *augmenter la dose*, ou *changer de poison*. Telle est la loi. De plus en plus *avancé*, de plus en plus *intense*, de plus en plus *grand*, de plus en plus *vite* et toujours plus *neuf*, telles sont les exigences qui correspondent nécessairement à quelque endurcissement de la sensibilité [4].

Dépendance et accoutumance : la condition de l'homme contemporain est parfaitement résumée par Tristan Garcia lorsqu'il écrit que notre société

> ne promet plus aux individus une autre vie, la gloire de l'au-delà, mais seulement ce que nous sommes déjà – plus et mieux. […] En toute chose, le vrai péché est d'avoir manqué d'intensité. On peut avoir été médiocrement flamboyant. Mieux vaut avoir été médiocre avec flamboyance [5].

L'intensité, qui ne se laisse pas facilement réduire à la quantification et traiter par la rationalisation, est devenue « le fétiche

1. M. Serres, *Hermès V. Le passage du Nord-Ouest*, Paris, Minuit, 1980, p. 101.
2. *Ibid.*
3. *Cf.* P. Ardenne, *Extrême. Esthétiques de la limite dépassée*, Paris, Flammarion, 2006.
4. P. Valéry, *Degas danse dessin*, *Œuvres*, tome II, éd. J. Hytier, Paris, Gallimard, 1960, p. 1221.
5. T. Garcia, *La Vie intense. Une obsession moderne*, Paris, Autrement, 2016, p. 11-20.

de la subjectivité, de la différence, du continu, de l'indénombrable et de la pure qualité [1] ». Peu importe ce que l'on vit, ce que l'on pense, ce que l'on aime, pourvu que nous vivions, aimions et pensions « à fond ». Aussi, la logique de l'intensité est-elle insatiable dans la mesure où « une intensité, une fois identifiée, cesse bientôt d'être reconnue comme intense [2] ».

Mettant à mal la distinction entre le sujet et l'objet, l'art de Tchernobyl ne fait jamais le pari de l'intensité ni du sensationnalisme. À bien des égards, c'est un art minimaliste : dans une époque qui a évacué la question de la valeur intrinsèque et de la morale transcendante au bénéfice de la seule « éthique *intérieure* [3] » devenue « la mesure du singulier [4] », il faut justement *désintensifier la représentation de la radioactivité pour pouvoir poser la question commune et partagée par tous (éthique, politique, environnementale) de ce qu'elle est et promet.* En ce sens, le nucléaire se différencie radicalement de l'électricité, précisément à l'origine du triomphe de l'intensité [5].

Par où l'on voit également qu'il faut – comme je l'ai très tôt signalé – toujours distinguer nucléaire et atomique. Si l'imaginaire de la bombe a donné lieu à des régimes intenses de représentation *ex-orbitante*, qui font sortir nos yeux de leur orbite par leurs surcroîts pyrotechniques, chromatiques et olympiens, en accord avec la nature même de leur objet (explosion, « nuage en champignon », effondrement des bâtiments, etc.), comme on peut le voir par exemple dans *Super nova* (1999) de Murakami Takashi ou *This is Nemesis* (1965) de William Kurelek [Fig. 21], parmi d'autres représentants de l'« art nucléaire » élargi (Manzoni, Moholy-Nagy, Lorjou) ; si l'apocalypse atomique relève explicitement en ses images des aptitudes de l'art contemporain, la première grande catastrophe du nucléaire civil et de la contamination radioactive de

1. *Ibid.*, p. 16.
2. *Ibid.*, p. 87.
3. *Ibid.*, p. 19.
4. *Ibid.*, p. 70.
5. *Ibid.*, p. 27-43, p. 93-111.

masse ne peut être approchée, quant à elle, que par une esthétique *in-oculée*, une esthétique où le regard est partout orientée vers les êtres ordinaires non séparés que les rayonnements traversent sur des durées immenses de part en part, dans une menace obscure, sourde et infernale[1].

Dans ses *Remarques mêlées*, Ludwig Wittgenstein exprime à propos de son désir de ne pas vouloir inventer à tout prix de nouvelles formes (selon le mot d'ordre de son temps), tout en refusant de seulement imiter les existantes, une exigence à quoi ne cesse de nous renvoyer les choix des artistes qui nous ont accompagnés dans ces pages :

> Mon idée cependant n'est pas de rafraîchir un ancien style. Il ne s'agit pas de prendre d'anciennes formes et de les ordonner selon les exigences du goût nouveau. Ce dont il s'agit en réalité, c'est de parler, peut-être inconsciemment, la langue ancienne, mais de la parler de telle manière qu'elle appartienne au monde nouveau, sans pour autant appartenir nécessairement au goût de celui-ci[2].

L'art tchernobylien est un art rétrograde tendu vers le futur. Il recourt souvent – pas toujours – à des moyens d'expression ou des formes généralement délaissées *telles quelles* par l'art contemporain, « démodées », pour exprimer ce qui est notre préoccupation la plus présente et à venir : l'habitabilité de la Terre.

LEÇON SUR LA NATURE POUR AUJOURD'HUI

Les arts de Tchernobyl offrent une entrée privilégiée – ni la seule ni normative – dans une nouvelle esthétique de l'âge des déchets ultratoxiques. Ces arts mettent en jeu « l'extrême » dans une autre

1. C'est l'une des raisons pour lesquelles les autorités soviétiques et la population ont pu pendant plusieurs jours, l'une volontairement, l'autre à son insu, agir exactement comme si rien ne s'était passé…

2. L. Wittgenstein, *Remarques mêlées*, trad. fr. G. Granel, Paris, Flammarion, 2002, p. 128.

direction que celle indiquée par Paul Ardenne dans un livre que j'ai signalé plus haut : non plus l'extrême des sensations, mais l'extrême de ce qui outrepasse toute espèce de sensations. L'extrême de ce qui est au-delà de l'extrême (*extremus* : le plus proche de l'extérieur, mais sans y être). La radioactivité. Si la catastrophe de Tchernobyl a été un accident, la question des rebuts exceptionnellement dangereux dans notre société – radioactifs, mais aussi plastiques, particules fines, gaz à effet de serre, etc. – est loin d'être accidentelle.

D'une manière générale, de tels déchets ne sont plus simplement des *immondices*. L'immondice, c'est étymologiquement « ce qui n'est pas [*in*] propre [*mundus*] », mais aussi « ce qui n'est pas dans le monde », qui en est exclu, mis au rebut. Ils sont devenus *immondes*, c'est-à-dire – littéralement – capables désormais d'imposer un autre monde dans (*in*) le monde anthropocentré que nous avons forgé à notre image, en interrogeant au plus haut point, s'autonomisant de leurs créateurs, la place de l'homme sur Terre [1]. Michael Marder a récemment proposé de requalifier les quatre éléments antiques, au fondement matériel de l'ensemble des êtres du monde, en parlant non plus d'eau mais d'« hydrodéchets [*hydrodump*] », non plus de terre mais de « géodéchets [*geodump*] », non plus de feu mais de « pyrodéchets [*pyrodump*] », non plus d'air mais d'« aérodéchets [*aerodump*] [2] ». Nous vivons dans l'ère de la « toxicité ontologique [3] ». Une époque où même le terme de « géologie » ou une expression comme « temps géologique » ne font plus sens tant le *logos* – à travers lequel notre Occident a pensé le monde depuis la philosophie grecque – est dévasté par la toxicité. L'Anthropocène

1. On ne confondra pas cet immonde avec celui dont parle Jean Clair à propos de l'omniprésence selon lui dans l'art contemporain du dégoûtant et du stercoraire (coprophilie, goût du sang, mutilations), qui relève à ses yeux de la négation (*in*) du monde (*De immundo, op. cit.*). L'*abjectus* remplacerait le *subjectus* classique, lequel posait l'évidence du monde.

2. M. Marder, « Being Dumped », *Environmental Humanities*, vol. 11, n° 1, 2019, p. 191.

3. *Ibid.*, p. 188.

n'est pas seulement un autre âge géologique : il implique de devoir penser une « géologie sans *logos* [1] ».

Tchernobyl met en avant qu'il n'y a pas de nature plus naturelle qu'une autre : la radioactivité ne supprime pas la vie, elle ne la menace pas intentionnellement, ne la vise pas, comme le jet de sang qu'expulse le crapaud cornu de ses yeux pour se défendre de son ennemi local, mais la déplace, la modifie voire la relance en des combinatoires d'agentivité variées, la désinscrit de ses contours corporels et individuels jusque-là admis en exhibant que *toute* nature est théorique et technicisée. Les artistes que j'ai présentés dans ce livre, par des pratiques entremêlant constamment création artistique et procédures scientifiques, contribuent toutes et tous à transformer l'immonde radioactif en *expérience universelle* pour l'avenir – *en remédiant la nature et en remédiant à la nature*. Ils inventent de nouvelles médiations pour penser la nature à partir d'une esthétique des radiations qui offre un cadre pour penser la technologie humaine, dans son cours ordinaire comme dans ce qu'elle peut avoir de plus destructeur, en nous soignant du concept de nature.

Quel que soit le nom que l'on veuille donner à notre époque d'un changement planétaire sans précédent pour l'espèce humaine, et la terminologie est instable – Anthropocène, Capitalocène, « Oligan-thropocène [2] », « Chthulucène [3] » et bien d'autres (chacun y va de son néologisme) –, il est désormais inévitable. En un sens, l'espèce humaine change le climat depuis son apparition : on peut estimer que les civilisations humaines ont pu précisément prospérer parce

1. *Ibid.*, p. 189.

2. Le terme a été utilisé par le géographe Eryk Swyngedouw le 2 juin 2014 lors d'un séminaire du Centre d'études et de recherche internationale (CERI) de Sciences Po à l'université Paris 2 Panthéon-Assas. Il désigne l'âge de « quelques hommes » (et de très peu de femmes). *Cf.* C. Bonneuil et J.-B. Fressoz, *L'Événement Anthropocène*, *op. cit.*, p. 89.

3. *Cf.* D. J. Haraway, *Staying with the Trouble*, *op. cit.* Haraway se réfère au grec *khthôn* – qui nous a donné « chthonien » : la terre, les puissances telluriques. Le « Chthulucène » est l'époque, d'après l'Anthropocène et du Capitalocène, des forces non seulement humaines mais aussi plus qu'humaines et inhumaines. En ce sens, le terme ne renvoie plus « cène » au latin *cena*, le repas, mais au grec *kainos* : ce qui est sans précédent, hors du commun.

que l'agir humain au néolithique a largement contribué à réchauffer le climat de la Terre, alors beaucoup plus froid, et à créer – pendant plusieurs siècles – les conditions environnementales aujourd'hui menacées d'un épanouissement optimal. Ce qui est en jeu depuis plus d'un demi-siècle n'est pas neuf mais, l'humanité étant de plus en plus nombreuse, de plus en plus active et prédatrice, une « Grande Accélération [1] » a eu lieu de l'empreinte humaine sur Terre.

Même si nous changions du tout au tout nos modes de vie, les choses sont sans doute en marche pour plusieurs siècles. Les phénomènes géologiques enclenchés par la révolution industrielle et le capitalisme nous survivront pendant très longtemps. Pour le temps qu'il nous reste, il faudra nous y faire. Et apprendre à nous adapter du mieux possible, en essayant de limiter tous les préjudices – crises politiques, famines, exils climatiques, guerres – qui ne manquent généralement pas de faire cortège dans de tels cas (l'inégalité climatique viendra se superposer à des inégalités économiques, politiques, sociales).

Entre le crispant refus de voir des « climato-négationnistes », l'enthousiasme démiurgique de la géo-ingénierie et des rapports d'experts alarmants, Latour a raison de rappeler que l'écologie rend fou [2]. Mais sur quoi repose cette folie ? Avant tout sur le fait que nous utilisons des concepts ou des termes qui ne sont plus adéquats et qui nous empêchent de penser. Nous ne pourrons agir qu'en pensant calmement. Et pour penser calmement, il est d'abord nécessaire, non pas de ne pas commencer par céder à toutes les formes de réactions émotionnelles – dont il est vrai que notre époque est friande – car elles sont bien compréhensibles, mais de ne pas *nous y installer*.

La « fin du monde » et la « nature » sont deux notions qui ne font qu'entretenir nos comportements émotionnels les plus irrationnels. Selon le camp dans lequel on se trouve : d'enthousiasme, d'affolement, d'obstination, d'invectives, et ainsi de suite. S'il y a bien une

1. W. Steffen, J. Grinevald, Paul J. Crutzen et John R. McNeill, « The Anthropocene : Conceptual and Historical Perspectives », *Philosophical Transactions of The Royal Society A*, vol. 369, n° 1938, mars 2011, p. 845.

2. B. Latour, *Face à Gaïa*, *op. cit.*, p. 19.

chose que nous aurons apprise depuis quelques décennies, c'est que ces deux notions auront, sur des échelles de temps séculaires, plus aggravé qu'amélioré la situation. Avec le recul, on pourrait en dire – sans y changer une seule ligne – ce que Paul Valéry écrivait en 1945 de la liberté : ce sont

> de ces mots qui ont fait tous les métiers, et desquels la mémoire est barbouillée de Théologie, de Métaphysique, de Morale et de Politique ; mots très bons pour la controverse, la dialectique, l'éloquence ; aussi propres aux analyses illusoires et aux subtilités infinies qu'aux fins de phrases qui déchaînent le tonnerre[1].

De toutes, c'est la première, et la plus importante, des leçons à tirer de la *criticité de la faculté de juger* de Tchernobyl, au-delà de la seule question des arts, de l'esthétique, si l'on veut essayer d'en penser un enseignement pour demain. Non seulement parce que nous aurons d'autres accidents dans des centrales nucléaires – et il y en a effectivement eu depuis – mais surtout, donc, parce que les lunettes de Tchernobyl amènent à regarder ce que nous vivons sur Terre actuellement, et qui ne fera qu'empirer dans un avenir très proche, sous un jour différent. Répondre aux défis qui nous viendront, et commencent à nous venir, passe par se donner d'abord les bons outils pour les penser.

Un jour dont le matin débuterait – le 27 avril 1986 – dans un monde où on en aurait fini avec la fin du monde. Et où la nature ne serait pas le premier des obstacles à la conservation des êtres naturels.

Le dernier des paradoxes présentés ici peut se formuler de la manière suivante : *l'art a fait de Tchernobyl un mode d'enquête pour interroger l'éco-détermination des temps présents*. Je ne reviendrai pas en détail sur la critique de la fin du monde, avec laquelle j'ai ouvert ce livre. Il est évident que l'idée d'une fin du monde est ce qui accable les éco-catastrophistes – qui se demandent à quoi bon

1. P. Valéry, *Regards sur le monde actuel*, *op. cit.*, p. 951.

continuer de vivre si tout s'arrête dans trente ans, un siècle, peut-être un peu plus, peut-être moins – et ce qui permet, à l'inverse, aux climato-sceptiques de faire remarquer que le monde continue bon an mal an d'exister après chaque date annoncée comme un point de non-retour.

Je voudrais ajouter, en revanche, deux mots s'agissant de la question de la nature. Et pour cela, il me faudra faire ici ou là un long détour.

J'ai déjà eu à de nombreuses reprises l'occasion de rappeler qu'il n'existe pas de nature naturelle. Qu'est-ce qu'être un être naturel ? C'est être un hybride de nature et de culture. Affirmer de quelque chose qu'il est « naturel » – ou « culturel » – ce n'est pas dire qu'il est naturel à l'exclusion du culturel, et inversement, mais c'est dire que, *sous l'angle avec lequel on l'approche pour l'occasion*, on privilégie ce qui est tourné en lui vers la nature à ce qui tourné vers la culture (l'un des exemples les plus typiques est celui des « parcs naturels » – qui sont précisément tout sauf naturels...). « Naturel » et « culturel » sont des attributs du sujet qui parle.

Être un être naturel, c'est donc n'exister qu'en vertu, plus ou moins modélisatrice, plus ou moins institutionnalisante, des conséquences de l'activité humaine. Il n'y a pas de condition naturelle de l'ocelot ou de l'araignée *Heteroptera maxima*, car où exactement dans le temps se situerait-elle, de quoi serait-elle faite, puisque n'est en mesure d'en décider, par un arrêt de la rétroprospection mentale, que l'être humain qui en interroge les caractéristiques, et donc *se pose toujours comme existant lui-même dans le monde des araignées et des ocelots* – même si c'est pour n'y pas ou très peu intervenir directement ? On l'a vu plus haut : pour nous, penser un monde sans humains est une contradiction logique, car qui peut penser un monde sans humains – au moins dans l'état actuel de l'évolution sur la Terre et de nos connaissances rationnelles – si ce n'est... un être humain ou, éventuellement, une machine créée par des êtres humains ?

Il faut en finir avec le concept de « nature », comme il faut en finir avec le concept de « fin du monde ».

Rien n'est plus absurde, malgré l'apparence vertueuse et les bonnes intentions, que de parler de *défense de la nature*. Au-delà du paradoxe à prétendre protéger la nature de l'homme par une intervention humaine « encore plus fine, encore plus intime et avec un appareillage scientifique encore plus envahissant[1] », cela revient, de nouveau, à essentialiser un moment de la nature qui constituerait une situation au-delà de laquelle nous refusons d'aller en augmentant la menace contre les autres espèces vivantes sans rien faire pour réparer nos ravages. La nature est un concept historique : la plupart de nos maux viennent de ce que nous l'oublions et commettons l'erreur de *naturaliser la nature*. Latour ne dit rien d'autre lorsqu'il écrit autrement que l'écologie ne peut pas conserver la nature car « la nature n'est pas un domaine de la réalité, mais le résultat d'un partage politique[2] ». Ou encore : « L'écologisme ne porte pas sur *des crises de la nature mais sur des crises de l'objectivité*[3]. » En tant qu'elle reste attachée à la nature, l'écologie interdit toute politique en mettant en avant un retour à un « droit naturel », sans législateurs humains, posé comme un idéal régulateur. Comme pour la fin du monde, il n'y a pas de politique possible à partir du concept de nature.

Les êtres naturels n'existent que dans des niveaux multiples d'agencements avec l'activité humaine, variant selon ses diverses versions successives ou simultanées (économique, scientifique, touristique, politique, affective, etc.). Quand l'action humaine entraîne des bouleversements globaux tels que l'équilibre antérieur n'est plus possible, le devoir de l'espèce humaine n'est pas de « sauvegarder » les non-humains, c'est-à-dire au sens propre de les garder saufs, intacts (*salvus*), ce qui les rend *plus inadaptés* à la nouvelle organisation du sensible, et ne cesse de marteler l'écart entre eux (objets passifs) et nous (sujets actifs), mais de pouvoir leur proposer des entrelacements neufs, des rythmes originaux, des ajustements inédits dans lesquels ils pourront être en mesure de

1. B. Latour, *Politiques de la nature*, *op. cit.*, p. 35.
2. *Ibid.*, p. 375.
3. B. Latour, *Politiques de la nature*, *op. cit.*, p. 376.

produire ou s'adapter à d'autres manières de s'épanouir. C'est de cela dont nous ne sommes pas encore capables.

Le modèle néodarwiniste longtemps établi – et qui a été le premier à minimiser les travaux de Darwin sur la symbiose coévolutive (*De la fécondation des orchidées par les insectes*) – a favorisé une compréhension de l'évolution comme étant le fait d'espèces *s'autoréplicant* chacune dans son coin, avant d'entrer ou pas en relation avec d'autres *après coup* (la prédation, par exemple). Son origine remonte à la fin du XIXe siècle, notamment sous l'impulsion d'August Weismann, avec l'apparition de la biologie génétique réactualisant les travaux de Georg Mendel à partir de la théorie chromosomique de l'hérédité développée – indépendamment – par Sutton et Boveri en 1902. Elle en tire son nom de « synthèse moderne ». L'explication par les gènes a déterminé une lecture *close* de l'évolution et a voué aux gémonies, notamment néolamarckiennes, toute tentative d'explication de la physiologie de l'espèce – après tout une facilité purement nominale – par les conditions environnementales des *individus*. De telles thèses semblaient faire renaître les idées de Lamarck, en particulier celle de « l'hérédité des caractères acquis », on ne peut plus opposées à la nouvelle orthodoxie néodarwiniste. Pour le néodarwinisme, on ne peut transmettre que ce que l'on a, par le truchement des gènes, soi-même reçu d'un autre : *l'hérédité est répétitive* ; pour le néolamarckisme, un individu peut transférer à ses descendants, au moins jusqu'à un certain point, des qualités obtenues au cours de son existence (suite à la modification du milieu, du climat, de la chaîne alimentaire) : *l'hérédité est cumulative*. Quand il a de plus en plus été évident que tout, dans un milieu naturel donné, était interconnecté – on ne rencontre jamais les poulpes ni les frangipaniers qu'on a lus dans les livres – le dogme néodarwinien a commencé à s'effriter ; mais sans rompre. Il a eu lui-même une très grande faculté d'adaptation. L'une des réponses les plus remarquables consista, en 1942, dans la théorie épigénétique de Waddington qui, pour tenir compte de l'influence du milieu sur le développement de tel ou tel organe chez des individus d'une même espèce exposés à des contextes différents – influence dont on ne pouvait nier l'évidence observable (et qu'avait déjà étudiée Paul Kammerer en 1924 sur les salamandres et les crapauds accoucheurs, avant d'être justement accusé de tous les maux lamarckiens[1]…) – a distingué entre *contenu* et *expression* du message génétique.

La digue néodarwiniste a progressivement cédé. Les recherches actuelles en « biologie des populations » attestent que toutes les espèces d'une même niche écologique entretiennent entre elles des rapports mutualistes de co-spéciation. Les espèces s'écospécient réciproquement. La relation hétérospécifique prime. Les poissons-clowns sont ce qu'ils sont, non seulement par la transmission intraspécifique de leurs gènes, mais également parce qu'ils ont formé avec les anémones de mer une relation développementale interspécifique de « symbiopoïèse[2] » bien particulière : le mucus du poisson le protège du venin de l'anémone et lui permet de s'y cacher, tandis que le cnidaire bénéficie des proies que le poisson-clown attire vers elle ou de son assistance contre d'autres poissons brouteurs. D'autres relations peuvent être de type commensal : le lichen est composé de l'association d'un organisme autotrophe pour le carbone et d'un organisme hétérotrophe échangeant des glucides contre de l'eau et des substances minérales. Et ainsi de suite. Les champignons sont même capables d'entretenir des relations compagnes avec eux-mêmes sous une autre forme.

La symbiose – obligatoire ou facultative – garantit la protection (physique ou chimique), favorise l'attraction ou la répulsion (émission de lumière), etc., aide à la vie en milieu difficile, encourage la colonisation, en assurant des couplages ou bien entre échelons distincts de la chaîne trophique ou bien en circuit fermé dans un même échelon trophique, et en stimulant des comportement éco-

1. Kammerer, vilipendé par ses collègues, finit par se suicider en 1926. Sur le destin tragique de ce partisan des thèses lamarckiennes, *cf.* A. Koestler, *L'Étreinte du crapaud*, trad. fr. G. Fradier, Calmann-Lévy, 1972.

2. *Cf.* Scott F. Gilbert, E. McDonald, N. Boyle, N. Buttino, L. Gyi, M. Mai, N. Prakash et J. Robinson, « Symbiosis as a Source of Selectable Epigenetic Variation : Taking the Heat for the Big Guy », *Philosophical Transaction of the Royal Society B*, vol. 365, n° 1540, février 2010, p. 671-678.

logiques qui auront une incidence sur chacune des espèces impliquées. Certaines symbioses entraînent, par exemple, une réduction du génome d'un des organismes (par formation de pseudo-gènes ou délétion génétique), empêchant un retour à un existence asymbiotique (comme entre le puceron et la protéobactérie *Buchnera aphidicola*). Un organisme eucaryote – animaux, plantes, champignons, protozoaires – peut ainsi intégrer de l'information génétique d'une autre espèce, stabiliser cette information dans son génome, l'exprimer et la léguer à sa descendance. La symbiose a largement contribué à l'adaptation des espèces, à l'évolution des génomes et à la diversification des organismes. Elle n'a rien d'une exception mais est, au contraire, l'un des modes d'expression du *mutualisme généralisé* entre les espèces biocénotiques d'un même écosystème, et de proche en proche – puisque tout est lié (« Toute entité actuelle est présente au sein de toute autre entité actuelle [1] ») – sur toute la surface de la Terre. Homme y compris.

> Les organismes et leur milieu ne sont pas deux choses – si l'on plongeait une souris dans le vide absolu, elle ne serait plus une souris [2].

Le temps est révolu de la métaphysique comme science de l'homme *sans relations aux non-humains* : s'il n'existe pas de nature non anthropisée, l'être humain est – symétriquement – humain précisément par les rapports de co-constitution qu'il entretient *avec les non-humains*. Les non-humains – l'animal, la plante : le cas de la matière inanimée est différent précisément en ce qu'elle n'est pas animée – ne sont pas des choses, mais des *personnes*. Ils ne se vivent pas comme ce que sont pour nous des non-humains, mais comme nous nous vivons nous-mêmes en tant qu'humains : comme des *moi*. Pour le dire dans les termes de l'anthropologie amérindienne – dans laquelle on trouve de nombreux récits ou croyances de ce type –, s'il y a pluralité des corps naturels, des physicalités, être humain, jaguar, pécari, etc., il y a unicité de la

1. A. N. Whitehead, *Procès et réalité*, *op. cit.*, p. 114.
2. A. Næss, *Écologie, communauté et style de vie*, *op. cit.*, p. 104.

culture. Le primatologie américano-néerlandais Frans de Waal a montré, à propos des bonobos, comment en bon darwinisme la morale humaine ne peut venir qu'à partir du moment biologique animal (sinon cela reviendrait à réintroduire un deus ex machina transcendant extérieur aux mécanismes de l'évolution)[1] : toute la culture, sous le divers des cultures singulière, semble unifiée depuis la biologie.

Ce que l'homme fait ne perturbe pas une nature qui serait sans lui non perturbée. Non seulement parce qu'il n'existe pas de nature non anthropisée, mais surtout, plus généralement, parce qu'il est très peu certain que l'état ordinaire des systèmes soit la stabilité plutôt que l'instabilité. Dans tout système donné, écosystème ou n'importe quel autre, on ne passe pas de l'équilibre à la perturbation, mais *d'une perturbation à une autre perturbation.* Il est plus que probable que « le monde ne [soit] pas bien compris si l'on se focalise sur l'équilibre ou des conditions proches de l'équilibre[2] ». Telle est l'une des raisons pour lesquelles il est complètement inadapté de parler de « crise écologique » ou, inversement, de « développement durable » à propos des conséquences de l'activité géologique de l'homme ou des solutions que l'on pourrait y apporter. Nous avons sur les perturbations un point de vue gauchi par le fait que ce qui est un détraquement ou n'en est pas est d'abord *vécu comme tel* par telle ou telle espèce (les êtres humains), voire telle ou telle partie de la même espèce (les plus pauvres contre les plus riches, par exemple) :

1. *Cf.* F. de Waal, *Le Bonobo, Dieu et nous. À la recherche de l'humanisme chez les primates*, trad. fr. P. et Fr. Chemla, Paris, Les Liens qui libèrent, 2013. On sait la torsion que Thomas Aldous Huxley, « le bouledogue de Darwin », fit subir à la doctrine de son maître en réintroduisant la Bible dans le livre de la sélection naturelle et en voyant dans la morale une contravention aux lois de l'évolution par la théorie dite « du vernis » (le processus évolutionniste égoïste et cruel doit être contrebalancé chez l'homme par une éthique culturelle et religieuse). Cette vision des choses s'imposa longtemps et contribua à faire de l'altruisme une anomalie de la nature. De Waal soutient, au contraire, que notre impulsion morale vient d'en bas et que la religion n'arrive que plus tard pour soutenir la moralité naturelle.

2. Crawford S. Holling, « Resilience and Stability of Ecological Systems », *Annual Review of Ecology and Systematics*, vol. 4, novembre 1973, p. 2.

ce qui dérange l'habitat des mésanges bleues (vagues accrues de sécheresse, nouvel opportunisme des prédateurs sauvages) risque fort de ne pas être tenu pour perturbateur par l'être humain ou, s'il l'est pour le paysan ou le poète, il ne le sera pas pour le citadin, et ainsi de suite. Ce que nous appelons « équilibre » n'est qu'une perturbation à la laquelle nous nous sommes habitués, comme nous appelons « nature » (première ou seconde) un état de la culture qui n'est plus aperçu comme tel.

Les formes artistiques nées de Tchernobyl ne flattent pas le cassandrisme d'une expiration annoncée du monde. Même si elles s'inquiètent des mutations causées par une catastrophe engendrée par la technologie humaine, elles montrent aussi, tout au contraire, que la vie trouve toujours son chemin. *Tchernobyl, qui est une perturbation sans précédent dans son genre, contribue à l'invention continuée de la nature sur Terre.* On comprend mieux, arrivé au bout de cet essai, ce qu'il faut entendre – bien loin de la simple provocation ou du seul souci de choquer – dans une phrase comme celle-ci, et en quoi ce sont les arts qui, non seulement nous ont aidés à le comprendre, mais sont plus radicalement en mesure tout simplement, peut-être, de le faire exister en nous déportant *par l'image* du seul rôle de perturbant jusque dans la place du perturbé. Le relationnisme consiste à ne jamais traiter le sujet ou l'objet comme des données de départ, mais comme des points d'arrivée créés par la relation ; la relation n'est jamais tirée *entre* le sujet et l'objet, mais l'objet et le sujet sont tirés *de* la relation. Ainsi, parler de sujet, dans un cadre relationniste (ici le sujet de l'expérience esthétique), c'est toujours *se tenir d'emblée dans le sujet du côté de (ce qui sera) l'objet*. C'est-à-dire de l'autre côté de la relation. On ne confondra pas cette proposition avec les démarches dialectiques ou phénoménologiques qui posent l'extériorité de l'objet (l'Autre) comme condition de l'autodécouverte de soi par le sujet (qui devient un objet pour lui-même : c'est le « Je me pense » de la conscience hégélienne, c'est le « touchant-touché » husserlien[1], etc.). Pour

1. De tels mouvements existent incontestablement : il est ainsi évident – et nous l'avons souvent rencontré à propos de Tchernobyl – que l'humain est perturbé en

le dire dans les mots de Derrida, l'expérience objectivante de la réflexivité est

> déjà *hantée*, au moins, mais *constitutivement* hantée, par quelque hétéro-affection liée à l'espacement, puis à la spatialité visible : par où l'intrus, l'hôte, un hôte désiré ou indésirable, un autre de secours ou un parasite à rejeter, un *pharmakon*, qui, disposant déjà de son logement dans la place, habite en revenant tout for intérieur[1].

Dans *Ils m'ont haï sans raison. De la chasse aux sorcières à la Terreur*, Jacob Rogozinski pose autrement – dans une direction même opposée : en reconstituant le chiasme tactile refusé par Derrida – l'origine des phénomènes de rejet ou de haine de l'autre, de « l'ennemi invisible » (que rien ne permet de démasquer), de « l'étranger parmi nous », dans le *restant de la chair* que je ne reconnais pas comme mien dans le moment de l'auto-affection : « Je transfère en lui le restant qui hante ma propre chair[2]. » Décharné, le corps de l'autre peut alors m'apparaître comme une « chose étrangère et hostile[3] ». Malgré ce qui sépare ces deux perspectives théoriques, elles ont en commun, non pas de penser le sujet en passant par l'objet ni d'introduire l'objet dans le sujet, mais de se situer dans un moi primordial s'hétéro-affectant (Derrida) ou s'auto-affectant (Rogozinski) dans la relation sensorielle à l'issue de laquelle sera justement constituée l'articulation entre subjectif et objectif, intérieur et extérieur, et ainsi de suite.

Les non-humains sont des sujets en tant qu'ils se tiennent de l'autre côté – *dysonien* – de la face interne du sujet humain. Humains et non-humains ne sont pas séparés par une distance infranchissable (comme l'adverbe négatif pourrait à tort le laisser entendre), tels l'envers et l'endroit d'une pièce de monnaie, mais sont seulement

retour par la perturbation qu'il inflige à la nature (maladies chroniques, cancers, déplacements de populations, morts brutales, etc.).

1. J. Derrida, *Le Toucher, Jean-Luc Nancy*, Paris, Galilée, 2000, p. 205.

2. J. Rogozinski, *Ils m'ont haï sans raison. De la chasse aux sorcières à la Terreur*, Paris, Éditions du Cerf, 2015, p. 52. Merleau-Ponty avait déjà parlé de « l'intouchable du toucher » (*Le Visible et l'invisible*, Paris, Gallimard, 1964, p. 308.)

3. *Ibid.*, p. 43.

situés à une certaine distance les uns des autres sur la *même* bande de Möbius. Nous retrouvons autrement l'une des idées fortes de ce que nous avons vu chez des artistes comme Anaïs Tondeur ou Cornelia Hesse-Honegger : le sujet de l'esthétique tchernobylienne n'est plus le sujet kantien triomphant dans sa rationalité non animale, non végétale, c'est le *sujet lui-même animal ou végétal*, réalisant sur un mode que Kant n'aurait pas pu prévoir le mariage de la nature et de l'art. Animal, mais pas animalisé, végétal mais pas végétalisé : « végétalisé » ou « animalisé » se disent de ce dont on part d'abord comme d'un sujet qu'on rend, dans un second temps, semblable à tel ou tel objet (un animal, une plante). Ici, on part de ce qui du sujet est d'emblée tourné vers l'objet. Derrida l'a très bien écrit, et d'abord syntaxiquement : « l'animal que donc je suis [1] ». C'est la plante que nous continuons d'être, c'est l'animal que nous continuons d'être qui font *seuls* de nous des sujets esthétiques.

Et des sujets politiques. Nous y revenons au moment de conclure.

Ce que nous avons de commun avec la plante ou l'animal, c'est précisément de n'être que des associations d'humains et de non-humains. Si, ainsi que le préconise Latour, la politique doit devenir, dans une « nouvelle Constitution [2] » (une politique qui ne soit plus pensée, comme elle l'a été jusqu'à présent, par rapport à notre sortie d'un « état de nature »), l'affaire « d'humains et de non-humains capables de siéger comme citoyens, à condition de procéder à des partages de responsabilités [3] », c'est d'abord parce que les humains et les non-humains ne sont *en eux-mêmes* que des agencements précaires d'humain et de non humain. C'est là le seul champ d'action de l'écologie : pas la nature, avec laquelle elle ne fait que « *faire avorter la politique* [4] ». La distinction entre humains

1. J. Derrida, *L'Animal que donc je suis*, *op. cit.*

2. B. Latour, *Politiques de la nature*, *op. cit.*, par exemple p. 96.

3. *Ibid.*, p. 377.

4. *Ibid.*, p. 33. Et p. 35 : « La "nature" étant justement faite [...] pour éviscérer le politique, on ne peut prétendre la conserver tout en la versant dans le débat public. » Latour nomme « *Naturpolitik* » (néologisme forgé sur le modèle de *Realpolitik*)

et non-humains s'estompe, non parce qu'elle disparaît, mais parce qu'elle se répète ; la distinction entre humain et non-humain passe *dans* l'humain et *dans* le non-humain *à égalité*.

C'est peu de dire que le monde dans lequel nous vivons nous oblige à repenser les relations entre humains et non-humains ! En tant qu'êtres humains, nous ne pouvons pas sortir de l'anthropocentrisme. Il nous faudrait pour cela pouvoir nous décentrer de notre propre humanité. Cela sera peut-être possible un jour ou l'autre : pour l'instant, non. Nous ne pouvons pas récuser l'anthropocentrisme, mais nous ne pouvons pas non plus le perpétuer. Sommes-nous pour autant dans l'aporie ? Je ne le crois pas : il y a une manière saine d'accepter l'anthropocentrisme, c'est-à-dire de se tenir dans l'anthropocentrisme sans être immergé en lui, comme l'œil du cyclone est au centre du tourbillon une zone de vent calme : à la condition de penser l'*anthropos* non pas en opposition au non-*anthropos*, mais comme un mixte d'*anthropos* et de non-*anthropos*. Les animaux ne sont pas des animaux ni les humains, des humains. L'embryon humain primordial est plus proche des protozoaires que des mammifères adultes.

Quand je vote dans une assemblée, quand je fais tel ou tel choix politique, c'est en tant qu'être humain. Et je suis humain tout autant par ce qui en moi l'est que par ce qui ne l'est pas. En sachant que ce qui ne l'est pas est précisément caractérisé comme tel au terme de procédures instables d'anthropisation, en des rythmes syncopés qui déjouent toutes les séparations et toutes les articulations car ils reposent sur un « échange de propriétés », tandis que « l'opposition sujet/objet avait pour stratégie *d'interdire* tout échange de propriétés [1] », et un « partage des capacités [2] » (de manière à éviter de retomber dans l'ancien dualisme entre des monolithes faussement unifiés : nature/culture, corps/esprit, ici/là-bas). L'opposition entre humains et non-humains ne peut pas

l'écologie qui prétend agir politiquement en s'appuyant sur l'idée de nature, alors que celle-ci ne fait que « l'empoisonner » (p. 358).

1. B. Latour, *Politiques de la nature*, *op. cit.*, p. 97.

2. *Ibid.*, p. 377.

survivre au nécessaire évanouissement de celle entre la nature et la culture : il n'existe que des transactions de métamorphoses et des trajets de compositions relationnelles. C'est d'ailleurs exactement ce que veut dire la définition aristotélicienne de l'homme comme « animal politique » : l'homme comme montage d'animal (*zôon*) et d'humain (*politikon*)[1]. Les régimes de « traductions » (Michel Serres : contracter juridiquement est d'abord une affaire de « trait qui serre et tire[2] » de contractions, d'attractions, d'attachements...) entre humains et non-humains sont d'abord internes aux humains et aux non-humains *puisque humains et non-humains eux-mêmes ne préexistent pas aux relations qui les unissent.*

Ces traductions diplomatiques[3], qui relient ce qui est étymologiquement « coupé en deux » et font de la politique un art de l'interstice tout ovidien déjà, sont nécessaires pour éviter, par exemple, de continuer à penser les non-humains à partir des humains, comme c'est le cas – malgré les bonnes intentions – dans l'inclusion juridique (le droit des non-humains). Au vrai celle-ci prolonge la violence à l'égard des non-humains en exigeant d'eux qu'ils puissent être réglés sur nos attentes : à quelles conditions reconnaissons-nous des droits aux animaux, à quel prix un animal domestique est-il accepté dans notre foyer ? Jacques Derrida a écrit sur la question de l'hospitalité « inconditionnelle[4] » à l'égard des animaux, sur la « visitation » (qui laisse ma maison ouverte) plutôt que l'« invitation », sur l'impossible accueil qui ne les intègre justement pas seulement juridiquement à partir des conditions que pose l'être humain (castration, onyxectomie) et auxquelles ils ne

1. *Polis* désigne, non pas n'importe quelle cité, mais très précisément le type de cité-État inventé par l'Antiquité grecque, par opposition aux cultures barbares. Pour Aristote, toutes les cités ne sont pas humaines ; seules les grecques le sont. L'homme devient homme en vivant dans une communauté réglée par les lois, les rites et les coutumes hellènes.

2. M. Serres, *Le Contrat naturel*, *op. cit.*, p. 162.

3. Sur la notion de diplomatie, *cf.* I. Stengers, *La Vierge et le neutrino. Les scientifiques dans la tourmente*, Paris, Les Empêcheurs de tourner en rond, 2006.

4. J. Derrida et E. Roudinesco, *De quoi demain... Dialogue*, Paris, Flammarion, 2001, p. 101.

peuvent par définition jamais pleinement satisfaire (par exemple l'obligation morale : quels devoirs un animal peut-il s'imposer à lui-même ?), des pages qu'on ne lira jamais assez[1].

Agir politiquement, c'est non seulement accueillir, dans une hospitalité idéalement la moins conditionnelle possible, la plus ouverte à l'expérience limite du non-humain en tant que telle, tous les vivants, faire entendre la voix de tous les vivants (sans les ventriloquer), mais aussi, et peut-être avant tout, céder la parole *au vivant que nous sommes d'abord*, de sorte que la démocratie devienne le gouvernement des vivants par les vivants dans un contrat, non plus social, mais de « symbiose et de réciprocité[2] ». La politique est l'affaire du « collectif[3] », à savoir de la forme citoyenne qui devra se substituer au concept moderne (et exclusivement humain) de société en ce qu'il « cumule des anciens pouvoirs de la nature et de la société en une seule enceinte avant d'être à nouveau différencié en pouvoirs distincts » et est avant tout une « procédure pour *collecter* les associations d'humains et de non-humains[4] ». La collectivité n'est pas la communauté : dans la collectivité, on ne cherche pas à s'intégrer dans quelque chose de plus grand que l'individu humain, mais de plus petit et de plus fragile.

C'est à cette « exploration des mondes communs[5] », à cette exigence d'habiter non plus sur Terre – comme dans un espace dont nous serions théoriquement, constitutivement séparés – mais *avec la Terre*, et tous ses occupants (sur un pied d'égalité), c'est à cette

1. Par exemple *ibid.*, p. 109-113 ou encore J. Derrida, « Hostipitalité », dans F. Keskin et Ö. Sözer (dir.), *Pera Peras Poros. Atelier interdisciplinaire avec et autour Jacques Derrida*, Istanbul, *Cogito*, n° 85, 1999.

2. M. Serres, *Le Contrat naturel*, *op. cit.*, p. 67. Les non-humains ne possèdent pas un langage articulé comme le nôtre qui leur permettrait de donner leur assentiment, de manifester leur désaccord, d'énoncer des propositions, etc. ? Cela n'est pas une objection : « Après tout, le vieux contrat social, aussi, restait non dit et non écrit : nul n'en a jamais lu ni l'original ni même une copie. […] En fait, la Terre nous parle en termes de forces, de liens et d'interactions, et cela suffit à faire un contrat » (p. 69).

3. B. Latour, *Politiques de la nature*, *op. cit.*, p. 46.

4. *Ibid.*, p. 351, pour les deux citations.

5. *Ibid.*, p. 295.

exploration d'inventer de nouvelles procédures tenant compte de la pluralité des modes d'existence terrestre. C'est à elle d'imaginer des formes de vie sociale et politique avec les non-humains en dépassant la dissociation, à l'origine de notre modernité, entre nature et politique. La *fission du sensible* propre aux opérations des arts de Tchernobyl sur les êtres naturels contaminés par des doses massives de radiation artificielle nous y convie à sa façon, dans la mesure où l'esthétique est ce qui, dans notre jugement, se tient au plus près des animaux et des plantes que nous avons cessé progressivement, en tombant dans le piège de la « nature », de pouvoir reconnaître en nous-mêmes et dans l'univers qui nous entoure. Et pour la description desquels, dans chacune de leurs singularités, les mots ne cessent de manquer de plus en plus dans toutes nos langues.

LEXIQUE

Accident de criticité – Accident provoqué par une réaction nucléaire en chaîne et involontaire.

Becquerel par kilogramme – Unité de mesure de l'activité massique d'une substance radioactive, c'est-à-dire le nombre de désintégrations de cette substance par unité de masse et par unité de temps.

Césium – Métal alcalin rare et toxique, dont les caractéristiques sont comparables à celles du potassium. Son isotope 137 est un produit de fission radioactif.

Contamination – Exposition à la matière radioactive déposée dans l'environnement. La contamination peut être interne (ingestion, inhalation, blessure) ou externe (dépôts sur la peau ou les vêtements).

Criticité de la faculté de juger – Retournement de l'esthétique kantienne par une réaction en chaîne de fission entraînant une perte de contrôle du spectateur.

Demi-vie – Dans le domaine de la radioactivité, temps au bout duquel la moitié des noyaux d'une source radioactive se sont désintégrés. Plus un atome radioactif à une longue demi-vie, plus son activité est faible.

Esthétique radieuse – Nom de l'esthétique mise en œuvre dans les pratiques artistiques les plus importantes nées de Tchernobyl.

Ex-orbitance – Propriété principale de l'esthétique atomique.

Fission du sensible – Régime des articulations d'une politique des non-humains et de l'humain rendue possible par le nucléaire et (ici) ses arts.

In-oculation – Propriété principale de l'esthétique nucléaire.

Ion – Atome ou groupement d'atomes (molécule) portant une charge électrique parce qu'il a perdu ou gagné un ou plusieurs électrons.

Irradiation – Exposition directe, volontaire ou accidentelle, à une source radioactive externe.

Isotope – Éléments dont les atomes possèdent le même nombre d'électrons et de protons, mais un nombre différent de neutrons.

Radio-activation – Action par laquelle les radiations activent une nouvelle cartographie du sensible.

Radionucléide – Atome radioactif capable de se transformer en un autre.

Rayonnement ionisant – Rayonnement électromagnétique ou corpusculaire capable de produire directement ou indirectement des ions lors de son passage à travers la matière.

RBMK (*Reactor Bolshoï Mochnosti Kanalynyl*) – Réacteur atomique à tubes de force, refroidi par un mélange d'eau et de vapeur et modéré par du graphite. Ils servent encore dans trois centrales russes (Leningrad, Koursk, Smolensk) et une centrale lituanienne (Ignalina).

Regard énucléé – Attitude du spectateur sollicitée par l'accident de Tchernobyl et les représentations artistiques de ses conséquences.

Révolution dysonienne – Type général d'esthétique dont relève l'esthétique radieuse. Elle est nommée d'après le physicien Freeman J. Dyson. Elle consiste en un déplacement de la distinction entre le sujet percevant et l'objet perçu.

Röntgen (R) – Ancienne unité de mesure permettant de quantifier l'exposition aux rayonnements ionisants X ou γ. Elle a été depuis remplacée par le coulomb par kilogramme (C/kg).

Sievert (Sv) – Unité de mesure permettant d'évaluer quantitativement l'impact biologique d'une exposition humaine à des rayonnements ionisants.

Strontium – Métal alcalino-terreux analogue au calcium, dont certains isotopes sont très abondants dans les produits de fission, en particulier l'isotope 90 qui se fixe dans les tissus osseux.

Tranche – unité de production électrique comportant une chaudière et un groupe turbo-alternateur.

Zone d'exclusion – Zone interdite autour de la centrale nucléaire de Tchernobyl, mise en place par l'armée soviétique et couvrant une superficie de 2 600 km^2.

BIBLIOGRAPHIE

ACKERMAN Galia, *Traverser Tchernobyl*, Paris, Premier Parallèle, 2016.

AGAMBEN Giorgio, *L'Homme sans contenu*, trad. fr. Carole Walter, Paris, Circé, 1996.

ALBINUS Bernhard Siegfried, *Tabulae sceleti et musculorum corporis humani*, « Historia hujus operis », Leyde, J. & H. verbeek, 1747.

ALEXIEVITCH Svetlana, *La Supplication. Tchernobyl, chroniques du monde après l'apocalypse*, *Œuvres*, trad. fr. Galia Ackerman et Pierre Lorrain, « Thesaurus », Arles, Actes Sud, 2015.

ANDERS Günther, *L'Obsolescence de l'homme 1. Sur l'âme à l'époque de la deuxième révolution industrielle*, trad. fr. Christophe David, Paris, Éditions de l'Encyclopédie des Nuisances-Éditions Ivréa, 2002.

– *La Menace nucléaire. Considérations radicales sur l'âge atomique*, trad. fr. Christophe David, Paris, Éditions du Rocher-Le Serpent à Plumes, 2006.

– *Le Temps de la fin*, trad. fr. Christophe David, « Carnets de L'Herne », Lausanne, L'Herne, 2007.

– *L'Obsolescence de l'homme 2. Sur la destruction de la vie à l'époque de la troisième révolution industrielle*, trad. fr. Christophe David, Paris, Éditions Fario, 2012.

ARDENNE Paul, *Extrême. Esthétiques de la limite dépassée*, Paris, Essais-Flammarion, 2006.

– *Un art écologique. Création plasticienne et Anthropocène*, « La Muette », Lormont, Le Bord de l'eau, 2018.

BADIOU Alain, *Petit Manuel d'inesthétique*, « L'Ordre philosophique », Paris, Seuil, 1998.

BALÁZS Béla, *L'Esprit du cinéma*, trad. fr. Jacques Chavy, « Petite Bibliothèque Payot », Paris, Payot, 2011.

BARTOLI David gé et GOSSELIN Sophie, *Techniques du naturer*, Bellevaux, Éditions Dehors, 2019.

BAUDRILLARD Jean, *Simulacres et simulation*, Paris, « Débats », Galilée, 1981.

BAUMGARTEN Jean, *La Naissance du hassidisme. Mystique, rituel et société (xviiie-xixe siècle)*, « Bibliothèque Albin Michel Histoire », Paris, Albin Michel, 2006.

BAZIN André, *Écrits complets*, tome 1, éd. Hervé Joubert-Laurencin, Paris, Macula, 2019.

BERGSON Henri, *Œuvres*, éd. André Robinet, « Grands Ouvrages », Paris, P.U.F., 1963.

BERQUE Augustin, « Tétralemme et milieu humain : la mésologie à la lumière de Yamauchi », *Ebisu*, n° 49, printemps-été 2013.

BERTRAND Romain, *Le Détail du monde. L'art perdu de la description de la nature*, « L'Univers historique », Paris, Seuil, 2019.

BODENHAMER David J., CORRIGAN John et HARRIS Trevor M. (éd.), *Deep Maps and Spatial Narratives*, Bloomington-Indianapolis, Indiana University Press, 2015.

BONNEUIL Christophe et FRESSOZ Jean-Baptiste, *L'Événement Anthropocène. La Terre, l'histoire et nous*, éd. revue et augmentée, « Points Histoire », Paris, Points-Seuil, 2016.

BOURG Dominique et PAPAUX Alain (dir.), *Dictionnaire de la pensée écologique*, « Quadrige », Paris, P.U.F., 2015.

BOYER Paul, *By the Bomb's Early Light : American Thought and Culture at the Dawn of the Atomic Age*, Chapel Hill, University of North Carolina Press, 1994.

BRADBURY Ray, *Les Pommes d'or du soleil*, trad. fr. Richard Négrou et Philippe Gindre, « Présences du futur », Paris, Denoël, 1956.

BUFFON Georges-Louis Leclerc de, *Histoire naturelle des animaux*, *Œuvres complètes*, tome 2, éd. Pierre Flourens, Paris, Garnier Frères, 1853.

BUREAUD Annick, « Anaïs Tondeur », *Artpress*, n° 438 novembre 2016.

BURKE Edmund, *Recherche philosophique sur l'origine de nos idées de beau et de sublime*, trad. fr. Baldine de Saint Girons, « Bibliothèque des textes philosophiques », Paris, Vrin, 1998.

CALDER Alison, « The Wilderness Plot, the Deep Map, and Sharon Butala's Changing Prairie », *Essays on Canadian Writing*, n° 77, automne 2002.

CHATEAUBRIAND François-René de, *Génie du Christianisme*, éd. Maurice Regard, « Bibliothèque de la Pléiade », Paris, Gallimard, 1978.

CICILIATO Vincent, « Glitch(s) imago-sonore(s). Du processus d'objectivation par découpe et synchronisation son-image à une esthétique du micromouvement », thèse de doctorat, université de Picardie Jules Verne, 2010.

CLAIR Jean, *De immundo*, « Incises », Paris, Galilée, 2004.

COMBO, « Tchernobyl ? Un futur radieux, c'est l'affiche qui le dit », entretien avec François-Luc Doyez, *Libération*, 5 avril 2012.

COMETTI Jean-Pierre, MORIZOT Jacques et POUIVET Roger, *Questions d'esthétique*, « Premier cycle », Paris, P.U.F., 2000.

CRARY Jonathan, *Techniques de l'observateur. Vision et modernité au xixe siècle*, trad. fr. Frédéric Maurin, Bellevaux, Éditions Dehors, 2016.

CRUTZEN Paul James, « La géologie de l'humanité : l'Anthropocène », *Écologie et politique*, n° 34, hiver 2007.

— et STOERMER Eugene F., « The "Anthropocene" », *Global Change Newsletter*, n° 41, mai 2000.

DASTUR Françoise, « La question philosophique de la finitude », *Cahiers de Gestalt-thérapie*, n° 23, 2009/1.

DATSON Lorraine et GALISON Peter, *Objectivité*, trad. fr. Sophie Renaut et Hélène Quiniou, « Fabula », Dijon, Les Presses du réel, 2012.

DAWKINS Richard, *The Extended Phenotype. The Gene as the Unit of Selection*, Oxford, Oxford University Press, 1982.

DELEUZE Gilles, *Cinéma 1. L'image-mouvement*, « Critique », Paris, Éditions de Minuit, 1983.

– *Cinéma 2. L'image-temps*, « Critique », Paris, Éditions de Minuit, 1985.

— et GUATTARI Félix, *Mille Plateaux. Capitalisme et schizophrénie 2*, « Critique », Paris, Éditions de Minuit, 1980.

— et PARNET Claire, *Dialogues*, « Dialogues », Paris, Flammarion, 1977.

DERRIDA Jacques, *La Dissémination*, « Tel Quel », Paris, Seuil, 1972.

– *Spectres de Marx*, « La Philosophie en effet », Paris, Galilée, 1993.

– « Hostipitalité », in Ferda Keskin et Önay Sözer (dir.), *Pera Peras Poros. Atelier interdisciplinaire avec et autour Jacques Derrida*, Istanbul, *Cogito*, n° 85, 1999.

– *Le Toucher, Jean-Luc Nancy*, « Incises », Paris, Galilée, 2000.

– *L'Animal que donc je suis*, « La Philosophie en effet », Paris, Galilée, 2006.

— et ROUDINESCO Elisabeth, *De quoi demain... Dialogue*, Paris, Champs-Flammarion, 2001.

DIAMOND Irene et ORENSTEIN Gloria Freeman (éd.), *Reweaving the World : The Emergence of Ecofeminism*, San Francisco, Sierra Club Books, 1990.

DIDI-HUBERMAN Georges, *Fra Angelico. Dissemblance et figuration*, Paris, Champs-Flammarion, 1990.

– « D'un ressentiment en mal d'esthétique », *Lignes*, n° 22, 1994/2.

– *Phasmes. Essais sur l'apparition*, « Paradoxe », Paris, Éditions de Minuit, 1998.

DROUIN Jean-Marc, *L'Herbier des philosophes*, « Science ouverte », Paris, Seuil, 2008.

DUPUY Jean-Pierre, *Pour un catastrophisme éclairé. Quand l'avenir devient certain*, « L'Ordre philosophique », Paris, Seuil, 2002.

– « Tchernobyl, le sarcophage humain », *Écologie et politique*, n° 32, 2006/1.

DURAFOUR Jean-Michel, L'Homme invisible *de James Whale. Soties pour une terreur figurative*, « Débords », Pertuis, Rouge profond, 2015.

– *Cinéma et cristaux. Traité d'éconologie*, « Images, médiums », Paris-Milan, Mimésis, 2018.

– « Cinéma, imprimerie, illisibilité. Une composition anthropologique », dans Emmanuelle André, Olivier Cheval et Luc Vancheri (dir.), *Écrans*, « Questions de cinéma, problèmes d'anthropologie », n° 7, 2017-1, novembre 2018.

DYSON Freeman J., « Search for Artificial Stellar Sources of Infrared Radiation », *Science*, vol. 131, n° 3414, 3 juin 1960.

EPSTEIN Jean *Le Cinéma du diable*, *Écrits sur le cinéma*, tome 2, « Cinémaclub », Paris, Seghers, 1975.

FREEMAN John, *The Life of the Rev. William Kirby, M. A.*, Londres, Longman, Long, Green and Longmans, 1852.

FREUD Sigmund, *Essais de psychanalyse*, trad. fr. André Bourguignon, « Petite Bibliothèque Payot », Paris, Payot, 1981.

GARCIA Tristan, *La Vie intense. Une obsession moderne*, « Les Grands Mots », Paris, Autrement, 2016.

GARRIC Audrey et KRÉMER Pascal, « Eco-anxiété, dépression verte ou "solastalgie" : les Français gagnés par l'angoisse climatique », *Le Monde*, 21 juin 2019.

GIBSON James J., *Approche écologique de la perception visuelle*, trad. fr. Olivier Putois, Bellevaux, Éditions Dehors, 2014.

GILBERT Scott F., MCDONALD Emily, BOYLE Nicole, BUTTINO Nicholas, GYI Lin, MAI Mark, PRAKASH Neelakantan et ROBINSON James, « Symbiosis as a Source of Selectable Epigenetic Variation : Taking the Heat for the Big Guy », *Philosophical Transaction of the Royal Society B*, vol. 365, n° 1540, février 2010.

GOLDSCHMIDT Richard, *The Material Basis of Evolution*, New Haven, Yale University Press, 1982.

GONCHAROVA Rose Iosiphovna et RIABOKON Nadezhda Ivanovna, « Results of Long-term Genetic Monitoring of Animal Populations Chronically Iraddiated in the Radiocontaminated Areas », *in* Imanaka Tetsuji (éd.), *Research Activities about the Radiological Consequences of the Chernobyl NPS Accident and Social Activities to Assist the Sufferers by the Accident. Report of an International Collaborative Work under the Research Grant of the Toyota Fundation in 1995-1997*, Research Reactor Institute-Université de Kyōto, mars 1998.

GORTZ André et BOSQUET Michel, « Le grand complot écofasciste », *Le Sauvage*, n° 4-5, Juillet-août 1973.

GOULD Stephen Jay, *L'Éventail du vivant. Le mythe du progrès*, trad. fr. Christian Jeanmougin, « Sciences ouvertes », Paris, Seuil, 1997.

GRANDAZZI Guillaume et LEMARCHAND Frédérick (dir.), *Les Silences de Tchernobyl. L'avenir contaminé*, « Mutations », Paris, Éditions Autrement, 2004.

GRAUEB Ralph, *L'Effet Petkau. Les faibles doses de radioactivité et notre avenir irradié*, trad. fr. Eve Gissinger, « Le Forum écologique », Lausanne, Éditions d'en bas, 1988.

HACHE Émilie (éd.), *Reclaim. Recueil de textes écoféministes*, « Sorcières », Paris, Cambourakis, 2016.

HARAWAY Donna J., *Manifeste des espèces de compagnie. Chiens, humains et autres partenaires*, trad. fr. Jérôme Hansen, « Terra incognita », Paris, Les éditions de l'éclat, 2010.

– *Staying with the Trouble : Making Kin in the Chthulucene*, Durham-Londres, Duke, University Press, 2016.

HARTOG François, *Régimes d'historicité. Présentisme et expérience du temps*, « La Librairie du XXIe siècle », Paris, Seuil, 2003.

HECHT Gabrielle, *Uranium africain, une histoire globale*, trad. fr. Charlotte Nordmann, « L'Univers historique », Paris, Seuil, 2016.

HEGEL G. W. F., *La Phénoménologie de l'esprit*, trad. fr. Jean-Pierre Lefebvre, Paris, GF-Flammarion, 2012.

HEIDEGGER Martin, *Les Concepts fondamentaux de la métaphysique. Monde – finitude – solitude*, trad. fr. Daniel Panis, « Bibliothèque de Philosophie », Paris, Gallimard, 1983.

– *Être et Temps*, trad. fr. Emmanuel Martineau, Paris, Authentica, 1985.

HEIDER Fritz, *Chose et medium*, trad. fr. Emmanuel Alloa, « Matière étrangère », Paris, Vrin, 2017.

HEISENBERG Werner, *La Nature dans la physique contemporaine*, trad. fr. Ugné Karvelis et Anne-Elizabeth Leroy, Paris, Essais-Gallimard, 2000.

HESSE-HONEGGER Cornelia, *Nach Tschernobyl*, Baden, Verlag Lars Müller, 1992.

– « Der Verdacht », *Das Magazin*, n° 15, 14 avril 1989.

– *Heteroptera. Das Schöne und das Andere, oder Bilder einer mutierenden Welt*, Francfort-sur-le-Main, Zweitausendeins, 1998.

– *The Future's Mirror*, Black Dog, Londres, 2001.

– *Die Macht der schwachen Strahlung. Was uns die Atomindustrie verschweigt*, Solothurn, Zeitpunkt Verlag, 2016.

— et WALLIMANN Peter, « Malformation of True Bugs (*Heteroptera*) : A Phenotype Field Study on the Possible Influence of Artificial Low-Level Radioactivity », *Chemistry & Biodversity*, vol. 5, 2008.

HOBBES Thomas, *Léviathan*, trad. fr. Gérard Mairet, Paris, Folio-Gallimard, 2000.

HOFFMANN W., ATTARPOUR N., LETTNER H. et TÜRK R., « ^{137}Cs Concentrations in Lichens before and after the Chernobyl Accident », *Health Physics. The Radiation Safety Journal*, vol. 64, n° 1, janvier 1993.

HOLLING Crawford S., « Resilience and Stability of Ecological Systems », *Annual Review of Ecology and Systematics*, vol. 4, novembre 1973.

HUSSERL Edmund, *Expérience et jugement*, trad. fr. Denise Souche-Dagues, « Épiméthée », Paris, P.U.F., 1970.

IMANISHI Kenji, *Le Monde des êtres vivants. Une théorie écologique de l'évolution*, trad. fr. Anne-Yvonne Gouzard, « Domaine sauvage », Marseille, Wildproject, 2011.

JAMES William, *Philosophie de l'expérience. Un univers pluraliste*, trad. fr. David Lapoujade, « Sciences humaines », Paris, Les Empêcheurs de penser en rond, 2007.

KANT Emmanuel, *Œuvres complètes*, tome I, éd. Ferdinand Alquié, « Bibliothèque de la Pléiade », Paris, Gallimard, 1980.

– *Œuvres complètes*, tome III, éd. Ferdinand Alquié, « Bibliothèque de la Pléiade », Paris, Gallimard, 1985.

Keskin Ferda, Sözer Önay et Kiziler Ruken (dir.), *Pera Peras Poros. Atelier interdisciplinaire avec et autour de Jacques Derrida*, Istanbul, YKY, 1998.

Klee Paul, *Théorie de l'art moderne*, éd. et trad. fr. Pierre-Henry Gonthier, « Bibliothèque Médiations », Paris, Denoël, 1971.

Koestler Arthur, *L'Étreinte du crapaud*, trad. fr. Georges Fradier, Calmann-Lévy, 1972.

Lamarck Jean-Baptiste de, *Flore française, ou Descriptions succinctes de toutes les plantes qui croissent naturellement en France*, tome I, Paris, Imprimerie nationale, 1778.

Larrère Catherine, « L'écoféminisme : féminisme écologique ou écologie féministe », *Tracés*, n° 22, 2012/1.

Latour Bruno, *Politiques de la nature. Comment faire entrer les sciences en démocratie*, « Armillaire », Paris, La Découverte, 1999.

– *Nous n'avons jamais été modernes. Essai d'anthropologie symétrique*, « Poche-Sciences humaines et sociales », Paris, La Découverte, 2006.

– *Face à Gaïa. Huit conférences sur le nouveau régime climatique*, « Les Empêcheurs de penser en rond », Paris, La Découverte, 2015.

Le Guin Ursula K., *Danser au bord du monde. Mots, femmes, territoires*, trad. fr. Hélène Collon, Paris, L'Éclat, 2020.

Lefèvre Thierry, Raymond Michel et Thomas Frédéric (dir.), *Biologie évolutive*, « Biologie », Bruxelles, De Boeck Université, 2015.

Leopold Aldo, *Almanach d'un comté des sables*, trad. fr. Anna Gibson, Paris, GF-Flammarion, 2000.

Lepage Emmanuel, *Un printemps à Tchernobyl*, Paris, Futuropolis, 2012.

Linné Carl von, *Philosophie botanica in qua explicantur fundamenta botanica*, Stockholm, chez Godofr Kiesewetter, 1751.

Logé Guillaume, *Renaissance sauvage. L'art de l'Anthropocène*, Paris, P.U.F., 2019.

Lyell Charles, *Principles of Geology : Being an Attempt to Explain the Former Changes of the Earth's Surface, by References to Cause Now in Operation*, vol. I, Londres, John Murray, 1830.

Lyotard Jean-François, *Le Différend*, « Critique », Paris, Éditions de Minuit, 1983.

– *Misère de la philosophie*, éd. Dolorès Lyotard, « Incises », Paris, Galilée, 2000.

Malraux André, *Le Musée imaginaire*, Paris, Folio-Gallimard, 1996.

Marder Michael, *Plant-Thinking : A Philosophy of Vegetal Life*, New York, Columbia University Press, 2013.

– « Being Dumped », *Environmental Humanities*, vol. 11, n° 1, 2019.

– et Tondeur, Anaïs, *The Chernobyl Herbarium : Fragments of an Exploded Consciousness*, « Critical Climate Change », Londres, Open Humanities Press, 2016.

Massart Cécile, « Constructing Memory through Artistic Practices », in *Radioactive Waste Management and Constructing Memory for Future Generations*, actes du colloque international, Verdun (France), 15-17 septembre 2014, Organisation for Economic Co-operation and Developement-Nuclear Energy Agency, 2015.

Massin Marianne, *Expérience esthétique et art contemporain*, « Æsthetica », Rennes, PUR, 2013.

Mayr Ernst, « Darwin's Principle of Divergence », *Journal of the History of Biology*, vol. 25, n° 3, automne 1992.

McLuhan Marshall, « At the Moment of Sputnik the Planet Became a Global Theater in Which There Are no Spectators but Only Actors », *Journal of Communication*, vol. 24, n° 1, mars 1974.

McMillan David, *Croissance et dégradation. Pripiat et la zone d'exclusion de Tchernobyl*, trad. fr. Lionel Leforestier et texte additionnel de Claude Baillargeon, Göttingen, Seidl, 2019.

Merchant Carolyn, *Earthcare : Women and the Environment*, Londres, Routledge, 1996.

Merleau-Ponty Maurice, *Le Visible et l'invisible*, « Bibliothèque des idées », Paris, Gallimard, 1964.

Meyer James, *Minimalism : Art and Polemics in the Sixties*, New Haven, Yale University Press, 2001.

Michelet Jules, *L'Insecte*, Paris, Hachette, 1867.

Moradi Iman, « Glitch Aesthetics », thèse de doctorat, université de Huddersfield, 2004.

Morin Edgar, « L'ère damocléenne », *Le Monde*, 22 septembre 1990.

Morton Timothy, *Ecology without Nature : Rethinking Environmental Aesthetics*, Cambridge (États-Unis)-Londres, Harvard University Press, 2009.

– *Hyperobjects : Philosophy and Ecology after the End of the World*, « Posthumanities », Londres-Minneapolis, University of Minnesota Press, 2013.

– *Dark Ecology : For a Logic of Future Coexistence*, New York, Columbia University Press, 2016.

– *La Pensée écologique*, trad. fr. Cécile Wajsbrot, « Zulma Essais », Paris, Zulma, 2019.

NABOKOV Vladimir, *Ada ou l'Ardeur*, trad. fr. Gilles Chahine et Jean-Benoît Blandenier revue par l'auteur, Paris, Folio-Gallimard, 1994.

NÆSS Arne, « The Shallow and the Deep, Long-Range Ecology Movement. A Summary », 1973, *Inquiry*, n° 6, 1973.

– *Écologie, communauté et style de vie*, trad. fr. Charles Ruelle revue par Hicham-Stéphane Afeissa, Bellevaux, Éditions Dehors, 2013.

NAGEL Thomas, *Le Point de vue de nulle part*, trad. fr. Sonia Kronlund, « Tiré à part », Paris, Les éditions de l'éclat, 1993.

NANCY Jean-Luc, *Le Regard du portrait*, « Incises », Paris, Galilée, 2000.

NEGARESTANI Reza, *Cyclonopedia : Complicity with Anonymous Materials*, « Anomaly », Melbourne, re-press, 2008.

NEYRAT Frédéric, *La Part inconstructible de la Terre. Critique du géo-constructivisme*, « Anthropocène », Paris, Seuil, 2016.

NIETZSCHE Friedrich, *Fragments posthumes. Printemps-automne 1884*, tome X, éd. Giorgio Colli et Mazzino Montinari, « Œuvres philosophiques complètes », Paris, Gallimard, 1982.

PAGLEN Trevor, « Invisible Images : Your Pictures Are Looking at You », *The New Inquiry*, 8 décembre 2016.

PARIKKA Jussi, *A Slow, Contemporary Violence : Damaged Environments of Technological Culture*, « The Contemporary Condition », Berlin, Sternberg Press, 2016.

PLANT Judith (éd.), *Healing the Wound : The Promise of Ecofeminism*, Philadelphie, New Society Publishers, 1989.

PLATON *Timée/Critias*, trad. fr. Luc Brisson, Paris, GF-Flammarion, 1995.

– *Phèdre*, trad. fr. Luc Brisson, Paris, GF-Flammarion, 2000.

POLIDORI Robert, *Zones of Exclusion : Pripyat and Chernobyl*, avec un texte d'Elizabeth Culbert, Göttingen, Steidl, 2003.

POPPER Karl, *La Logique de la découverte scientifique*, trad. fr. Nicole Thyssen-Rutten et Philippe Devaux, « Bibliothèque scientifique », Paris, Payot, 1973.

PORTMANN Adolf, *La Forme animale*, trad. fr. Georges Rémy revue par Jacques Dewitte, « L'Ombre animale », Paris, Éditions La Bibliothèque, 2013.

PRÉVOST Bertrand, « L'élégance animale. Esthétique et zoologie selon Adolf Portmann », *Images Re-vues*, n° 6, 2009.

PROUST Marcel, *Jean Santeuil* précédé de *Les Plaisirs et les Jours*, éd. Pierre Clarac et Yves Sandre, « Bibliothèque de la Pléiade », Paris, Gallimard, 1971.

RAFLES Hugh, *Insectopédie*, trad. fr. Matthieu Dumont, « Domaine sauvage », Marseille, Wildproject, 2016.

RANCIÈRE Jacques, *La Mésentente. Politique et philosophie*, « La Philosophie en effet », Paris, Galilée, 1995.

– *Le Partage du sensible. Esthétique et politique*, La Fabrique Éditions, 2000.

REUSS Paul, *L'Énergie nucléaire*, « Que sais-je ? », Paris, P.U.F., 1994.

RICHTER Hans, *Dada : Art and Anti-Art*, « World of Art », Londres, Thames and Hudson, 1966.

ROGOZINSKI Jacob, *Ils m'ont haï sans raison. De la chasse aux sorcières à la Terreur*, « Passages », Paris, Éditions du Cerf, 2015.

SAINT GIRONS Baldine, *L'Acte esthétique. Cinq Réels, cinq risques de se perdre*, « 50 questions », Paris, Klincksieck, 2008.

SCHAEFFER Jean-Marie, *Adieu à l'esthétique*, « Collège international de philosophie », Paris, P.U.F., 2000.

SCHEFER Jean Louis, *L'Homme ordinaire du cinéma*, Paris, Gallimard-Cahiers du cinéma, 1980.

SCHOLEM Gershom, *Les Grands Courants de la mystique juive*, trad. fr. Marie-Madeleine Davy, Paris, « Petite Bibliothèque Payot », Payot et Rivages, 2014.

SCHUPPLI Susan, « The Most Dangerous Film in the World », in Frederik Le Roy, Nele Wynants, Dominik Hoens et Robrecht Vanderbeeken (éd.), *Tickle Your Catastrophe ! Imagining Catastrophe in Art, Architecture and Philosophy*, « Studies in Performing Arts and Medias », Gand, Academia Press, 2011.

SERRES Michel, *Hermès II. L'interférence*, « Critique », Paris, Éditions de Minuit, 1968.

– *Hermès V. Le passage du Nord-Ouest*, « Critique », Paris, Éditions de Minuit, 1980.

– *Le Parasite*, Paris, Grasset, 1980,

– *Le Contrat naturel*, Paris, François Bourin, 1990.

SEVERI Carlo, *L'Objet-personne. Une anthropologie de la croyance visuelle*, « Æsthetica », Paris, Éditions Rue d'Ulm-Musée du quai Branly, 2017.

SHUSTERMAN Richard, *La Fin de l'expérience esthétique*, trad. fr. Jean-Pierre Cometti, Fabienne Gaspari et Anne Combarnous, « Quad », Pau, Presses universitaires de Pau, 1999.

SLOTERDIJK Peter, *Globes. Sphères II*, Paris, Librairie Arthème Fayard-Pluriel, 2010.

STAPLEDON Olaf, *Créateur d'étoiles*, trad. fr. Brigitte André, avec une introduction de Jorge Luis Borges, Paris, Éditions Planète, 1966.

STEFFEN Will, GRINEVALD Jacques, CRUTZEN Paul J. et MCNEILL John R., « The Anthropocene : Conceptual and Historical Perspectives », *Philosophical Transactions of The Royal Society A*, vol. 369, n° 1938, mars 2011.

STENGERS Isabelle, *La Vierge et le neutrino. Les scientifiques dans la tourmente*, Paris, Les Empêcheurs de tourner en rond, 2006.

TARDE Gabriel, *Monadologie et sociologie*, éd. Éric Alliez, « Les Empêcheurs de penser en rond », Le Plessis-Robinson, Institut Synthélabo pour le progrès de la connaissance, 1999.

THOMPSON Helen, « Chernobyl's Bugs : The Art And Science Of Life After Nuclear Fallout », *Smithsonian*, 26 avril 2014.

TSING Anna Lowenhaupt, *Le Champignon de la fin du monde. Sur la possibilité de vivre dans les ruines du capitalisme*, « Les Empêcheurs de penser en rond », Paris, La Découverte, 2017.

VALÉRY Paul, *Œuvres*, tome II, éd. Jean Hytier, « Bibliothèque de la Pléiade », Paris, Gallimard, 1960.

VERDNASKY Vladimir, *La Géochimie*, Paris, Librairie Félix Alcan, 1924.

VIRILIO, Paul, *Ce qui arrive*, Paris, Fondation Cartier pour l'art contemporain-Actes Sud, 2003.

— et Sylvère Lotringer, *The Accident of Art*, trad. angl. Mike Taormina, Cambridge (Massachusetts), MIT Press, 2005.

VIVEIROS DE CASTRO Eduardo, « Une figure humaine peut cacher une affection-jaguar. Réponse à une question de Didier Muguet », *Multitudes*, n° 24, hiver 2006.

WAAL Frans de, *Le Bonobo, Dieu et nous. À la recherche de l'humanisme chez les primates*, trad. fr. Paul et François Chemla, Paris, Les Liens qui libèrent, 2013.

WHITEHEAD Alfred North, *Procès et réalité. Essai de cosmologie*, trad. fr. Daniel Charles, Maurice Élie, Michel Fuchs Jean-Luc Gautero, Dominique Janicaud, Robert Sasso et Arnaud Villani, « Bibliothèque de Philosophie », Paris, Gallimard, 1995.

WITTGENSTEIN Ludwig, *Tractatus logico-philosophicus*, trad. fr. Gilles Gaston-Granger, Paris, Tel-Gallimard, 2001.

– *Remarques mêlées*, tr. fr. Gérard Granel, Paris, GF-Flammarion, 2002.

Woodward Ben, *Slime Dynamics : Generation, Mutation, and The Creep of Life*, Winchester-Washington, Zero Books, 2011.

TABLE DES ILLUSTRATIONS

Fig. 1. Gerd Ludwig Oktjabrsky (Biélorussie), 2005, *L'Ombre de Tchernobyl,* Photographie sur papier, Lammerhuber, 29 X 31 cm, 2005.

Fig. 2. Greg McNevin, Extérieur de la maison de Natalya Rueva, Starye Bobovichi (Russie), *Chernobyl and Fukushima : Light Mapping Radiation*, Photographie numérique, 5 mars 2016. Avec l'aimable autorisation de l'artiste.

Fig. 3. Cécile Massart, *Colline artificielle,* Impression sur papier, 63 x 90 cm, 2013. Avec l'aimable autorisation de l'artiste.

Fig. 4. Cornelia Hesse-Honegger, *Coreus marginatus*, Aquarelle, 42 x 29.7 cm, 1990 – © Cornelia Hesse-Honegger, Laureate Nuclear Free Future Award 2015 / Atomic Photographers Guild – © Adagp, Paris, 2021.

Fig. 5. Manuscrit Cocharelli, Additional 28841, f. 5v, 11 x 17 cm, British Library, Londres, v. 1330-1340.

Fig. 6. Cornelia Hesse-Honegger, *Cercopis vulnerata*, Aquarelle, 42 x 29.7 cm, 1988 – © Cornelia Hesse-Honegger, Laureate Nuclear Free Future Award 2015 / Atomic Photographers Guild – © Adagp, Paris, 2021.

Fig. 7. Cornelia Hesse-Honegger, *Miridae sp*, Aquarelle, 42 x 29.7 cm, 1990 © Cornelia Hesse-Honegger, Laureate Nuclear Free Future Award 2015 / Atomic Photographers Guild – © Adagp, Paris, 2021.

Fig. 8. Anaïs Tondeur, *Geranium chinum*, Photogramme sur papier chiffon, 24 x 36 cm, 2011-2016. Avec l'aimable autorisation de l'artiste.

Fig. 9. Anna Atkins, *Dictyota dichotoma, in the young state and in fruit,* Cyanotype sur papier, 26 x 21 cm, *Photographs of British Algae :*

Cyanotype Impressions, Spencer Collection, New York Public Library, 1843-1853.

Fig. 10. Anaïs Tondeur, *Linum usitatissimum*, Photogramme sur papier chiffon, 24 x 36 cm, 2011-2016. Avec l'aimable autorisation de l'artiste.

Fig. 11. David McMillan, Salle de classe dans le village de Shipelicki, Avril 1995, Photographie sur papier, *Croissance et dégradation. Pripiat et la zone d'exclusion de Tchernobyl*, Steidl, 2019.

Fig. 12. David McMillan, Sol de jardin d'enfants avec pantoufles, Octobre 2006, Photographie sur papier, *Croissance et dégradation. Pripiat et la zone d'exclusion de Tchernobyl*, Steidl, 2019.

Fig. 13. Emmanuel Lepage, *Un printemps à Tchernobyl*, Roman graphique, 33.4 x 23.7 cm, Futuropolis, 2012 – © Futuropolis/Dist. LA COLLECTION.

Fig. 14. Julia Oldham, *Fallout Dogs*, Vidéo, Couleur, 2019.

Fig. 15. Susan Schluppi, *Trace Evidence : A Nuclear Trilogy*, « Meteorology », Vidéo, Couleur, 2016.

Fig. 16. Susan Schluppi, *Trace Evidence : A Nuclear Trilogy*, « Hydrology », Vidéo, Couleur, 2016.

Fig. 17. Rosa Menkman, *A Vernacular of File Formats and Extrafile. BLINX7*, Carte de test couleur pour décalibrage, 2011.

Fig. 18. Nishikawa Tomonari, *Sound of a Million Insects, Light of a Thousand Stars*, 35 mm, Couleur, 2014.

Fig. 19. Vue en coupe d'une sphère de Dyson, 2018.
Domaine public (https://commons.wikimedia.org/wiki/File:Dyson_sphere_in_cutaway.png).

Fig. 20. Combo, Intervention murale dans la zone d'exclusion de Tchernobyl, 2012 – © Combo, Photographie. Collage d'une affiche SUEZ environnement sur un mur à Tchernobyl – © Adagp, Paris, 2021

Fig. 21. William Kurelek, *This is Nemesis*, 1965. Technique mixte sur masonite, 114.8 x 115.6 cm, Galerie d'art de Hamilton/Art Gallery of Hamilton, Ontario, Canada. Gift of Mrs. J. A. McCuaig, 1966 – © The Estate of William Kurelek, courtesy of the Wynick/Tuck Gallery, Toronto.

Fig. 1. Gerd Ludwig Oktjabrsky, *L'Ombre de Tchernobyl*
Biélorussie, 2005

Fig. 2. Greg McNevin, *Chernobyl and Fukushima : Light Mapping Radiation*
Extérieur de la maison de Natalya Rueva, Starye Bobovichi (Russie) 5 mars 2016

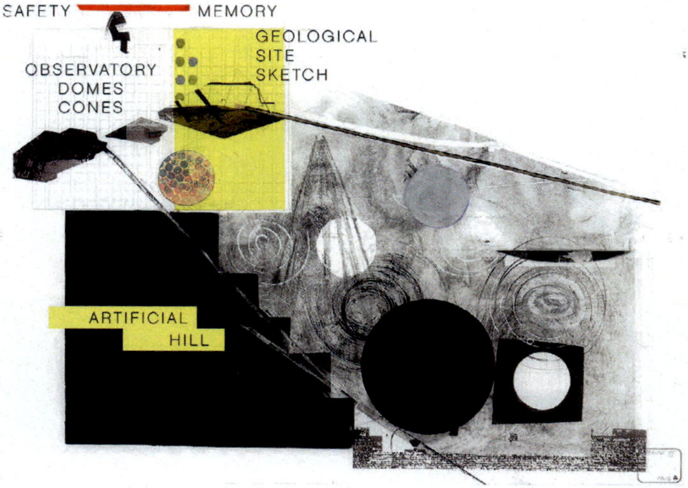

Fig. 3. Cécile Massart, *Colline artificielle*, 2013

Fig. 4. Cornelia Hesse-Honegger, *Coreus marginatus*, 1990

Fig. 5. Manuscrit Cocharelli, Additional 28841,
f. 5v, British Library, Londres, v. 1330-1340

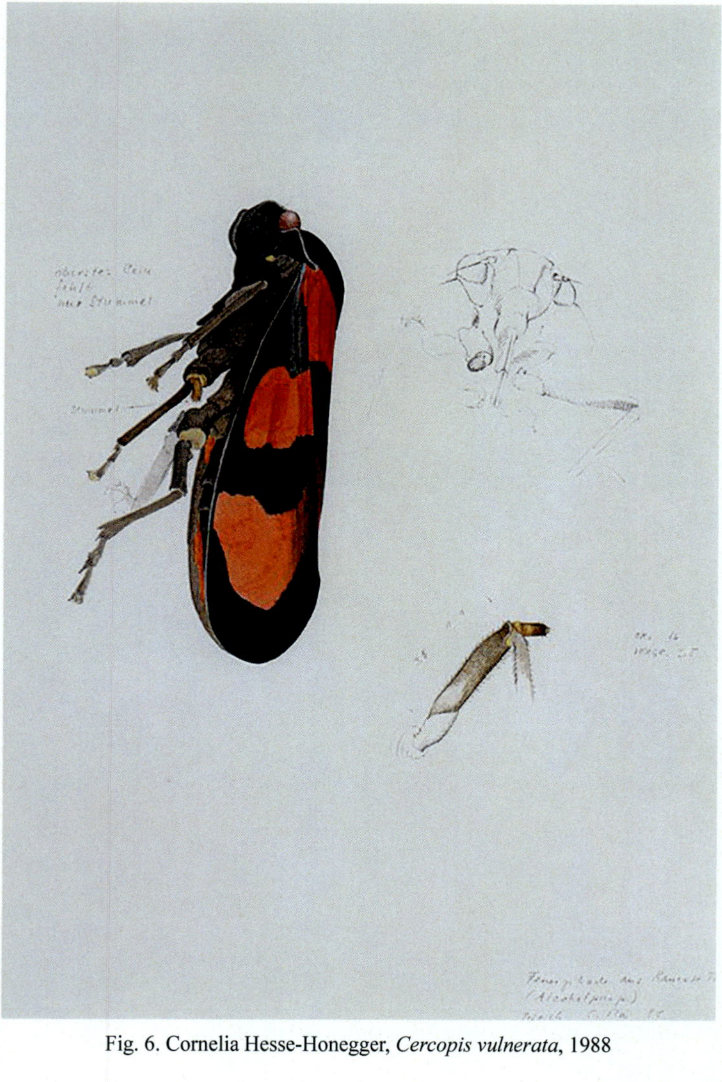

Fig. 6. Cornelia Hesse-Honegger, *Cercopis vulnerata*, 1988

Fig. 7. Cornelia Hesse-Honegger, *Miridae sp*, 1990

Fig. 8. Anaïs Tondeur, *Geranium chinum*, 2011-2016

Fig. 9. Anna Atkins, *Dictyota dichotoma, in the young state and in fruit*, 1843-1853

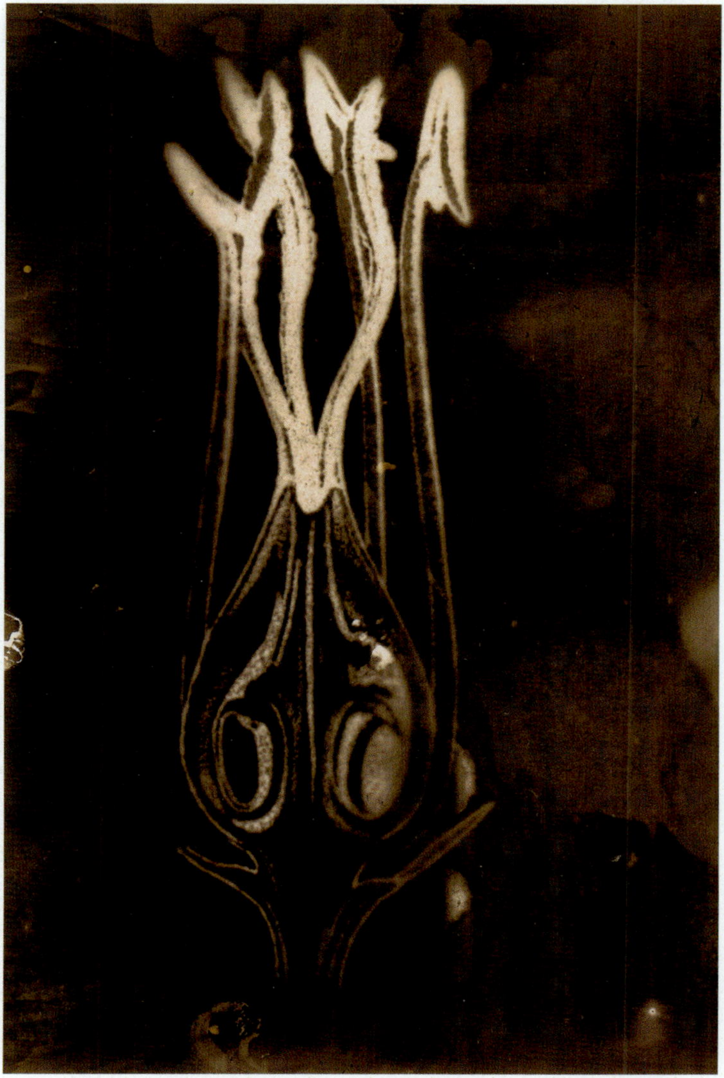

Fig. 10. Anaïs Tondeur, *Linum usitatissimum*, 2011-2016

Fig. 11. David McMillan, *Salle de classe dans le village de Shipelicki*, Avril 1995

Fig. 12. David McMillan, *Sol de jardin d'enfants avec pantoufles*, Octobre 2006

Fig. 13. Emmanuel Lepage, *Un printemps à Tchernobyl*, Roman graphique, Futuropolis, 2012

Fig. 14. Julia Oldham, *Fallout Dogs*,
2019

Fig. 15. Susan Schluppi, *Trace Evidence : A Nuclear Trilogy*,
« Meteorology », 2016

Fig. 16. Susan Schluppi, *Trace Evidence : A Nuclear Trilogy*, « Hydrology », 2016

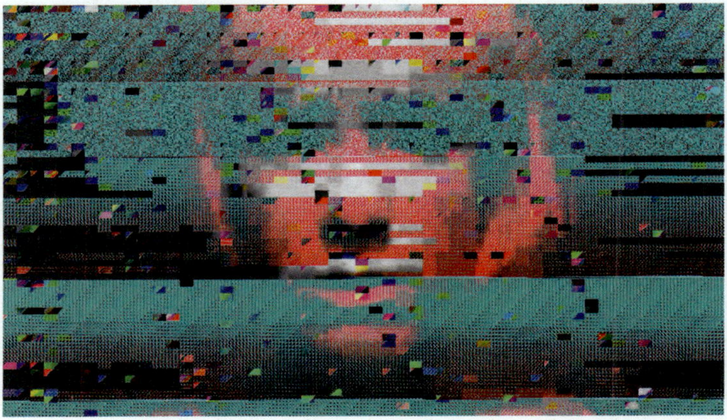

Fig. 17. Rosa Menkman, *A Vernacular of File Formats and Extrafile. BLINX7*, Carte de test couleur pour décalibrage, 2011

Fig. 18. Nishikawa Tomonari, *Sound of a Million Insects, Light of a Thousand Stars*, 2014

Fig. 19. Vue en coupe d'une sphère de Dyson, 2018

Fig. 20. Combo, Intervention murale dans la zone d’exclusion de Tchernobyl, 2012

Fig. 21. William Kurelek, *This is Nemesis*, 1965

Remerciements

Ce livre a été écrit entre le printemps et l'automne 2019 dans une « zone critique » (nom aussi que l'on donne à l'espace des interactions entre la basse atmosphère, les eaux, le couvert nival, les sols, les roches, les écosystèmes et les organismes vivants, et qui abrite toute la vie sur Terre) de nuit et de lumière, d'extinction et d'invention. Plusieurs interlocuteurs, par la générosité de leur conversation et la subtilité de leurs intuitions ou de leurs suggestions ont aidé à la formulation de certains de ses développements, mais aussi de quelques autres que, comme il arrive dans le montage d'un film, je n'ai parfois pas du tout gardés (et qui attendent – je l'espère – une autre heure dans les « rushes » de mon ordinateur) : Amanda Boetzkes, Elise Domenach, Michael Marder, Cécile Massart, Greg McNevin, Antonio Somaini, Anaïs Tondeur, Giovanni Tusa. Pauline Nadrigny et Wilfried Laforge, qui l'ont lu et relu avec une grande attention pour lui donner une apparence présentable, ont fait confiance au manuscrit que je leur avais fait parvenir pour lancer cette nouvelle collection : je suis tout spécialement sensible à cet honneur. Que toutes et tous soient ici remerciés.

TABLE DES MATIÈRES

Achevé d'imprimer en juin 2021
sur les presses de
La Manufacture - Imprimeur – 52200 Langres
Tél. : (33) 325 845 892

N° imprimeur 210627 - Dépôt légal : 2021
Imprimé en France